De Gruyter Studium

Christoph Fasbender

Der ›Wigalois‹ Wirnts von Grafenberg

Christoph Fasbender

Der ›Wigalois‹ Wirnts von Grafenberg

Eine Einführung

De Gruyter

ISBN 978-3-11-019659-7
e-ISBN 978-3-11-021554-0

Bibliografische Information der Deutschen Nationalbibliothek

Die Deutsche Nationalbibliothek verzeichnet diese Publikation in der Deutschen Nationalbibliografie; detaillierte bibliografische Daten sind im Internet über http://dnb.d-nb.de abrufbar.

Druck: AZ Druck und Datentechnik GmbH, Kempten
∞ Gedruckt auf säurefreiem Papier

Printed in Germany

www.degruyter.com

Inhalt

1. Wirnts Wirkungen

Wirnt von Grafenberg verfasste den ‚Wigalois' in den Jahren, als die großen Epiker der hochmittelalterlichen Literatur, Gottfried von Straßburg und Wolfram von Eschenbach, wahrscheinlich noch lebten oder, wie Hartmann von Aue, noch nicht lange verstummt waren. Er kannte Hartmanns und Wolframs Romane gut, und er knüpfte mit seinem eigenen Werk an das Gespräch an, das mit ‚Erec', ‚Iwein' und ‚Parzival' an ein deutsches Publikum herangetragen worden war. Dieses Publikum nahm den ‚Wigalois' als Gesprächsbeitrag zur Frage nach einer adäquaten Lebensführung des Adels umgehend und wohlwollend auf. Hinter dem ‚Parzival' und Albrechts ‚Jüngerem Titurel' zählen wir für Wirnts Roman die meisten erhaltenen Handschriften. Kein anderer Roman der Zeit, nicht einmal der ‚Parzival', hat zudem bis zur Epochengrenze eine vergleichbare Resonanz zu verzeichnen. Zahlreich waren die professionellen Leser, die ihn exzerpierten und teilweise regelrecht fledderten; zahlreicher noch waren seine Bearbeiter, die für ihre Zeiten und Zwecke den Text re-textualisierten, übersetzten, in Strophen umgossen oder in Prosa auflösten. Im Prinzip weist der ‚Wigalois' von der ersten Handschrift bis zur ersten kritischen Ausgabe eine bruchlose, sechshundertjährige Rezeptionsgeschichte auf.

Man muss sich diesen Rezeptionserfolg immer wieder vor Augen führen, um den Status des Romans in der Moderne besser taxieren zu können. Bis an die Schwelle des 19. Jahrhunderts war der ‚Wigalois' in all seinen Gestalten außerordentlich beliebt, war Wirnt ein Erfolgsautor, und noch Ludwig Uhland setzte sich (1809/1810) produktiv mit dem Stoff, den er über seine jiddische Bearbeitung kennengelernt hatte, auseinander. Mit der Aufklärung sank Wirnts Stern rapide, kam jedoch, ehe er ganz verglühte, über dem akademischen Reservat zu stehen. Die Edition, die der Göttinger Hofrat Georg Friedrich Benecke 1819 veranstaltete, wurde eine der ersten kritischen Ausgaben mittelhochdeutscher Dichtung überhaupt.

2. Der Dichter und die Tradition

Durch Zitate und Anspielungen reihte sich Wirnt in die Literatur seiner Zeit ein. Intertextuelle Verknüpfung war dort ein übliches Verfahren. Die Autoren signalisierten damit die Voraussetzungen, die sie bei ihrem Publikum als wünschenswert erachteten (so schon Meisner 1875, S. 425). So setzte etwa Wolfram die Kenntnis der Romane Hartmanns, Ulrich von Zazikhofen die Bekanntheit von Wolframs ‚Parzival' und Heinrich von dem Türlin die Bekanntheit des ‚Wigalois' voraus. Kaum ein Literat des frühen 13. Jahrhunderts hat indes in vergleichbarem Ausmaß auf seine deutschsprachigen Prätexte hingewiesen wie der Verfasser des ‚Wigalois' (vgl. Kern 1990, S. 80; Grubmüller 1992, S. 259). Entsprechend wurde kaum einem anderen Erzählwerk der Zeit seither in vergleichbarem Ausmaß das Etikett des „Epigonalen" angeheftet (vgl. Schiewer 2005). Doch über das damit Gemeinte hätte Wirnt, wäre es ihm zu Ohren gekommen, gewiss den Kopf geschüttelt.

2.1. Die Voraussetzungen

Lange Zeit hat man die intertextuelle Verwobenheit des ‚Wigalois' nicht recht fassen können. Der Fokus lag zunächst ganz auf der Frage nach Wirnts Abhängigkeit. Man suchte sie auf der Basis von Similien – identischen oder ähnlichen Formulierungen – zu beweisen. Das Verfahren stieß freilich bei Autoren derselben historischen Formation, die dieselbe Dichtersprache pflegen, rasch an seine Grenzen (vgl. Meisner 1875, S. 423). Hatte man trotzdem über den schematischen Abgleich Anhaltspunkte gewonnen, war damit freilich noch nicht viel über die Art und Weise der Übernahme gesagt. Ausdrücklich hielt noch Friedrich Neumann fest, dass Wirnt Wolframs ‚Willehalm' nicht gekannt habe (Neumann 1964, S. 59), während Werner Schröder genau dies in aller Ausführlichkeit darlegen konnte (Schröder 1986,

S. 244–250), obwohl auch er weit davon entfernt war, über Wirnts Schlachtfeld vor Namur Wolframs Geist wehen zu sehen.

In der Regel vermeidet Wirnt es, Autoren und Werke namentlich zu nennen. Selten nur konkretisieren seine Hinweise einen Text so sehr wie die Geschichte von Eneas und Dido, *als ez iu ofte* – vor allem von Heinrich von Veldeke – *ist geseit* (v. 2722). Aus der ‚Eneit' hat er nicht nur die Amazone Marine übernommen (vgl. Cormeau 1977, S. 118). Wie eng er Veldeke verpflichtet ist, zeigt sich sehr schön in der Troja-Lesestunde der persischen Prinzessin (v. 2710–2722), in der die Vierteilung der Materie in Krieg, Flucht, Dido und „danach" exakt dem Eingang der ‚Eneit' (v. 1 ff.) nachgebaut erscheint (vgl. Cormeau 1977, S. 116; Wandhoff 2003, S. 195 f.). In den meisten Fällen begnügte Wirnt sich damit, markante Figuren und Motive aus seinen Prätexten zu adaptieren: aus Hartmanns ‚Gregorius' das habgierige Fischerpaar, aus Ulrichs ‚Lanzelet' den Tugendstein oder die Topographie der Schlussaventiure aus Wolframs ‚Willehalm'. Hartmanns ‚Armen Heinrich' hat Wirnt sicher (Cormeau 1977, S. 121 f.), das ‚Nibelungenlied' wahrscheinlich genutzt (Schröder 1986, S. 248). Kannte er sogar den ‚Tristan'? (Grubmüller 1992, S. 359). Man schließt neuerdings auch nicht aus, dass ihm der berüchtigte ‚Brief des Priesterkönigs Johannes' zugänglich war, dessen Exotismus anregend auf den zweiten Teil des ‚Wigalois' gewirkt haben könnte (vgl. Jaeger 2000, S. 309 f.). Zur Hochzeit des Helden erscheinen schließlich Erec, Iwein und Lanzelet, die dann unter seiner Führung kämpfen werden.

Tab.: *Die Literatur im Umfeld des ‚Wigalois'*

um 1165	Chrétien de Troyes, ‚Erec et Enide'
um 1170–1174; 1185	Heinrich von Veldeke, Eneas-Roman
vor 1180/1177	‚Epistola presbiteri Johannis' (lat.)
um 1180	Hartmann von Aue, ‚Erec'
um 1190	Renaut de Beaujeu, ‚Le bel Inconnu'
um 1190/1200	Hartmann von Aue, ‚Iwein'; ‚Armer Heinrich'; ‚Gregorius'
um 1200	‚Nibelungenlied'
um 1200/1210	Wolfram von Eschenbach, ‚Parzival'
um 1210?	Ulrich von Zazikhofen, ‚Lanzelet'
um 1210	Gottfried von Straßburg, ‚Tristan'
um 1210/1220	Wolfram von Eschenbach, ‚Willehalm'

um 1220	*Wirnt von Grafenberg, ‚Wigalois‘*
um 1225	Heinrich von dem Türlin, ‚Crône‘
um 1220/1250	Der Stricker, ‚Daniel vom Blühenden Tal‘
vor 1235/um 1240/1254	Rudolf von Ems, ‚Alexander‘
um 1235/1240	Rudolf von Ems, ‚Willehalm von Orlens‘
vor 1260	Konrad von Würzburg, ‚Der Welt Lohn‘

Obwohl Wirnt also offenkundig über die Grenzen des Genres Artusroman hinaus literarische Kenntnisse an den Tag legte, sind doch mit Hartmanns ‚Erec‘ und ‚Iwein‘ zwei seiner wichtigsten Bezugsgrößen benannt. Der Verfasser des ‚Erec‘ ist auch der Einzige (v. 6306–6312) neben Wolfram von Eschenbach (v. 6325–6346), den er namentlich herbeizitiert. Das ist eine ganz ausgewogene Zitierweise, wenn man bedenkt, dass er offenbar das gesamte epische Œuvre Hartmanns und beide großen Erzählwerke des Eschenbachers kannte. Obwohl Wirnt seine beiden Vorbilder anscheinend nur ihrer Beschreibungskunst wegen rühmt, wird schnell klar, dass er mit ihnen auch auf anderer Ebene das Gespräch suchte. Die wichtigsten Referenztexte seien daher kurz in Erinnerung gerufen.

A. Mit dem ‚Erec‘ begründete Hartmann den Artusroman deutscher Sprache. Dieses literaturgeschichtliche Urteil wird bestätigt durch die Einschätzungen der Zeitgenossen, etwa Rudolfs von Ems im ‚Alexander‘, der in seinem Exkurs über den „Baum der Literaturgeschichte“ Hartmann den ersten Ast auf den „Stamm“ Heinrich von Veldeke setzen ließ (v. 3113–3128; vgl. ‚Willehalm von Orlens‘ v. 2173–2178). Eine ausgesprochen schwache und späte Überlieferung täuscht darüber hinweg, dass der ‚Erec‘ das ganze 13. Jahrhundert über in aller Munde war. Hartmann, der Chrétiens de Troyes ‚Erec et Enide‘ (um 1165) adaptierte, erzählt die Geschichte eines Heißsporns. Erec, ohne Waffen auf der Verfolgung eines Zwergs, der eine Dame beleidigt hatte, kommt nach Tulmein, wo er mit Hilfe des verarmten Koralus den Herren des Zwergs, Iders, besiegen kann. Für Koralus' Tochter Enite gewinnt er den als Kampfpreis ausgesetzten Sperber. Am Artushof erfährt Erec Anerkennung für seinen Sieg, Enite wird ihm zur Frau gegeben. Das Paar verlebt eine längere – in den Augen der Hofgesellschaft zu lange – Zeit zurückgezogener Zweisamkeit. Enite reformuliert die Kritik des Hofes in einem Selbstgespräch. Erec, der ihr daraufhin strengstes Schweigen gebietet, bricht sofort und ohne Ziel vom Hofe auf. Es gilt nun, eine lange Reihe von Wegelagerern zu bezwingen, was freilich nur gelingt, weil Enite gegen Erecs Gebot entsprechende Warnungen ausspricht. Verwundet im Kampf mit dem Zwergenkönig Guivreiz, befreit Erec einen Ritter aus der Gewalt zweier Riesen, fällt dann aber wie tot zur Erde. Als Graf Oringles Enite zu neuer Ehe nötigt, weckt deren Aufschrei den Gatten. Erec erkennt, dass er eine vollkommene Frau geheiratet hat und bittet Enite um Vergebung. Im neuerlichen Kampf mit Guivreiz unterliegt Erec, wird nun aber gesund gepflegt. In Brandigan ist die „Freude des Hofes" (*Joie de la curt*) durch den im Wundergarten hausenden Mabonagrin zerstört, Erec muss sie in hartem Kampf wiederherstellen. Was achtzig Rittern nicht gelungen war, wird dem Sohn des Königs Lac, der nun in einer erneuerten Partnerschaft lebt, gelingen. Nach der Überführung der achtzig Witwen an den Artushof wird Erec im Reich seines Vaters zum König gekrönt.

B. Auch Iweins erste Aventiure ist spontan motiviert: heimlich bricht er vom Artushof auf, um die missglückte Aventiure seines Verwandten Kalogreant mit dem Brunnenwächter Askalon zu rächen. Es gelingt ihm, Kalogreants Bezwinger tödlich zu verwunden. Als er dem Todgeweihten auf dessen Burg nachreitet, wird er zwischen den Fallgattern eingeschlossen. Auf Rat der Dienerin Lunete ehelicht ihn Laudine, die Witwe Askalons. Die eintreffende Artusgesellschaft beglückwünscht den neuen Landesherren, doch rät ihm Gawein, sich nicht wie Erec zu *verligen.* Iwein bittet Laudine um befristeten Urlaub für ein Jahr. Als er die Frist versäumt, zeiht ihn Lunete vor der Artusrunde der Untreue. Iwein verfällt in Wahnsinn und irrt nackt durch den Wald. Mit einer Zaubersalbe heilt ihn die Frau von Narison, für die Iwein sogleich den Grafen Alier bezwingt. Ein Löwe, dem er hilft, folgt ihm als treuer Gefährte. Eine Reihe von Aventiuren schließt sich an, in denen Iwein Bedrängten meist gegen riesenhafte Usurpatoren Waffenhilfe leistet, einmal aber auch die Erbansprüche der jüngeren Tochter vom Schwarzen Dorn im Duell mit Gawein durchsetzen muss. Seine offenkundige Verlässlichkeit als Ritter und seine Treue gegenüber der Gattin sind Voraussetzung für die abschließende Versöhnung mit Laudine.

Es ist in der Forschung unstrittig, dass Hartmann einen Romantypus adaptierte, der das Publikum am Weg eines Helden teilhaben lässt, der sich zunächst durch seine Tapferkeit auszeichnet, dann durch inadäquates Verhalten sein Ansehen bei Hof einbüßt, sich nach einem langen Weg neuer Bewährungen schließlich einsichtig zeigt und in seiner Position als Ritter und Ehemann gefestigt behaupten kann. Strittig ist dagegen, inwiefern sich Erecs bzw. Iweins Stationen zu einem Doppelweg (H. Kuhn) mit Symbolstruktur ordnen lassen, der dem Publikum paradigmatisch das äußere zugleich als inneres Fortschreiten von Aufstieg, Krise und Wiederaufstieg zu gefestigtem Status aufzeigt. Hartmann führt in jedem Fall eine differenziert strukturierte Gesellschaftsordnung mit transparenten Grundwerten vor, in die ein verantwortlich handelndes Subjekt, das die Balance zwischen Minne und Kampf zu wahren vermag, als Mann und Ehepartner schrittweise eingebunden werden soll. Die tiefe Krise, in die das desorientierte Paar fallen muss und in die auch Iwein fällt, ist notwendiger Schritt auf dem Weg zur abschließend geglückten Integration. An diesem kritischen Punkt wird der ,Wigalois' später ansetzen (vgl. unten Kap. 5.).

C. Wesentlich komplexer, durch christliche Metaphysik mit Maßstäben auch der außerliterarischen Welt konfrontiert, erscheint die erzählte Welt von Wolframs von Eschenbach ,Parzival' (ca. 1200–1210). Abseits jeglicher Zivilisation lässt Frau Herzeloyde den Knaben Parzival, Sohn des Ritters Gahmuret, im Schutz des Waldes aufwachsen. Ohne um seine Herkunft zu wissen, verlangt es Parzival, als er zufällig vier Rittern begegnet, nach einem ritterlichen Leben, in das er auch aufbricht. Die Mutter stirbt, als sie nach dem Gatten auch den Sohn verliert. Der in einem Zelt schlafenden Schönheit Jeschute stiehlt Parzival Kuss und Ring, was ihr die verunglimpfende Behandlung als Ehebrecherin einbringt. Von seiner Cousine Sigune erfährt Parzival seinen Namen. Auf dem Weg zum Artushof tötet er den Roten Ritter Ither mit einem Sauspieß. Nachdem er bei Gurnemanz seine ritterliche Grundausbildung nachgeholt hat, heiratet er Königin Condwiramurs. Auf Munsalvæsche wird er Zeuge der Gralsprozession. Später gelingt es ihm, Jeschute mit ihrem noch immer zürnenden Gatten zu versöhnen. Er wird nun aufgenommen in die Artusrunde, von der Gralsbotin Kundrie allerdings wegen seiner Passivität auf Munsalvæsche öffentlich verflucht.
Während sich Gawan, vom Landgrafen Kingrimursel zum Gerichtskampf herausgefordert, auf dem Weg zum Kampfplatz in mehreren Minnebeziehungen verfängt, irrt Parzival auf der Suche nach der Gralsburg durch den Wald. Der Einsiedler Trevrizent belehrt ihn über das Wesen der christlichen Lehre und offenbart ihm seine Sünden: Tötung der Mutter, Tötung des mit ihm verwandten Roten Ritters, Unterlassen der Erlösungsfrage auf der Gralsburg. Der an den Hof zurückkehrende Parzival hat an den Festfreuden keinen Anteil mehr. Aufgrund von Missverständnissen kämpft er nacheinander mit Gawan, dann mit König Gramoflanz und schließlich seinem muslimischen Halbbruder Feirefiz. Gott verhindert, dass es zur Tötung kommt. Die erneut auftretende Gralsbotin verkündet Parzivals Berufung zum Gralkönig. Condwiramur folgt dem Gatten, Feirefiz lässt sich taufen und heiratet eine Gralträgerin.

Wolfram verfolgt in der Hauptsache zwei Handlungsstränge: einen um Parzival, der eine schrittweise Wandlung vom Toren zum Wissenden durchlebt, und einen um Gawan, der als Draufgänger und Schürzenjäger alle Schattierungen im Verhältnis zwischen Mann und Frau durchspielt. Dem unproblematischen Verhältnis Parzivals gegenüber dem Minnedienst korrespondiert Gawans christlicher Metaphysik bare Lebensweise. Ist Parzivals Entwicklung in drei Schritten – vom Toren zum Ritter, vom Sünder zum Büßer, vom Artusritter zum Gralkönig – auf das Sakralkönigtum ausgerichtet, bemüht sich Gawan um eine Existenz nach den Regeln der Artusgesellschaft. Er verkörpert mithin das Prinzip jener Welt, in der auch Erec zu bestehen suchte. Mit der Figur Parzivals führt Wolfram eine Alternative zum Artusritter säkularer Prägung ein. Sein religiös-elitäres Rittertum entfaltet sich in einer Parallelwelt, in die man wohl berufen werden, nicht aber sich hineinarbeiten kann. Obwohl Parzival die Berufung zum Gralritter als individuelle Auszeichnung erlebt, wird sie nicht als verbindliches höchstes Gut ausgerufen. Die höfische Welt des Königs Artus und Gawans – und Erecs – besteht nebenher fort.

Wirnt von Grafenberg hat die drei Romane gekannt. Früh schon hat sich die Forschung bemüht, nicht nur Art und Ausmaß, sondern auch die konkrete Vermittlung dieser Kenntnisse zu klären. Für die Romane Hartmanns ließ sich vergleichend ermitteln, „dass aus dem Iwein viel mehr Verse wörtlich herübergenommen sind, als aus dem Erec“ (Meisner 1875, S. 431), ja Wirnt „ganze Partien des Wigalois mosaikartig aus Iweinzeilen zusammengesetzt“ habe (Böhme 1890, S. 262). Beim ‚Parzival‘, dessen Entstehungsgeschichte als komplizierter galt, nahm man mit Lachmann lange nur Kenntnis der frühen Bücher (I–III, V) an, dehnte sie aber nach und nach aus (Buch VI: Sprenger 1875, S. 437). Die große Menge der ‚Iwein‘-Allusionen ermöglichte sogar, nicht nur eine handschriftliche Vorlage, sondern auch deren stemmatische Stellung näherungsweise zu bestimmen (Böhme 1890). Für den ‚Erec‘ ließ sich immerhin noch feststellen, dass Wirnt einer Handschrift folgte, deren Text dem des ‚Ambraser Heldenbuchs‘ zumindest in bestimmten Abschnitten sehr nahe stand (vgl. Edrich-Porzberg 1994, S. 198–201).

Forschungen wie die hier anzitierten werden im akademischen Unterricht der Gegenwart oft in weniger günstigem Licht dargestellt. Im Falle Wirnts kommt hinzu, dass sie allgemein für das literaturgeschichtliche Verdikt, Wirnt sei ein „Epigone“, der seine Vorgänger gewissenlos plünderte, verantwortlich gemacht werden. Ich empfehle Studierenden, einige der Similien-Listen, die etwa Meisner (1875), Sprenger (1875) oder Böhme (1890) zusammenstellten, in neueren Textausgaben zu vergleichen, idealerweise nach der Lektüre des ‚Wigalois'. Unbedingt sollte man die allgemeinen Bemerkungen des Lachmann-Schülers Heinrich Meisner (1875) beiziehen.

Wirnt hat die von seinen Vorgängern vorgelegten Fragen aufgenommen und zentrale Punkte in seinem eigenen Konzept verarbeitet. Es sind dies vordringlich Fragen der metaphysischen Rückbindung adliger Lebensformen. Eine schematische Frömmigkeit, wie sie Erec und Iwein an den Tag legten, war für Wirnt ebenso wenig diskutabel wie eine adlige Existenz, deren Heil letzten Endes in frommer Privatisierung gründete. Die Welt, in der sich Gwigalois bewähren sollte, konnte sich auch nicht in subjektiv erfahrene Parallelwelten aufspalten. Gott, der Teufel und der verantwortlich handelnde Mensch wirkten zusammen (und gegeneinander!) in der Gestaltung des Diesseits, das als metaphysisch aufgeladener Erlebnisraum für alle gleichermaßen erfahrbar ist. – Dies mögen die wichtigsten Aspekte gewesen sein, die Wirnt seinen deutschen Prätexten abgewann. Mit ihrer Hilfe gestaltete er einen Stoff, der ihm aus anderen Quellen zugegangen war.

🕮 Pudmenzky 1875; Meisner 1875; Sprenger 1875; Medem 1881; Böhme 1890; Cormeau 1977; Schröder 1986; Schiewer 1993; Edrich-Porzberg 1994, S. 180–201; Müller 2003, S. 231–233; Thomas 2005.

2.2. Die Quellen

Als sich der junge Ritter, dessen Geschichte Wirnt von Grafenberg erzählt, am Artushof vorstellt, nennt er seinen Namen: *Gwî von Gâlois bin ich genant* (v. 1574). Die Namensform, insbesondere das *Gâlois*, verweist auf die Matière de Bretagne, den im 12. Jahrhundert bereits weit ausgebauten keltischen Sagenkreis um König Artus von Britannien (um 500). *Gâlois* heißen nun aber eigentlich die Waliser, wörtlich wäre „Gwi von den Walisern" zu übersetzen. In Ermangelung weiterer Textbelege, die eine walisische Abkunft veranschaulichen könnten, bleibt die Herkunft des Protagonisten – offenbar schon für Wirnt – einigermaßen dunkel. Die übrigen Eigennamen, die im Text auftauchen, fügen sich dem Stoffzusammenhang zumeist ein, sofern sie nicht bereits aus ihm entnommen wurden, oder sind reine Phantasiegebilde.

Wirnt selbst bestreitet, seinen Roman auf der Basis einer schriftlichen Quelle abgefasst zu haben. Mehrfach beteuert er, der Stoff sei ihm mündlich vermittelt, *geseit*, worden (v. 132). Ein *knappe* (v. 11687), also ein junger Edelmann, habe ihn mit dem *mære* (v. 11686) versorgt: *niwan eines von sînem munde / enpfie ich die âventiure* (v. 11689 f.). Über die Techniken anderer Epiker der Zeit, die französische Stoffe adaptierten, wissen wir, dass sie Bücher vor sich liegen hatten, obwohl auch sie das mitunter rundheraus bestritten. In dieser Hinsicht könnte Wirnt seinem Vorbild Wolfram gefolgt sein (vgl. ‚Willehalm' 2, 19 f.). Die ‚Iwein'-Handschrift, aus der er schöpfte, lässt sich zumindest stemmatisch relativ genau eingrenzen (vgl. Böhme 1890). Der Umstand, dass wir keine zusammenhängende französische Quelle des ‚Wigalois' besitzen und Wirnt die Existenz einer solchen bestreitet, berechtigt daher nicht ohne weiteres zu dem Schluss, dass es keine solche gegeben habe.

Allerdings hat die Erzählforschung zwei französische Romane namhaft machen können, die mit Wirnts Gedicht in unleugbarem Zusammenhang stehen: Renauts de Beaujeu ‚Le bel Inconnu' (um 1190) und den anonymen, lediglich in einer Handschrift des 15. Jahrhunderts überlieferten ‚Chevalier du papegau'. Die Beziehungen sind teils auf der Ebene von Einzelaventiuren, teils auf der Ebene ganzer Aventiureketten zu greifen. Für den ‚Bel Inconnu', einen Roman, der das Motiv vom „Schönen Unbekannten" verarbeitet, erstrecken sich die Gemeinsamkeiten auf den Teil von der Ankunft des Helden am Artushof (‚Wigalois' ca. v. 1410) bis zum Zweikampf mit dem Ritter mit dem Sperber sowie auf den Kampf mit dem Truchsess (ca. v. 3970). Bei rund 11600 Versen ‚Wigalois' macht das etwa ein Fünftel des Romans aus. Mit dem ‚Papageienritter' teilt der ‚Wigalois' ebenfalls das Abenteuer um den Schönheitspreis (hier: Papagei statt Sperber), dann aber vor allem die Episoden des zweiten Teils: Drachenkampf mit Ohnmacht des Helden Artus, Kampf mit dem Riesenweib, Überwindung der Brückensperre und der beiden Wächter, erfolgreiches Duell mit dem Marschall und Jubel der Frauen. Der ‚Wigalois'-Dichter hätte demnach etwa mit der Roimunt-Episode den Bezugstext gewechselt.

Die unbestreitbare Verpflichtung gegenüber ‚Bel Inconnu' und ‚Chevalier du papegau' einerseits und die ziemlich offenkundige Nahtstelle anderseits ließen die Rekonstruktion einer Urfassung und damit einer einheitlichen Quelle möglich erscheinen. Wegweisend wurde hier die groß angelegte Studie Franz Sarans (1896), der ein bereits aus zwei Vorlagen (X, Y) montiertes französisches Original (O) annahm. Aus X bzw. einer Zwischenstufe x^1 leitete er den ‚Bel Inconnu' (D), aus Y den ‚Papageienritter' (P) ab (Stemma: Saran 1896, S. 412). Damit wäre der ‚Wigalois' nicht einmal über Zwischenstufen mit den beiden Texten verbunden, sondern teilte nur den Quellbereich mit ihnen. Wirnts Roman repräsentiere, so Saran, das verlorene Original, einen altfranzösischen ‚Wigalois' des 12. Jahrhunderts, dem er „in allem tatsächlichen von belang und gewis in den meisten einzelheiten" wahrscheinlich sehr eng gefolgt sei. „Die französische literaturgeschichte ist so um einen Artusroman reicher" (Saran 1896, S. 412), die deutsche um ein vermeintliches Originalkunstwerk ärmer.

Saran argumentierte vor dem Hintergrund einer Ästhetik, die von Transparenz, Stringenz und Motiviertheit von Handlung und aufeinander abgestimmten Details ausging. Die Geschichtlichkeit einer Erzählung war demnach ihr Sündenfall. Am Anfang standen für Saran klar motivierte Abläufe mit Figuren, die sich berechenbar wie an einer Schnur durch den Text bewegten. Im Laufe der Bearbeitungen, die für ein neues Publikum neue Aspekte einbrachten, ergaben sich mehr und mehr Widersprüche: sie galten als Indikatoren schlecht verheilter Nahtstellen. Schon O sollte X und Y mitunter holprig verleimt haben; Wirnt habe neue Inkonsequenzen eingebracht.

Freilich beruhte vieles von dem, was Saran vorbrachte, auf genauer Kenntnis der Texte, die er allerdings mitunter zu schematisch abglich. Als Beispiel sei die Episode von der Plünderung des ohnmächtigen Helden durch die Fischersleute angeführt (vgl. unten S. 87). Der auf den Harnisch bedachte Mann steht im ‚Papageienritter' im Vordergrund, die Frau äußert matt ihre Bedenken. Im ‚Wigalois' dagegen sei die Frau „habgierig, roh und gewissenlos"; sie will „den ohnmächtigen ertränken, um nicht entdeckt zu werden", der Mann dagegen erscheint *vil getriuwe* (Saran 1896, S. 396). Als die Frau nun den leblosen, nahezu entkleideten Körper betrachtet, wird sie von der Epiphanie des Vollkommenen in Bann geschlagen und flößt ihm mitleidig ein wenig Wasser ein. Saran freilich erklärte: „Der umschwung in der denkart der frau [...] ist doch etwas zu plötzlich und die motivierung ungeschickt." (Saran 1896, S. 396). Die inkohärente Darstellung im ‚Wigalois' sei dem Verfasser von O anzulasten; der ‚Papageienritter' habe hier, mit Y, das Ursprüngliche. Saran, der die Szene im Übrigen als die „vielleicht poetisch wertvollste in dem deutschen roman" ansprach, hat, da er Wirnts Anteil generell als geringfügig erachtete, dessen Konzept einer schrittweisen nächtlichen Ent-Deckung des Heilsbringers nicht erkennen können.

Ließe man Sarans Hypothese vom verlorenen O (= X+Y) trotzdem grundsätzlich gelten, könnte immerhin Wirnts Aussage über den Bericht des *knappen* gerettet werden: dann nämlich, wenn man eine ad-hoc-Montage, die vielleicht durch den beiden Stoffen gemeinsamen Kampf um den Schönheitspreis motiviert war, durch einen von Ritterromanen begeisterten jungen Edelmann annähme.

Allerdings hat Christoph Cormeau die von Saran postulierten Verhältnisse auf den Kopf gestellt und den ‚Chevalier du papegau' (bzw. einen Vorgänger) als Niederschlag einer „umgekehrten Tauschbeziehung", also als Rezeptionszeugnis der deutschen Überlieferung, angesprochen (Cormeau 1977, S. 73). Neben der Abweisung der Prämissen Sarans war ein wesentliches Argument hierfür das sog. „Meerwunder", die Figur des Zentauren Marrien, der außer im ‚Wigalois' in ähnlicher Form noch im ‚Eckenlied' auftauchte (siehe unten S. 98). Dieses und weitere Motive veranlassten Cormeau dazu, „ungezwungener eine Abhängigkeit P's vom ‚Eckenlied' anzunehmen" (Cormeau 1977, S. 81). Nicht P gehe auf die gleiche Quelle wie der ‚Wigalois' zurück, sondern Wirnt sei die Quelle P's: „Der Redaktor von P hat seine Quelle in Einzelheiten gekürzt, gängigen Erzählschemata angenähert und vor allem die religiösen, mythischen und dämonischen Züge durch rationale Motivierungen ersetzt." (Cormeau 1977, S. 94). In Umkehrung des Diktums Sarans wäre also zu formulieren: ‚Die französische Literaturgeschichte ist so um einen Artusroman ärmer.'

Es liegt nahe, dass Cormeaus – faktisch unter den methodischen Prämissen Sarans entstandene – Konstruktion seitens der Germanistik keinen nennenswerten Widerspruch erfahren hat. Es lag umso näher, als das Zeitalter akademischer Quellenkritik eigentlich vorüber war. Sehr schnell ist man daher neuerdings bei der Hand mit der Erklärung, es habe keinen französischen ‚Wigalois' gegeben (etwa Schiewer 1993, S. 149; Mertens 1998, S. 179; Schmidt 2005, S. 64). Dadurch vermischen sich verschiedene Aspekte. Dass Saran übertrieben hat, sollte nicht dazu verleiten, es zu leicht zu nehmen. Wer sagen möchte, es habe nicht den von Saran postulierten französischen ‚Wigalois' gegeben, dürfte immer richtig liegen. Wer diese Basis dazu benutzt, den Knappen zum Dichter zu machen, mutet dem Jüngling aber wohl zu viel zu – und muss die oft bis ins Detail reichenden Übereinstimmungen mit ‚Bel Inconnu' und ‚Papageienritter' herunterspielen. Ob Knappe oder Wirnt: jemand hat entweder eine (verlorene) Montage übernommen, oder er hat selbst zwei ausformulierte literarische Quellen montiert. Entweder verdiente also der kompilierende Knappe einen Ehrenplatz in der Literaturgeschichte – oder sein Erfinder Wirnt.

📖 Mennung 1890; Saran 1896; Cormeau 1977, S. 68–103; Eming 1999.

2.3. Der Dichter

Der Verfasser des ‚Wigalois' hat sich an drei Stellen namentlich seinem Text eingeschrieben.

1. Am Ende des Prologs bezeichnet sich *Wirnt von Grâvenberc* als *tihtær* (v. 137; das ist einer der ganz frühen *tihtær*-Belege in der deutschen Erzählliteratur und der erste im Zusammenhang des höfischen Romans: Gärtner 1998, S. 42 f.).

2. Ein weiteres Mal apostrophiert sich *Wirnt* selbst in einer Unterredung mit seinem *sin* (v. 5755; die Selbstnennung fehlt allerdings in einigen alten Handschriften).

3. Nachdem er in einer aufwendigen Gewandbeschreibung sein Können noch einmal vorgeführt hat, nennt sich der „Wort-Schneider" dann ein drittes Mal (v. 10576).

Die Selbstnennungen erfolgten also ziemlich genau im Abstand von 5000 Versen: nicht im ersten Vers, nicht im letzten. Dadurch war die Urheberschaft Wirnts trotz möglicher Überlieferungsdefekte gesichert. Mochten am Anfang oder Schluss einer Handschrift auch Blätter oder ganze Lagen verloren gehen: Wirnts Name blieb untrennbar mit seinem ersten – und einzigen – *werc* (v. 140) verbunden. Seine frühesten professionellen Rezipienten, Heinrich von dem Türlin (um 1225) und Rudolf von Ems (um 1235/1240), bestätigen ihn in der ‚Crône' bzw. im ‚Alexander' (v. 3192–3198) und ‚Willehalm von Orlens' (v. 2201–2204) als Verfasser von Erzählungen über *Wigolaises manhait* (‚Willehalm von Orlens' v. 2204).

Für den heute nicht mehr gebräuchlichen Namen *Wirnt* bzw. *Wirent* finden sich verschiedene etymologische Herleitungen. Im ‚Historischen deutschen Vornamenbuch' (hg. von Wilfried Seibicke, Bd. 4, Berlin und New York 2003, S. 483) wird die Ableitung vom althochdeutschen *wirunt* „Auerochse,

Wisent" angeboten. Auch als Nebenform *Werent, Wirent* zu Bernhard ist er im 14. Jahrhundert bezeugt (ebd., S. 438 s.v. ‚Wernt'). Sehr wahrscheinlich liegt dem Namen aber das Partizip Präsens *wisent, wisant* des starken Verbums *wîsen* (ahd *wīsen* zugrunde (man beachte den Grammatischen Wechsel s : r !). Er bedeutete also etwa „der Weisende, Führende, Leitende".

Wirnt zählt nicht zu den Leit-Namen der hochmittelalterlichen Gesellschaft. Er ist aber durchaus – vor allem in Bayern – als Name niederer Adliger präsent. 1129 ist ein Wirnt von Ebermannsdorf im Umfeld des Klosters Ensdorf nachweisbar, 1295 ein Wirnt von Möhren in Treuchtlingen. Seine etymologische Intransparenz führte wohl dazu, dass er in den Handschriften des ‚Alexander' Rudolfs von Ems verändert erscheint zum geläufigeren *Wirich.* Die Abschreiber des ‚Wigalois' überliefern dagegen ein relativ getreues Bild. Die meisten Namensvarianten sind Entstellungen ohne Zeugniswert. Sie gehen auf einzelne Schreiber zurück. In der Hamburger Handschrift (N) heißt der Verfasser *wygant* (v. 141). Der Kopist der wichtigen Leidener Handschrift (B) brachte mit *wirnt* (v. 141) und *wyrink* (v. 10576) sogar zwei Formen, während andere Schreiber den Namen nicht mehr erkannten und *freúnt* (Dresdener Hs. U: v. 141) bzw. *frünt* (Schweriner Hs. l: v. 10576) einsetzten. Die späte Wiener Handschrift (M) nennt Wirnt konsequent *wernhard von grimberg* (v. 141, v. 10576).

Der zweite Teil des Namens könnte Herkunfts- oder Herrschaftsbezeichnung sein. Wie bei Hartmann von Aue war damit zu rechnen, dass sich diese Spur mit der Zeit verwischte. Die Varianz in den Handschriften lässt die topographische Unsicherheit der Überliefernden erkennen: *grauenbech* (v. 141) schreibt bereits die älteste und wichtigste Handschrift (A), *greuenberg* (k: v. 141) steht neben *graffenberg* (k: v. 10576), *grunenberk* (U: v. 141), sogar *kenirnberg* ist möglich (l: v. 10576; oder ist *keuirnberg* zu lesen?). Ortschaften mit dem Namen Grafenberg, Gräfenberg oder Grefenberg existieren noch heute eine Reihe. Es spricht nichts dagegen, dass im ‚Wigalois' das oberfränkische Gräfenberg nördlich Erlangens gemeint ist. Das Kleinstädtchen (2400 Einwohner) hat das jedenfalls so verstanden, hat eine phantastisch anmutende Gedenktafel anbringen lassen (Text bei Naumann 1971, S. 66) und seine Realschule 1968/69 als ‚Ritter Wirnt-Realschule' aus der Taufe gehoben. Wirnt wäre demnach Landsmann seines großen Vorbilds Wolfram, was erklären könnte, warum beide auf den Sand bei Nürnberg als Turnierplatz anspielen (v. 8447; ‚Willehalm' 426, 30).

Wirnt ist, wie Hartmann und Wolfram, ausschließlich literarisch bezeugt. Es fehlen alle Urkunden, die ihn etwa als in Rechtsgeschäften handelnd bezeugen (vgl. Saran 1896, S. 254 f.). Das wäre selbst für einen niederen Adligen des frühen 13. Jahrhunderts ungewöhnlich. Doch während bei Hartmann durch die Selbstbezeichnung als *dienstman* (‚Armer Heinrich' v. 5) eine Zuordnung zum Ministerialenstand immerhin möglich erscheint, Aue mithin als Bezeichnung einer Herrschaft gelten kann, finden sich im ‚Wigalois' keine derartigen Hinweise. Indem Wirnt seinen Stoff als von einem *knappen* vermittelt vorstellt, gibt er nicht mehr als Kontakt mit der höfisch-ritterlichen Sphäre zu erkennen. Ihn zu einem Ministerialen der Grafen von Zollern zu machen, setzte Zugehörigkeit zum Dienstmannen-Geschlecht der Gräfenberger voraus. Die diesbezüglichen Anregungen (Schreiber 1933, S. 229; Mertens 1981, S. 24–28) verdienten, da sie immer wieder einmal aufflackern, eine gründlichere Aufarbeitung.

Schweigen die Urkunden, so sprudeln doch die literarischen Quellen. Zur Orientierung über die historische Persönlichkeit sind sie natürlich nur bedingt verwertbar. In erster Linie bezeugen sie das Fortwirken des ‚Wigalois'. Daneben mag die eine oder andere Information einen Zusammenhang verdeutlichen, der sich späteren Lesern nicht mehr ohne weiteres erschließt. Wie selbstverständlich zeichnet etwa Konrad von Würzburg in ‚Der Welt Lohn' (vor 1260; vgl. unten Kap. 9.3.) ein knappes Porträt des *herren* Wirnt von Gravenberg als Ritter, obwohl er ihn als *her Wirent dâ von Grâvenberc* (v. 47) anspricht, woraus man entnehmen könnte, dass zumindest Konrad die Ortsbezeichnung nicht als fixen Bestandteil des Namens erachtete. Konrad zeigt Wirnt am Lesepult, gebeugt über Minne-Romane, als Frau Welt an seine Türe klopft und ihn durch ihre Erscheinung – der anmutigen Vorderseite korrespondiert ein von Schlangen und Würmern zernagter Rücken – drastisch auf die Vergänglichkeit alles Diesseitigen hinweist, woraufhin Wirnt sich zur Teilnahme an einem Kreuzzug entschließt. Man hat diesen literarischen Bericht verschiedentlich als glaubwürdig und das geschilderte Bekehrungserlebnis als relevant für die Biographie der historischen Person eingestuft. Aus dem Umstand, dass sich Wirnts (mutmaßliche) Gönner 1217 ins Heilige Land begaben, hat man auf eine Beteiligung des Ritter-Literaten an der Kreuzfahrt geschlossen.[1] Urkundlich ist das ohne Stütze. Umgekehrt ist aber sehr wohl möglich, dass Konrad von Würzburg sein Wirnt-Porträt allein aus seinem Verständnis des ‚Wigalois' zusammensetzte. Er hätte den Roman dann – wie nach ihm andere – als Aufruf zur Überwindung und Missionierung der Ungläubigen verstanden. Dafür spricht, dass Konrad mit dem einprägsamen Bild vom lesenden Adligen auch ein anderes Motiv, das ihm der Text anbot, reflektierte: Wirnt posiert im ‚Wigalois' als Mann des Kampfplatzes und der Tat. Er hat das sicher von seinem Vorbild Wolfram übernommen, was aber umgekehrt nicht bedeuten muss, dass es im Kern der Sache nicht zuträfe. Die wertkonservative Haltung des Erzählers, seine Attacken gegen Emporkömmlinge unter den *rîtern* und sein Lob der vergangenen Zeiten, als Ritter noch standesgemäß handelten (vgl. v. 2333–2344), verraten freilich mehr über den Standort von Wirnts Publikum.

Ritterethos und Schriftkultur standen bereits bei Wolfram nicht im Widerspruch zueinander. Allerdings äußerte er sich etwa in der Frage nach seiner Hauptquelle für unser Empfinden widersprüchlich. Einerseits konnte er erklären, er erzähle den ‚Willehalm' ohne Zuhilfenahme von Büchern (2, 19 f.), anderseits will er die französische Vorlage vom Landgrafen Hermann von Thüringen empfangen haben (3, 8 f.). Gerade ebenso beruft sich sein Bewunderer Wirnt einerseits auf den dem ‚Wigalois' zugrunde liegenden Knappenbericht (v. 11686–11690), kokettiert aber anderseits mit seiner Kenntnis der schriftlichen Quelle zu dessen Fortsetzung (v. 11661). Beide legen eine „mit allen Mitteln der Fiktionalisierung" operierende „Literaten-Attitüde" an den Tag (Scholz 1980, S. 217). Mitunter gewinnt man den Eindruck, sie beabsichtigten geradezu, ein der Buchkultur gegenüber skeptisches laikales Publikum für das neue Medium zu interessieren.

Wo es um die elementaren Belange des Menschen geht, kommen bei Wirnt jedenfalls Bücher ins Spiel. Sie sind Speicher eines sowohl dem Erzähler als auch seinem Publikum zugänglichen naturkundlichen Wissens (v. 7450); *diu buoche* – also die Heilige Schrift – ver-

[1] So etwa Karl Bertau: Deutsche Literatur im europäischen Mittelalter, Bd. II, München 1973, S. 1116. An den Kreuzzug Friedrichs II. von 1228/1229 dachte Schreiber (1933, S. 223).

mitteln *uns* das Erlösungsversprechen Christi (v. 5311); ein mit *guldînen buochstaben* (v. 8254) gleich zweisprachig – *heidenisch und franzois* (v. 8258) – fixiertes Epitaph sichert die Memoria der verstorbenen Japhite; in Büchern findet man zudem vom König Artus und seiner Ritterschaft *geschriben* (v. 209). Ein Buch schließlich ist es, das der Leser des ‚Wigalois' in Händen hält und das ihn unmittelbar anspricht: „Welch trefflicher Mensch hat mich aufgeschlagen?" (v. 1). Die Buchfiktion, die die Realität des Rezeptionsvorgangs antizipiert, steht nicht in Spannung zur mündlich vermittelten Materie, sondern stellt einen notwendigen Transfer aus: Wirnt hat, was ihm ein illiterater Knappe zugetragen hat, verbindlich kodifiziert.

Dass Wirnt sich um korrekte Latinisierungen bemühte, er also auch in diesem Bereich über Grundkenntnisse verfügte, ist früh erkannt worden (vgl. Saran 1896, S. 260 f.). Bemerkenswert scheint noch eine Berufung des Erzählers auf seine Quelle für die Zweikampfniederlage Gawans gegen König Joram, die sich im Wald und damit ohne Zeugen abgespielt hatte. Im hergestellten Text beruft sich der Erzähler auf einen *knappen* (v. 596) als Gewährsmann für diese Information, *wider den ich alle wîle streit* (v. 598). Die älteste Handschrift (A) bietet hier indes *pfaffe*, andere Textzeugen folgen ihr. Wenn auch der *knappe* als Informant und Diskussionspartner schon deshalb, weil er in der abschließenden Quellenfiktion erneut auftaucht, größere Wahrscheinlichkeit besitzt, deutet der *pfaffe* auf einen für Zeitgenossen immerhin vorstellbaren Austausch des Verfassers (bzw. Erzählers) mit der gelehrten Welt.

📖 Saran 1896, S. 254–264; Schreiber 1933, S. 209–227; Neumann 1964; Naumann 1971; Lienert 1991; Lienert 1997; Ziegeler 1999; Jaeger 2000, S. 200 f.

2.4. Das Publikum

Der ‚Wigalois' ist, wie der höfische Roman generell, Adelsliteratur. Er handelt von den Schicksalen adliger Figuren, und er ist geschrieben für ein Publikum, das mit den Prätexten und deren Protagonisten zumindest kursorisch bekannt war. Mehr wissen wir eigentlich nicht. Trotzdem gibt es verschiedene Möglichkeiten, einen historischen Adressatenkreis zu konturieren. Generelle Aspekte des mittelalterlichen Kulturbetriebs (A.), inhaltliche Dimensionen des Werkes (B.), vor allem aber die im Text namentlich genannten Personen (C.) müssen zueinander in eine ausgewogene Beziehung gesetzt werden.

A. Über die genaue Zusammensetzung der Kreise, die einen konkreten Roman in Auftrag gaben oder lasen, erfahren wir in der Regel nichts. Die fingierte Entstehungsgeschichte des Eneasromans Heinrichs von Veldeke lässt das unfertige Werk quasi vom Nachttisch adliger Damen gestohlen sein, erklärt es dann aber als für eine männliche Regentenschicht interessant. Wolframs von Eschenbach Erzähler scherzt gerne mit den anwesenden Frauen. Auch sonst werden immer wieder adlige Damen als Adressatinnen von Dichtung explizit benannt, und seit der grundlegenden Untersuchung des Historikers Herbert Grundmann über die Bedeutung der Frauen für den mittelalterlichen Kulturbetrieb versucht man, ein weibliches Publikum auch dort, wo es nicht in Erscheinung tritt, plausibel zu machen. Das heißt nicht, dass wir auch nur über eine einzige Quittung verfügten, die die Entlohnung eines weltlichen Dichters durch eine adlige Dame bezeugte. Gleichwohl dürfen wir davon ausgehen, dass die ja oft von weither eingeheirateten jungen Frauen nicht nur ihr Vermögen, sondern auch ihre Kulturkonzepte relativ ungehindert in die Verbindungen einbringen konnten – keine Frage eheherrlicher Duldung, wie man bei den frommen Eskapaden einer Elisabeth von Thüringen annehmen möchte, sondern eine Frage des sozialen Status.

B. Der höfische Roman verhandelt den sozialen Status des adligen Waffenträgers im Verhältnis zur Sexualpartnerin und vice versa. Man kann sagen, dass er aufgrund seiner Ausführlichkeit und Reflektiertheit im Umgang mit diesbezüglichen Fragen auf beide Geschlechter gleichermaßen einzuwirken beabsichtigte.[2] Wenn Thomasin von Zerklære im ‚Welschen Gast' darlegt,

Juncherren suln von Gawein
hœren, Clies, Erec, Iwein,
und suln rihten sin jugent
gar nach Gaweins reiner tugent (v. 1041–1044)

---

[2] Es versteht sich, dass es dabei in erster Linie um eine „Geschlechterbalance" ging, nicht um eine Revolutionierung weiblicher Rollenentwürfe.

dann richtet sich der Didaktiker eben an junge Männer, denen er gleich darauf zu verstehen gibt, sie sollten beizeiten von dieser Lektüre wieder ablassen, da es sich um *spel* handele, *diu niht war sint* (v. 1085). Er sagt damit weder etwas über die Praxis noch über ein weibliches Publikum, dem er ja durchaus eine vergleichbare Liste mit Frauengestalten wie Enite, Laudine und Condwiramurs hätte aufstellen können – und natürlich mit Larie, der für Gwigalois bestimmten Dame (die es freilich noch nicht gab).

Allerdings hat Horst Brunner unlängst hervorgehoben, dass die Schilderungen Laries und ähnlicher Damen des „nachklassischen" Artusromans auf ein Publikum deuteten, das sich „in erster Linie in der männlichen Hofjugend, bei Knappen und jungen Rittern" fand (Brunner 2002, S. 65). Zu flächig seien diese Damen angelegt, zu „blass" (S. 59), zu funktional, als dass man ein weibliches Publikum im Hintergrund erblicken dürfte. Allerdings kann auch „Blässe" ein Schönheitsideal sein und eine „funktionierende" Liebesgeschichte (vgl. Brunner 2002, S. 64) durchaus erstrebenswert – nicht nur für Männer. Natürlich können sich auch Männer für die ausführlichen Kleiderbeschreibungen des ‚Wigalois' interessieren (vgl. unten S. 144 f.), so wie sich Frauen an einem unerschrockenen Kämpfer, den sie einmal sogar unbekleidet zu sehen bekommen, delektiert haben könnten. Für wen aber hat Wirnt das Ideal partnerschaftlicher Treue bei Mann und Frau derart hochgehalten (vgl. unten S. 177 f.)? Kurz: der ‚Wigalois' scheint mir doch sehr zahlreiche Hinweise auf ein gemischtes adliges Primär-Publikum zu liefern, unter dem sich gewiss auch die in einer Kleiderbeschreibung direkt apostrophierten Damen (vgl. unten S. 147) befunden haben werden. Wirnt machte denn auch einige Angebote, wo dieses Publikum zu suchen ist. Die Forschung hat diese Angebote sehr genau geprüft.

C. Werden in den fiktionalen Erzählwelten mehr oder weniger zeitgenössische Figuren benannt, die auch außerliterarisch bezeugt sind, bringt man sie, sofern sie nicht bereits vom Verfasser dafür in Anspruch genommen werden, gerne in Zusammenhang mit der Werkentstehung. Sie können etwa Vermittler von Vorlagen gewesen sein, können den Dichter beauftragt und gefördert, können ihn aber auch handfest alimentiert haben. Im ‚Wigalois' tauchen zwei solche Personen auf: Graf *Hojir von Mannesvelt* (v. 2861 f.) und ein namentlich nicht spezifizierter *vürst von Merân* (v. 8063 f.), dessen Tod der Erzähler beklagt: er habe dort *jâmer* und *klage* erlebt (v. 8064 f.). Wirnt erklärt nicht, dass der *vürst* sein Mäzen gewesen sei, und er bringt ihn auch sonst nicht mit der Entstehung des ‚Wigalois' in Verbindung. Allgemein schließt man aber aus der Erwähnung, dass die Nachricht vom betrauerten Tod des *vürsten* nur dort interessiert haben könne, wo man dem Verstorbenen zumindest nahe stand (vgl. Mertens 1981, S. 25). Allzu lange kann der Todesfall nicht zurückgelegen haben.

Merâne wird in der mittelhochdeutschen Literatur häufiger erwähnt. Es bezeichnet selten die Stadt am Gardasee, meist hingegen die Herrschaft Meranien: *Ein junger fürste von Meran* wird z. B. in Tannhäusers 6. Leich erwähnt (Str. 11, 1). Gemeint sind in der Regel Abkömmlinge des bayerischen Geschlechts von Andechs-Meranien, das sich aus den zwei Linien Dießen und Wolfratshausen herleitete. Die Erhebung der Andechser 1173 in den Rang von Reichsfürsten zog eine Blütezeit des Geschlechts nach sich. Um 1180 erhob Kaiser Friedrich I. Barbarossa Berthold IV. von Andechs, den Großvater der Heiligen Elisabeth (1207–1231), zum Titularherzog von Meranien, das südlich von Istrien im heutigen Kroatien lag. Obwohl damit faktisch kein Machtzuwachs und kaum Territorialgewinn verbunden war, bedeutete die Erhebung für die Andechser eine beträchtliche Standeserhöhung. So standen die Andechs-Meranier unter Berthold IV., der 1204 verstarb, auf dem Gipfelpunkt ihrer Macht. Berthold hinterließ vier Söhne, die sich anschickten, im Reich einigen Einfluss zu entfalten: Otto VII. (gest. 1234) folgte dem Vater als Herzog von Meranien nach, auf Heinrich (gest. 1228) ging die Markgrafenwürde von Istrien über, Ekbert (gest. 1237) wurde 1203 Bischof von Bamberg und Berthold V. (gest. 1251) schließlich Partriarch von Aquilea. Bertholds Töchter gingen Verbindungen mit führenden Häuptern Europas ein: die früh verstorbene Agnes (1201) heiratete Philipp II. August, König von Frankreich, Hedwig (gest. 1243) den Herzog von Schlesien, Heinrich I., und Gertrud (gest. 1213) ehelichte Andreas II., den König von Ungarn, mit dem sie die früh an den Landgrafenhof nach Thüringen verheiratete Elisabeth bekommen sollte.
Elisabeth hatte eben das Licht der Welt erblickt, da stürzte das mächtige Haus Andechs-Meranien völlig unvermutet wie ein Kartenhaus zusammen: Am 21. Juni 1208 fiel der staufische König Philipp von Schwaben, der anlässlich der Hochzeit seiner Nichte Beatrix von Burgund mit Otto VII. in Bamberg weilte, dem Mordanschlag Ottos von Wittelsbach zum Opfer. Da das Brautpaar bereits abgereist war, verdächtigte man, wie das in solchen Fällen üblich war, den Hausherren Ekbert und seinen Bruder Heinrich der Mittäterschaft. Beide wurden friedlos gelegt, ihre Ländereien verwüstet. Der Wittelsbacher Ludwig von Bayern profitierte als Erbe. Die von den Brüdern

angestrengte Rehabilitierung gelang spät, für Heinrich, der sich weitestgehend in der Krain und Steiermark aufhalten musste, brachte sie nicht mehr viel. Ekbert wurde später von Friedrich II. immerhin zum Reichsverweser für Österreich und die Steiermark erhoben. Mit dem Tod der letzten Tochter Bertholds, der unverheirateten Mechthild (gest. 1254), Äbtissin von Kitzingen, erlosch das Geschlecht der Andechs-Meranier.

Berücksichtigt man nun, dass Wirnt den ‚Parzival' und Heinrich von dem Türlin den ‚Wigalois' kannte, ergibt sich, dass als *vürste* von *Merân* nur ein Angehöriger des Hauses in Frage kommt, dessen Ableben um 1220 noch erinnerlich war und als beklagenswert erachtet wurde. Der Titel *vürste* ist, wie das lateinische *princeps*, unspezifisch. Auch Herzöge konnten so benannt werden. Die Forschung hat daher ganz überwiegend für Herzog Berthold IV. votiert, nach dessen Tod (1204) der Niedergang der Andechs-Meranier bald einsetzte. Die nächsten Todesfälle, Heinrichs von Istrien (1228) bzw. Ottos VII. Ableben 1234, liegen mit Rücksicht auf die übrigen Faktoren zu spät.

Aus dieser Konstellation hat man nun abgeleitet, dass der ‚Wigalois' für den Andechs-Meraniern nahestehende Kreise gedichtet worden sei, die sich des starken Berthold gerne erinnerten. Das könnte im Umfeld Ottos VII. der Fall gewesen sein. Ottos Patronat ist möglich, die frühe Überlieferung des ‚Wigalois', die auf die Steiermark und Tirol verweist, spricht zumindest nicht dagegen. Einen gewichtigeren Beleg bietet der Text selbst, in dem der Gawan-Bezwinger König Joram mit einem Wappenschild auftritt, das einen goldenen Adler auf blauem Feld (*lazûre*) zeigt (v. 404–406). Der Adler ist nun zwar ein verbreitetes Wappentier, doch spezifiziert die Tinktur, dass hier das Wappen der Grafen von Andechs(-Meranien) eingesetzt wurde. Bereits Berthold IV. führte ein Reitersiegel mit rechtsblickendem Adler, ebenso Otto VII. (vgl. Seelbach / Seelbach, S. 273 f.). Auch ein weiterer Passus, der zuletzt ausgehoben wurde, könnte in diese Richtung deuten: Die Gewandbeschreibung, in der Wirnt seinen Namen platzierte, umfasst auch die Schilderung einer Spange, auf der mehrere Edelsteine eine Formation aus zwei Löwen und einem Adler bildeten (v. 10573). Als Otto VII. die Stauferin Beatrix von Burgund ehelichte, brachte die gleich zwei Raubkatzen in die Ehe mit dem Adler: den Löwen von Burgund und den roten Leoparden der Staufer (vgl. Seelbach / Seelbach, S. 274 f.). Obwohl ein Leopard kein Löwe ist, ist nicht ganz auszuschließen, dass der „Worte-Schmied" Wirnt diese

Allianz – leicht modifiziert – im *vürspan* Laries zu verewigen suchte. Die erste Hörerin oder Leserin des ‚Wigalois' wäre damit Beatrix von Burgund resp. Andechs-Meranien gewesen.

Da es trotzdem keine unumstößlichen Beweise für die Andechs-Meranier und insbesondere für Otto VII. gibt, tauchen immer wieder neue Vorschläge auf, welche historische Persönlichkeit alternativ als Auftraggeber Wirnts in Frage komme. Jüngst wurde vertreten, dass hinter dem *vürsten von Merâne* ein Welfen-Spross stehe (vgl. Wüstemann 2006, S. 84–95). Welf VI. herrschte als der jüngere Bruder des 1139 verstorbenen Heinrichs des Stolzen über die süddeutschen Territorien der Welfen, während sich Heinrich der Löwe auf die nördlichen, insbesondere die sächsischen Besitzungen konzentrierte. Der ihm von Friedrich I. Barbarossa nach 1152 übertragene Besitz der Mathilde von Tuszien machte Welf VI. zu einem mächtigen Mann in der gesamten Alpenregion. Als allerdings sein Sohn Welf VII. während des Kreuzzuges 1167 in Barbarossas Heer verstarb, resignierte der Vater und übertrug, nunmehr erbenlos, schon 1168 seine südalpinen Lehen wieder an den Kaiser. In der Folgezeit scheint sich Welf VI. weniger für Politik als für die angenehmen Dinge des Lebens, darunter schöne Frauen und schöne Künste, interessiert zu haben, wie die ‚Historia Welforum' missbilligend vermerkte. Man brachte Welf denn auch als Auftraggeber der ‚Kaiserchronik', des ‚König Rother' und des ‚Herzog Ernst' ins Spiel. Walther von der Vogelweide scheint immerhin von der *milte* des Greisen noch profitiert zu haben. Ob aber Wirnt mit dem *vürsten von Merân* des 1191 verstorbenen Förderers der frühhöfischen Roman- und Geschichtsdichtung gedenkt, scheint angesichts des zeitlichen wie kulturellen Abstands sowie der Unsicherheit in der Benennung des Ortes fraglich. Welf müsste zweifelsfrei als *vürst* in Meran am Gardasee residiert haben, so dass die Benennung zwar ungewöhnlich, aber für Wirnts Publikum nachvollziehbar bliebe. Das scheint nicht der Fall gewesen zu sein. Damit erübrigten sich aber auch die weitreichenden Spekulationen über die Staufer als Erben der Welfen, die sich den ‚Wigalois' über das Symbol des ruhenden Rades, dem Ausdruck ihrer Kaiseridee, angeeignet hätten (vgl. Wüstemann 2006).

Mit der Figur *Hojirs von Mannesvelt* ruft Wirnt als Zweikampfgegner seines Helden den Namen einer historischen Persönlichkeit auf. Seit 1063 ist Hoyer Hausname des Geschlechts derer von Mansfeld, deren Sitz südöstlich Quedlinburgs nahe Eisleben gelegen war. Hoyer II., der als enger Vertrauter Heinrichs V. galt, schlug 1113 eine Rebellion sächsischer Fürsten nieder, kam aber bereits 1115 im Kampf gegen die von Lothar von Supplinburg geführten Aufständischen im Welfesholz durch die Hand Wiprechts von Groitzsch ums Leben. Der legendäre Graf Hoyer fand später Eingang in die Sammlung ‚Deutsche Sagen' der Brüder Grimm (hg. von Heinz Rölleke, Frankfurt 1994, Nr. 487 [S. 544 f.]). Der Sage zufolge verehrten die Sachsen einen Stein, auf den Hoyers eiserne Faust geschlagen hatte, und eine Denksäule ‚Jodute', die den mit dem Kolben bewaffneten Anführer zeigte und die abzureißen Kaiser Rudolf I. von Habsburg (1218–1291, König seit 1273) noch 1289 auf einem Erfurter Reichstag gebot. Es wird also einiges erzählt worden sein von dem erfolglosen Heerführer, und manches davon mag bis hinter den ‚Wigalois' zurückreichen. Die Gründe, warum Wirnt die Figur Hojirs aufruft, liegen indes, sofern es sich um Hoyer II. handelt, im Dunkel – es sei denn, man erblickte in Hojir ein Äquivalent zum verstorbenen *vürsten von Merân*: einen Heros aus der Familie oder dem Umfeld eines Auftraggebers.

Diese These vom Patronat der Mansfelder ist zuletzt mit einigen Argumenten vorgebracht worden (vgl. Honemann 1994, S. 358 f.). Für sie scheint außer der Erwähnung Hojirs zu sprechen, dass die Grafen von Mansfeld nachweislich seit dem 16. Jahrhundert die kostbare Leidener ‚Wigalois'-Handschrift (B) besaßen. Dies könnte indes umgekehrt auch ein Reflex auf die Erwähnung ihres Vorfahren im Text sein (vgl. Wüstemann 2006, S. 147). Weiter wird man zu berücksichtigen haben, dass Graf Hojir im ‚Wigalois' zunächst keine allzu gute Figur macht: Er begegnet Gwigalois voller Geringschätzung und spricht dessen Begleiterin den Schönheitspreis ab. Erst nach seiner Niederlage im Zweikampf wandelt sich Hojir zu einem loyalen Mitglied der höfischen Gesellschaft, was abschließend mit seiner Etablierung am Artushof noch einmal bekräftigt wird (v. 11466–11474). Zwar weist der Erzähler auf die rote Haarfarbe Hojirs hin, die man gemeinhin als Indikator für ein verschlagenes Wesen erachte, distanziert sich dann aber von dieser Ansicht (v. 2841–2849). Hojirs Rothaarigkeit ist, so gesehen, ein blindes Motiv, das man wenn nicht als „Realitätsfragment", so doch als Bestandteil alter Mansfelder Hausüberlieferung erachten könnte.

Eine Lösung der teils in die Steiermark, teils nach Sachsen strebenden Vorschläge wurde in der Verbindung Bertholds IV. von Meranien mit Agnes von Rochlitz gesucht. Deren Vater Dedo V. von Groitzsch stand Friedrich Barbarossa seit dem Friedensschluss von Venedig 1177 nahe. Sein Nachfolger in der Grafschaft Groitzsch wurde 1207 der ebenfalls prostaufisch eingestellte Dietrich der Bedrängte von Meißen (gest. 1221). Man muss nun akzeptieren, dass der Konflikt zwischen Staufern und Welfen, wie er zu Zeiten Heinrichs des Löwen schwelte, als reichspolitisches Problem faktisch überwunden war, die Adligen des frühen 13. Jahrhunderts sich aber trotzdem in wechselnden Allianzen mal prostaufisch, mal prowelfisch (sächsisch) positionierten. Die Mansfelder standen nach einer prostaufischen Episode unter Hoyer IV. wieder abseits, erst mit Wirnts Zeitgenossen Burchard I. von Mansfeld kam es zu einer dauerhaften Anbindung. Wirnt nun hätte den sächsischen Konflikt des Jahres 1115, als sich Hoyer II. und Wiprecht von Groitzsch bekämpften, mit dem nach Heinrichs des Löwen Tod aufkommenden Machtkampf zwischen Dietrich von Meißen und Burchard von Mansfeld um die Gunst der Staufer „überblendet" (vgl. Wüstemann 2006, S. 149). Das Grundgerüst für die Handlung um den roten Ritter Hojir – Nichtanerkennung des Schönheitspreises und Kampf mit Gwigalois – stand indes durch die Vorlagen, denen Wirnt hier folgte, bereits fest. Wirnt ersetzte einen Namen durch einen anderen. Im Übrigen zeigte er einen einsichtigen Verlierer mit im Grunde höfischer Gesinnung. An einer Nobilitierung Hoyers II. konnte allenfalls den Mansfeldern gelegen sein. Burchard I. müsste Wirnt geradezu aufgefordert haben, für seinen Konflikt mit den Sachwaltern derer von Groitzsch vor den Staufern eine Lanze für den Vorfahren zu verstechen. Oder sollten gar die von Groitzsch die Nennung Hoyers lanciert haben?

Die insgesamt eher zwiespältige Zeichnung Hojirs gibt viel Raum für historische Spekulation. Die hier nachgezeichneten Versuche, hinter dem ‚Wigalois' historische Interessenbildungen und damit ein erstes Publikum zu rekonstruieren, stoßen an ihre Grenzen.[3] Gegenüber den Mansfeldern fällt das Umfeld des *vürsten von Merâne* stärker ins Gewicht. Hier ist Wirnts Roman in seiner ältesten Überlieferung zu greifen. Man wird indes darüber nachzudenken haben, ob die frühe und rasche Ausbreitung des ‚Wigalois' im mitteldeutschen Raum im Zu-

[3] In Ulrich Füetrers ‚Wigoleis' und dann im Augsburger Druck des ‚Wigoleis vom Rad' (1493) ist Hoyer *der von Hanagaw* (Str. 108, 2; vgl. Klare 1994, S. 488 Anm. 11), also ein Ritter aus der belg.-frz. Grafschaft Hennegau, die 1482 an das Haus Habsburg fiel. Vgl. LexMA 4 (1999), Sp. 2131–2133.

sammenhang mit den Mansfeldern stehen könnte. Weder Andechs-Meranier noch Mansfelder griffen freilich Wirnts den Roman abschließenden Vorschlag zu einer Fortsetzung, die von Gwigalois' Sohn Lifort Gawanides handeln sollte, auf (v. 11626–11666).

🕮 Karl Helm: Ein Zeugnis für Wirnt von Grafenberg? in: PBB 26 (1901), S. 167 f.; Schreiber 1933, S. 227–231; Neumann 1964; Mertens 1981, S. 24–28; Klare 1994, S. 491–497; Honemann 1994; Wüstemann 2006.

3. Der Text

Wirnt suchte, wie anhand der intertextuellen Verweise zu sehen war, Anschluss an die höfischen Klassiker Hartmann und Wolfram. Auch in anderer Hinsicht hat er sich an seinen Vorgängern orientiert. Im Folgenden sollen mit Sprache (3.1.) und Gliederung (3.2.) zunächst zwei formale Gesichtspunkte dieser Orientierung etwas genauer angesehen werden. Sprache und Gliederung sind zwei einem mittelalterlichen Werk auf seinen langen Überlieferungsweg vom Dichter mitgegebene Konstituenten. Was die oft genug unter veränderten kulturellen Bedingungen entstandenen Handschriften (3.3.) davon bewahrten, galt es, in den modernen Editionen (3.4.) zu berücksichtigen.

3.1. Die Sprache

In den höfischen Dichtwerken der Zeit um 1200 ist eine Tendenz zur sprachlichen Vereinheitlichung unübersehbar. Die Dichter traten miteinander ins Gespräch und animierten ihr adliges Publikum dazu, dieses Gespräch zu verfolgen. In diesem Gespräch wurden Fragen der Lebensführung ebenso verhandelt wie der Status der Kunst. Indem die Literatur also über die regionalen Zentren hinaus einen Anspruch auf interregionale Geltung erhob, formierte sich eine Art Einheits- oder besser Ausgleichssprache. Vom Geltungsanspruch der Dichtung her gesehen hat die Forschung mit Recht das sog. „Normalmittelhochdeutsch“ rekonstruiert.

Der Übergang wird am Maasländer Heinrich von Veldeke fassbar. Er stand um 1180 vor der nicht eben geringen Aufgabe, eine auch seinem thüringischen Publikum verständliche Dichtersprache für seine ‚Eneit‘ zu finden. Dagegen unterdrückte der Schwabe Hartmann von Aue bereits mundartliche Lizenzen ebenso wie der Alemanne Gottfried von Straßburg und der wohl in Passau arbeitende Dichter des

‚Nibelungenliedes'. Man erkannte nun die Diskursteilnehmer auch am Klang ihrer Reime. Mit der Orientierung an der Reimsprache legte man also sein Bekenntnis zur höfischen Dichtung, ihrer Ästhetik wie ihrer Ethik, ab. Selten zuvor und selten danach markierten in der Literaturgeschichte die Grenzen einer Sprache derart deutlich die Grenzen einer Welt.

Das lässt sich sehr schön an Wirnts Zeitgenossen Ebernand von Erfurt zeigen, der in seinem Legendenepos ‚Heinrich und Kunigunde' (um 1220) explizit die gewählte Mundart seiner thüringischen Heimat verteidigte (v. 4467–4471) – und all jene, die ihr angestammtes Idiom aufgeben, als „äffische", also unvollkommene Nachahmer titulierte (v. 4471–4473). Der Städter Ebernand trug also den Klassikern auf der benachbarten Wartburg regelrecht den Fehdehandschuh hinterher. Obwohl sein Werk den Kult eines prominenten Herrscherpaares propagierte, ist es außerhalb Thüringens nicht zur Kenntnis genommen worden, während Wirnt sich ausweislich der vielen ‚Wigalois'-Abschriften bei einem überregionalen Publikum Gehör verschaffte.

Denn das „Gehör" war es faktisch, das die mundartliche Besonderheit, den Regionalismus buchte. Der schlug sich weniger im Versinneren nieder, wo ein Abschreiber die ihm geläufigen Graphien und Lautungen einschmuggeln konnte, als im Reimpaar. Als Stilideal galt hier die Reimbindung grammatisch gleichwertiger Silben. Wirnt hält sich durchweg daran. Nur sehr selten stößt man auf Reimpaare wie das folgende:

ouch wâren diu tassel
beide rôt unde gel (v. 819 f.)

Oder, nur kurz darauf:

Diu maget truoc ein schapel,
daz was weitîn unde gel (v. 851 f.)

Die Wiederholung zeigt an, dass hier ein Reim vom Autor wie von seinem Publikum als unproblematisch eingestuft wurde.

Sogenannte quantitativ unreine Reime vermeidet Wirnt gerade bei den sprachgeschichtlich differenzierten e-Lauten. In der Tat tauchen nur zwei Belege aus dem Schluss des Werkes auf, in denen Wirnt ungleiche e-Laute vor Liquid (r) zusammenbringt:

Her Gwîgâlois der künic hêr,
des landes marke besatzt er
und gebôt in allen .... (v. 11238–11240)

bî Artûs, dem künige hêr.
dô si gehôrten rehte wer
dâ kæme .... (v. 11396–11398)

Die Forschung hat diese beiden Stellen immer wieder hervorgehoben (vgl. Zwierzina 1971, S. 144; Neumann 1964, S. 36 f.). An ihnen lasse sich zeigen, dass der Franke Wirnt in seiner Behandlung der e-Laute dem Usus des bairisch-österreichischen Sprachraums folge. Das war insofern der Markierung wert, als man die vielfache Orientierung Wirnts an seinem „Landsmann" Wolfram längst erkannt hatte. Will man die beiden Reime als Geste der Emanzipation buchen, sollte man doch wohl eher den Adressatenbezug des ‚Wigalois' in den Vordergrund stellen. Für die Ohren der Andechs-Meranier in Tirol etwa hätte der vom normalmittelhochdeutschen Standpunkt aus als unrein qualifizierte Reim nichts Anstößiges besessen. Und dies vielleicht umso weniger, als zum einen in beiden Fällen das alte Wort „hêr" betroffen ist, zum andern in beiden Fällen der reimende Vers über seine Grenze hinaus weitergeführt wird. Im Vortrag hätte ein solches Enjambement fast notwendig zur Verschleifung des Reimes geführt. Dass Wirnt desungeachtet in Übereinstimmung mit den überregional akzeptierten Regeln band, zeigt sich weiter vorne:

nu wizzet, vrouwe hêre,
ez wær wider iuwer êre (v. 371 f.)

Die ältere Forschung hat den sprachlichen Faktor, indem sie bestimmte außersprachliche Fragestellungen an ihn herantrug, gleichwohl entschieden überbewertet. Sie war sich zum Beispiel sicher, sprachliche Besonderheiten eines Werkes unter dem Aspekt der Beeinflussung durch andere Dichter buchen zu können. Das Verfahren setzte, um überhaupt einen archimedischen Punkt zu gewinnen, eine präzise Verortung der Autoren im Raum voraus, die aber – wie oben angedeutet – allenfalls über eine sehr starke Gewichtung des Beinamens zu leisten war. Bereits dies bereitet aber Probleme. Mag man Wolfram über Eschenbach auch nach Ostfranken lokalisieren, so steht seine eigene Angabe *wir Beier* (‚Parzival' 121, 7) dazu im Widerspruch – es sei denn, man akzeptierte auch bei Wolfram eine Orientierung an seiner Hörerschaft. Allzu kompliziert erscheinen dann Erwägungen, denen gemäß Wirnt zwar beide Romane Hartmanns verarbeitet habe, durch die Bevorzugung von Reimen des Typus *kâm : genam* aber eher eine Neigung zum Stilniveau des (früheren) ‚Erec' als zum reimstilistisch ausgefeilteren ‚Iwein' offenbarte. Immerhin eröffnet Wirnt sein Werk mit einem Reim genau dieses Typus:

Wer hât mich guoter ûf getân?
sî ez iemen der mich kan
beidiu horen und verstên .... (v. 1–3)

Dafür, dass Wirnt mit dieser Unreinheit nicht auf der Stufe des ‚Erec' zurückgeblieben sein kann, nur zwei Beispiele aus dem Prolog des ‚Parzival':

och erkante ich nie sô wîsen man,
ern möhte gerne künde hân,
welher stiure disiu mære gernt ... (2, 5–7)

Deutlicher noch zu Wirnt passt ein kurz darauf folgendes Verspaar:

swer mit disen schanzen allen kan,
an dem hât witze wol getân (2, 13 f.)

Schwerlich wird man das als eine reimtechnisch antiquierte, unmöglich aber als eine in den Ohren des Publikums unreine Fügung zu buchen haben. Und es macht auch nicht „mehr als wahrscheinlich, dass er [Wirnt] mindestens schon in recht jungen Jahren trotz seines Familiennamens in streng bayrischer Umwelt aufgewachsen ist" (Neumann 1964, S. 39). Hier werden im Interesse einer naturwissenschaftlich-kausalen Argumentation allzu rigide Mechanismen der Mundartbindung proklamiert. Als zweites Konstituens der Sprache eines höfischen Dichtwerkes werden wir daher, wenn auch in nachgeordnetem Ausmaß, neben der stets spürbaren Orientierung am überregionalen Stilideal der jeweils vorauszusetzenden Gattungsvertreter den Adressatenbezug in Anschlag zu bringen haben. Sollte der ‚Wigalois' „im streng bayerischen Herrschaftsbereiche der Andechser" gearbeitet worden sein (Neumann 1964, S. 47), fügte er sich zwanglos dieser These.

📖 Konrad Zwierzina: Mittelhochdeutsche Studien, Hildesheim u. a. 1971 [zuerst: 1900, 1901]; Neumann 1964.

3.2. Die Gliederung

Die Erzählwerke der Zeit um 1200 waren, obwohl auf Pergament konzipiert, wie die meiste Dichtung für den Vortrag bestimmt. Für Vortragsdauer und mögliche Zäsuren mussten sich normsetzende Erfahrungswerte erst heranbilden. Die Struktur der Werke durfte ihrer Vortragbarkeit zumindest nicht im Wege stehen, musste sie idealerweise sogar begünstigen. Die geistlichen Dichter konnten sich bei der Binnenstrukturierung ihrer Werke an den Modalitäten ritualisierter Rezeption (Liturgie, Tischlesung) orientieren, sofern ihnen nicht der verbindliche Stoff klare Strukturen vorgab. Demgegenüber mussten die höfischen Dichter die Voraussetzungen, unter denen sie ihre Werke vermittelt wissen wollten, im Zusammenspiel mit ihrem Publikum aushandeln. Die Chanson de geste hatte mittels der Strukturierung durch Laissen kleinere Erzähl- und Vortragseinheiten etabliert. Doch als der Pfaffe Konrad (um 1172) die ‚Chanson de Roland' (um 1100) für ein deutsches Publikum adaptierte, hat er die Laissen-Struktur ebenso aufgelöst wie der Elsässer Heinrich, der um 1190 den wohl nur wenig jüngeren ‚Roman de Rénart' transferierte.

Aus der späten Überlieferung strophischer Heldendichtung können wir ableiten, dass man dem adligen Publikum des ‚Dresdener Heldenbuchs' um die 300 Strophen zu 13 Versen „auf ein Sitzen" zugemutet hat. Eine solche Sitzung könnte etwa drei Stunden in Anspruch genommen haben (vgl. Fasbender 2009, S. 142). In welchen Portionen die umfangreichen Dichtungen aus der Zeit um 1200 zum Vortrag gebracht worden sind, wissen wir hingegen nicht (vgl. Bumke 1992, S. 724). Der Verfasser des ‚Nibelungenliedes' hat seine Strophen in thematisch zusammenhängende Aventiuren von allerdings unterschiedlicher Länge zusammengefasst. Wolfram gliederte den ‚Parzival' in Großabschnitte, aus denen die Forschung XVI „Bücher" rekonstruierte. Dass er darüber hinaus für das ganze Werk standardisierte Erzähleinheiten von 30 bzw. 32 Versen Umfang einzuführen plante, hat man ihm aus den ab Buch V durch die Überlieferung gesicherten Einheiten nachweisen können. Diese sog. „Dreißiger" gestatteten dem Vortragenden wahrscheinlich eine flexiblere Gestaltung des Vortrags. Überhaupt ist damit zu rechnen, dass sich Vortragende die Texte für ihr Handwerk zurechtschnitten, wie sich etwa an zwei späten ‚Iwein'-Handschriften, in denen Zwischenüberschriften den

Roman blockweise organisierten, plausibel machen lässt (vgl. Linke 1964).

Die Gliederung in Abschnitte von 15–30 Versen hat eine Tradition in der geistlichen Dichtung des 12. Jahrhunderts. Der ‚Rheinauer Paulus' (vor 1130), die ‚Millstätter Sündenklage' (um 1130) oder das ‚Priesterleben' des sog. Heinrich von Melk (um 1150/1160) weisen Entsprechendes auf. Ein Dreireim markiert das Abschnittsende. Vielleicht hatten bereits die Dichter das Handschriften-Layout vor Augen; jedenfalls assistierten ihnen die Schreiber durch Setzung von Initialen oder Caput-Zeichen zu Beginn. Sind damit zwar die geistlichen Traditionen der Abschnittsbildung aufgezeigt, so bleibt doch ganz unklar, auf welchen Wegen und warum diese Portionierung in die weltliche Erzähldichtung fand. Nach Wolfram ist Wirnt der erste Epiker, der sich nachweislich dieser Technik bediente (anders: Achnitz 2000, S. 253). Ihre weitere Ausbreitung in der höfischen Literatur des 13. Jahrhunderts (‚Mantel', ‚Edolanz') könnte dann teils über den ‚Wigalois', teils über die den ‚Wigalois' rezipierende ‚Crône' vonstatten gegangen sein.

Wirnt übernimmt von Wolfram die Abschnittsgliederung. Er bestimmt flexiblere Einheiten, markiert ihre Grenzen dafür mit dem Dreireim.[1] Insgesamt enthält der ‚Wigalois' 237 Dreireime, die Einheiten sehr unterschiedlichen Ausmaßes binden. Als Extreme werden die Zahlen 9 und 117 genannt. Dazwischen aber liegt eine relativ deutliche Tendenz. Die erste Einheit des Prologs umfasst 19 Verse, die zweite 12, die dritte 21, die vierte 20, die fünfte und sechste 14, die siebente 18. Mit dem Einsetzen der Erzählung werden die Abschnitte mitunter etwas umfangreicher: 145–175 (30 Verse), 176–200 (24 Verse), 201–221 (20 Verse), 222–246 (24 Verse), 247–267 (20 Verse), 268–294 (26 Verse). Wirnt handhabt das Verfahren im Ganzen flexibel. An einer strengen Dreißiger-Abteilung war ihm nicht gelegen. Indem die Dreireime kurze Einheiten abschließen, tendieren sie, sofern es der Gang der Handlung vorsieht, zum Ziehen einer Summe oder zur Sentenz (vgl. Achnitz 2000, S. 253). Damit ermöglichte der Buch-Dichter Wirnt den Vortragenden Zäsuren an ganz beliebigen Stellen.

---

[1] Ob Wirnt den Dreireim außerdem aus dem ‚Erec' kannte, wie ihn die Wolfenbütteler Fragmente repräsentieren, ist umstritten: vgl. Achnitz 2000, S. 262.

Soweit das erkennbar ist, haben die meisten Abschreiber des ‚Wigalois' die Abschnittsgliederung durch das Setzen schmuckloser Initialen hervorgehoben und die Dreireime nicht angetastet. Eine Ausnahme bildet die Schweriner Handschrift (l), bei der wir sehr wohl eine „Zersetzung des Textbestandes im Überlieferungsprozeß" (Achnitz 2000, S. 253) beobachten können, zugleich aber auch die Herstellung neuer Dreireime (z. B. v. 9675–9677) durch den kürzenden Redaktor (vgl. Fasbender 2009, S. 91–94).[2]

📖 Hansjürgen Linke: ‚Kapitelüberschriften' in den Handschriften f und p von Hartmanns ‚Iwein', in: ZfdA 93 (1964), S. 176–208; Achnitz 2000; Felder 2006, S. 7; Wolf 2008, S. 292 f.

3.3. Die Überlieferung

Die handschriftliche Überlieferung des ‚Wigalois' ist in mehrerer Hinsicht ungewöhnlich. Nur wenige hochmittelalterliche Erzähltexte können eine Überlieferung vorweisen, die räumlich oder zeitlich in die Nähe ihrer Entstehung deutet. Extreme Fälle sind sicher Hartmanns ‚Erec' oder die ‚Kudrun', bei denen zwischen erster Niederschrift und einzigem erhaltenen Textzeugen eine Lücke von fast dreihundert Jahren klafft. Der um 1210 entstandene ‚Lanzelet' Ulrichs von Zazikhofen ist für uns erstmals um 1300 handschriftlich fassbar, Heinrichs von dem Türlin ‚Crône' (um 1225) ebenso. Demgegenüber sind vom ‚Wigalois' mehrere Handschriften bezeugt, die noch zu Lebzeiten Wirnts entstanden sein könnten. Dieser exzeptionelle Umstand macht ein näheres Kennenlernen der ältesten Überlieferung zu einer spannenden Begegnung. Sie erscheint umso lehrreicher, als sich in der Frühgeschichte der ‚Wigalois'-Überlieferung grundsätzliche Übergänge in der Geschichte der Schrift und der Texteinrichtung abbilden.

Vom ‚Wigalois' sind heute 39 Textzeugen (nicht: 43) bekannt: 13 Vollhandschriften und 31 Fragmente, die sich 27 Fragmentgruppen zuordnen lassen (vgl. die Siglen E, K, O). Aus bibliotheksgeschichtlichen Nachrichten und dem, was sich als Vorlagen der Bearbeitungen

[2] Dass die Fragmentgruppe E an einigen Stellen über A hinausgehende Dreireime aufweise, wie Wolf 2008, S. 293 erklärt, beruht auf einer Verwechselung.

sicher annehmen lässt, gesellen sich einige benennbare Verluste hinzu (vgl. Hilgers 1971a, S. 254–256). Aus der im 19. und frühen 20. Jahrhundert rekonstruierten Textgeschichte lassen sich weitere Handschriften erschließen.

Tab.: *Handschriften des ,Wigalois'*

1.	A	Köln, Historisches Archiv, cod. W 6*	1. Viertel 13. Jh.
–	a	= E	
2.	B	Leiden, UB, cod. Ltk. 537	1375
3.	b	Innsbruck, Landesmuseum Ferdinandeum, FB 1519/VIII	Anfang 14. Jh. 1361–1364
4.	C	Stuttgart, Landesbibliothek, HB XIII 5	Ende 13. Jh.
5.	c	Wolfenbüttel, Herzog-August-Bibliothek, Cod. Guelf. 404.9 Novi 8	Anfang 14. Jh.
5.1	(= d)	Wolfenbüttel, Herzog-August-Bibliothek, Cod. Guelf. 404.9 Novi 9	=
6.	D	Einsiedeln, Stiftsbibliothek, o. S. (verschollen)	2. Hälfte 14. Jh.
–	d	= c	
7.	E	(= a) Freiburg, UB, Fragm.-Hs. 445	2. Drittel 13. Jh.
7.1		New Haven, Yale University, Beinecke Library, MS 481, no. 113	=
7.2		Wien, Österr. Nationalbibliothek, Cod. 14612	=
8.	e	Berlin, Staatsbibliothek, mgf 923,35	2. Hälfte 13. Jh.
9.	F	Vorau, Stiftsbibliothek, cod. 118a	2. Drittel 13. Jh.
10.	f	Wetzlar, Staatsarchiv, Ms. VIII ex lit. B 1644/5228 (verschollen)	14. Jh.
11.	G	Linz, Landesarchiv, Buchdeckelfunde Sch. 3 Nr. 4c	Mitte 13. Jh.
12.	g	Göttingen, Staats- und UB, ms. philol. 187	13. Jh.
13.	H	Wien, Österr. Nationalbibliothek, Cod. s.n. 339	1. Hälfte 13. Jh.
14.	h	Feldkirch, Stiftsbibliothek o. S. (verschollen)	2. Hälfte 13. Jh.
15.	I	Oslo, Staatsarchiv, Gammalnorske membranfragment nr. 94	14. Jh.
16.	i	Budapest, Nationalbibliothek, o. S.	Mitte 13. Jh.
17.	K	Kremsier, Archiv (verschollen)	2. Hälfte 14. Jh.
17.1		(= K') München, Staatsbibliothek, cgm 5249/72	=
18.	k	Privatbesitz (ehem. Donaueschingen)	um 1420
19.	L	Bremen, UB, Ms. b. 42	1356

20.	l	Schwerin, Mecklenburgisches Landesarchiv, o. S.	Ende 15. Jh.
21.	M	Wien, Österr. Nationalbibliothek, Cod. 2970	2. Hälfte 15. Jh.
22.	m	Freiburg, UB, Fragm.Hs. 513	Anfang 14. Jh.
23.	N	Hamburg, Staats- und UB, cod. germ. 6	1451
24.	n	München, Staatsbibliothek, cgm 190/III	Mitte 14. Jh.
25.	O	Berlin, Staatsbibliothek, mgf 747	3. Viertel 13. Jh.
25.1		Ljubljana, NUB, Ms. 1079, st. 76	=
26.	o	Prag, Staats- und UB, Frag. germ. 36	13. Jh.
27.	P	Berlin, Staatsbibliothek, mgq 672	13./14. Jh.
28.	p	Halle, UB, Cod. Quedl. 101	Anfang 14. Jh.
29.	Q	München, Staatsbibliothek, cgm 190/I	13./14. Jh.
30.	q	Krakau, Jagiellonen-Bibliothek, mgq 1689	2. Viertel 13. Jh.
31.	R	München, Staatsbibliothek, cgm 190/II	um 1300
32.	r	Zwettl, Stiftsbibliothek, o. S.	um 1300
33.	S	Wien, Österr. Nationalbibliothek, Cod. 2881	Ende 15. Jh.
34.	s	Basel, Öffentliche Bibliothek, N I 3 Nr. 81	Anfang 14. Jh.
35.	T	Nürnberg, Germanisches Nationalmuseum, Hs 6797	Mitte 14. Jh.
36.	U	Dresden, Staats- und UB, M 219	2. Hälfte 15. Jh.
37.	V	Prag, Bibliothek des Nationalmuseums, I b. 18	1481
38.	W	Berlin, Staatsbibliothek, mgo 483	15. Jh.
39.	Z	London, British Library, Ms. Add. 19554	1468

Eine erste Systematisierung der Überlieferung, die im Zuge der Editio princeps eingeführt wurde, verlieh den Handschriften sprechende Siglen. So stand etwa „L“ für die Leidener, „C“ für die Kölner Handschrift. Das Siglensystem wurde im Zuge der Zweitausgabe grundlegend reformuliert, wobei den wichtigen Textzeugen Buchstaben vom Beginn des Alphabets verliehen wurden. So steht nun „A“ für die Kölner, „B“ für die Leidener Handschrift. Ergänzungen dieses Prinzips, das natürlich nicht durchgehalten werden konnte, treten mit jedem Neufund hinzu.

Die Entstehungszeiten der überwiegend undatierten Handschriften werden aufgrund ihrer Schrift, ihres Layouts, bei Papier als Beschreibstoff aufgrund der Wasserzeichen und eventueller Schreibereinträge bestimmt. Auf das 13. Jahrhundert entfallen 18 erhaltene Handschriften (1 Vollhandschrift, 18 Fragmente), auf das 14. Jahrhundert 13 Handschriften (3 + 10), auf das 15. Jahrhundert 9 Handschriften (keine Fragmente!). Es herrscht also eine relativ klare Verteilung, die den ‚Wigalois' vor allem als Roman des 13. Jahrhunderts erscheinen lässt. Daran ändern auch die Verlustzahlen, die wir bei Papierhandschriften ansetzen müssen, nichts (vgl. Schiewer 1988, S. 235 f.).

Die Textzeugen A, E und F stammen noch aus dem Jahrzehnt zwischen 1220 und 1230. Sie sind also fast gleichzeitig mit dem Werk selbst anzusetzen. Nur die Kölner Handschrift A bietet den vollständigen Text, obwohl auch ihr ein paar Blätter fehlen. Das fiel bereits einem spätmittelalterlichen Leser auf, der den Umstand gleich zweimal vermerkte. Aus seiner Notiz erfahren wir auch, dass die Handschrift einmal einer *frav von Kastel* gehörte, der gegenüber der Leser den Blattverlust entschuldigt. Ein *graf cunrat* wird für den fehlenden Text verantwortlich gemacht. In seinen Entschuldigungsversen mahnt der Leser eine Ergänzung des fehlenden Textes an: Wollte die Frau von Kastel das Buch *kinden*, also jungen Menschen, ausleihen, *so ist bezrunge teur*. Damit steckt der Leser den Lebensraum der ältesten ‚Wigalois'-Handschrift im 15. Jahrhundert ab. Es ist eine Handschrift für die ganze adlige Familie: Graf Konrad, die Frau von Kastel und der Nachwuchs lasen im Kölner ‚Wigalois'. Vielleicht über die Frau von Kastel gelangte der Band noch im 15. Jahrhundert in die Bibliothek der Grafen von Blankenheim-Manderscheid in der Eifel, die am Ausgang des Mittelalters eine bedeutende Sammlung mittelhochdeutscher Adelsliteratur zusammengetragen hatten.

Es ist ein langer Weg von der späten Besitzgeschichte der Handschrift A zurück in die Zeit und an den Ort ihrer Entstehung. Die Kölner ‚Wigalois'-Handschrift ist eines der ältesten Dokumente der neuen weltlichen Erzählliteratur. Die mise en page, die Seiteneinteilung oder auch das Layoutkonzept, verweisen noch deutlich auf die geistlichen Traditionen, an denen sich die Schreiber orientierten. Der Text wird durchlaufend in einer einzigen Spalte notiert, Verse werden nur durch Punkte abgesetzt. Nach diesem Prinzip sind noch die bedeutenden geistlichen Versdichtungen des 12. Jahrhunderts, etwa im Vorauer Codex 276, notiert. Dass es im 9./10. Jahrhundert bereits Aufzeichnungen mit abgesetzten Versen gegeben hatte (Otfrids ‚Evangelienbuch', ‚Ludwigslied'), war offenbar verloren gegangen.[3]

---

[3] Aus der Frühzeit weltlicher Erzähldichtung wären an fortlaufend notierten Texten etwa das ‚Rolandslied' (Heidelberger Handschrift cpg 112), der ‚König Rother' (Heidelberger

Es ist anzunehmen, dass auch der Schreiber der Kölner Handschrift seine Ausbildung in einer geistlichen Schreibstube genossen hat, wenn er nicht überhaupt dort angesiedelt war und A die Arbeit eines monastischen Skriptoriums darstellt. So jedenfalls muss man es sich bei den Bruchstücken der Fragmentgruppe E und dem Vorauer Fragment F vorstellen. Diese Handschriften wurden von Kräften ausgeführt, die sich bestens im lateinischen Schreibsystem mitsamt seiner Interpunktion und seinen Abkürzungen auskannten (vgl. Bertelsmeier-Kierst 1992, S. 279–282). Man wird ihre Hände gewiss in Urkunden nachweisen können. Auf Herkunft aus einem an geistlichen Texten geschulten Skriptorium deutet auch das besondere Layout der Handschrift q (2. Viertel 13. Jh.), wo die Verspaare auf einer Linie notiert wurden „as if they were Latin hexameters (or pentameters)." (Palmer 2005, S. 86). Auch weist q mit 47–52 eine relativ hohe Zeilenzahl auf „as can sometimes be found with manuscripts of Latin poetry." (Palmer 2005, S. 89). Damit deutet sich auch für den ‚Wigalois' an, was generell unsere Beachtung verdient: Die Welten der geistlichen und weltlichen Mächte lagen in vielen Fragen nicht so weit auseinander, wie sich das der Mensch der Moderne womöglich vorstellt. Allianzen des lokalen oder regionalen Adels mit schreibkundigen, womöglich diplomatisch geschulten Geistlichen, die ja selbst häufig noch dem Adel entstammten, dürften der Regelfall gewesen sein. Die Herstellung von Handschriften auch mit weltlicher Erzählliteratur konnte man getrost spezialisierten Kräften überlassen.

Alle drei frühen ‚Wigalois'-Handschriften lassen sich über ihre Mundart und ihre äußere Herkunft in die Steiermark (E, F) bzw. Tirol (A) lokalisieren. Sie hängen textlich nicht unmittelbar voneinander ab, stehen aber nahe beieinander. Die einfachste Erklärung geht dahin, dass die Vorlage von A (*A) auch Vorlage der E und F gemeinsamen Vorlage (*EF) war. Lässt man diese Gruppe hinter sich, zeigt sich rasch, wie dynamisch die weitere Textentfaltung des ‚Wigalois' gewesen sein muss. Alle Textzeugen, die noch um die Mitte des 13. Jahrhunderts angesetzt werden, stehen über ihre Layoutkonzepte bereits in für die weltliche Literatur spezifischen, zum Teil langlebigen Tradi-

---

Handschrift), der ‚Graf Rudolf' (Göttinger Handschrift; Abb.: Peter Ganz [Hg.], Graf Rudolf, Berlin 1964) oder der ‚Reinhart Fuchs' (Kasseler Handschrift; Abb.: Otfrid Ehrismann [Hg.], Der mhd. Reinhart Fuchs, Göppingen 1980) zu nennen.

tionen (dazu Schiewer 1988). Da es sich ausschließlich um Fragmente handelt, ist die Herkunft zudem anhand äußerer Indizien in kaum einem Fall mehr zweifelsfrei zu ermitteln. Allerdings fällt auf, dass in sehr vielen Fällen Klöster als letzte Besitzer von ‚Wigalois'-Handschriften erscheinen, die die Texte z. T. noch im 15. Jahrhundert zerschnitten und in ihren Einbandwerkstätten verwendet haben. Die große monastische Makulierungswelle vor 1500 spülte, da die Pergamentpreise durch den immensen Bedarf sprunghaft gestiegen waren, vor allem wertlos gewordenen Eigenbesitz, *libri inutiles*, aus der Bibliothek zum Buchbinder. Das schließt natürlich nicht aus, dass die Klöster zuvor durch fromme Stiftungen an die weltlichen Erzählwerke gekommen sein können. Handschrift E, die zu den Kartäusermönchen nach Gaming (gegr. 1330) fand, ist so ein Fall. Aber auch das wäre noch vermerkenswert: Weltliche Schenker, die an ihr Seelenheil dachten, lieferten in der Regel keine nutzlose Ware ab, und der Bruder Bibliothekar, der das Armarium (die geistliche „Waffenkammer") verwaltete, nahm auch nicht alles in Empfang. Wir dürfen beim ‚Wigalois' mindestens so sehr wie beim ‚Parzival' schon in der Frühzeit mit einem Publikum rechnen, das mit der christlichen Rückbindung beider Romane etwas anzufangen wusste.

Die spätere Überlieferung bestätigt das. Monastische und weltliche Besitzer erscheinen in gleicher Weise, wobei hier und da Auftrags- oder Tauschbeziehungen bestanden haben werden. Die durchweg prominenten Klöster, hinter denen einflussreiche Adlige standen, sprechen zumindest nicht gegen solche Allianzen. Ganz explizit ist ein Zusammenwirken bei der Entstehung der kostbaren, mit 47 Bildern reich illuminierten Leidener Handschrift (B). Sie wurde ausweislich des Kolophons von einem Zisterziensermönch *Jan van Brunswigk* im niedersächsischen Kloster Amelungsborn für Herzog Albrecht II. von Braunschweig-Grubenhagen (reg. 1361–1384) angefertigt. Das von den Mönchen realisierte Bildprogramm deutet darauf, dass dem Herzog an einer christlichen Lesart des Romans gelegen war (vgl. unten Kap. 9.1.). Man hat beim Leidener ‚Wigalois' sogar von einem „arthurischen Andachtsbuch" sprechen können (Schiewer 1991)! Deutlicher als in diesem Fall wird sich kaum zeigen lassen, dass eine strikte Gegenüberstellung ‚weltlich-geistlich' allenfalls Denkgewohnheiten einer modernen Säkulargesellschaft bedient, kaum aber mittelalterlichen Verhältnissen Rechnung zu tragen vermag.

Das Fragment h gehörte zuletzt den Jesuiten in Feldkirch (Österreich), sie werden es aus einem anderen Kloster übernommen haben; Bruchstück R befand sich an einer Inkunabel aus dem Benediktinerkloster Benediktbeuern, wo man bekanntlich auch für die recht weltlichen Gesänge der ‚Carmina Burana' einen Platz im Regal gefunden hatte; p fand sich an einem Band aus dem Prämonstratenserkloster St. Wiperti bei Magdeburg, K tauchte bei den schlesischen Zisterziensern in Heinrichau auf. Immerhin 10 Blätter von D wurden aus einem Missale des Benediktinerstifts Einsiedeln abgelöst. Als später Adelsbesitz sind nicht nur die Kölner Handschrift (Gräfin von Kastel, Grafen von Manderscheid), sondern auch Bruchstück e (Bibliothek derer von Starhemberg) und Fragment T (Schlossbibliothek Aufseß) auf uns gekommen. Ein Löwenwappen und der Eintrag *Caspar Ambiel* im alemannischen Fragment n weisen ebenfalls auf einen adligen Schweizer als Vorbesitzer. Wie fließend der Übergang einer ‚Wigalois'-Handschrift von der einen Leserschaft zur anderen gewesen sein kann, zeigt sich wohl am besten an Handschrift L, die *burchart* und *fritz jacob von amwil*, Mitgliedern eines Schweizer Ministerialengeschlechts (haben sie mit dem *Caspar Ambiel* des Fragments n zu tun?), sodann der Dießenhofener Klosterfrau Anna von Helmsdorff, schließlich dem Gelehrten Melchior von Haiminsfeld gen. Goldast (gest. 1635) gehörte.

Man wird den Überlieferungsbefund also kaum pressen, wenn man feststellt, dass der ‚Wigalois' – wie andere Texte auch – im Zusammenspiel von Adel und Klostergeistlichkeit verbreitet wurde und dass er – hier im Unterschied zu anderen weltlichen Erzähltexten der Zeit um 1200 – neben einem adligen auch ein monastisches Publikum anzusprechen vermochte.

Bei den meisten anderen Erzähltexten des Mittelalters vermögen wir freilich auch unsere interpretatorischen Befunde mit der handschriftlichen Mitüberlieferung des im Fokus stehenden Werkes zu konfrontieren. Die ‚Wigalois'-Überlieferung bildet in dieser Hinsicht eine eigentümliche Ausnahme. Wir kennen immerhin 13 vollständige Textzeugen, von denen aber 9 ausschließlich den wirntschen Roman überliefern. Das ist ganz ungewöhnlich. Eine Dichtung von rd. 12000 Versen hätte, zweispaltig im Folioformat notiert, auf etwa 100 Blättern Platz gefunden. So jedenfalls überliefert sie die Hamburger Hs. cod. germ. 6 (= N; 29 × 21 cm; paginiert: S. 367–560 = knapp 200 Seiten, also 100 Blatt), die dem ‚Wigalois' denn auch den wesentlich umfangreicheren ‚Parzival' (357 Seiten = etwa 177 Blatt) vorausschicken kann. Die Symbiose mit dem wolframschen Roman geht der ‚Wigalois' auch in der späten Schweriner Hs. l ein (Format: 30,3×21 cm), für die der Text zwar kräftig gekürzt wurde, aber doch ganz offensichtlich weniger aus Platz- als aus Geschmacksgründen (vgl. unten Kap. 6.2.). Dagegen brachte der Konzepteur der Londoner Handschrift (Z) ,Wigalois' und Hartmanns ,Iwein' zusammen – wiederum kürzend. Keine mittelalterliche Zusammenstellung, sondern eine Buchbindersynthese des 16. Jahrhunderts stellt die Wiener Foliohandschrift (28×20,7 cm) dar. Einem ersten Block mit ,Schwabenspiegel' (Kurzform) und Pseudo-Bernhards Brief an den Ritter Raimund (kopiert 1410) schließt ein Block mit Seifrits ,Alexander'-Roman und Hartmanns von Aue ,Gregorius' an, ehe – nach mehreren leeren Blättern – der von wieder anderer Hand zweispaltig notierte ,Wigalois' S (86 Blätter) beginnt.

Die übrigen vollständigen Handschriften bieten, bei Unterschieden im Detail, dennoch ein immer ähnliches Bild: A umfasst 118 Blätter (Format: 21×14,5 cm), B hat 115 (24, 1×16,7), C 87 Blätter (19×14 cm), L gar nur 75 Blätter (20,6×14,7). Wer die Hss. M, U, V und W öffnete, bekam ebenfalls nur den ,Wigalois' zu Gesicht. Dass k (27×20 cm) auf stattliche 438 Seiten (219 Bl.!) anschwoll, liegt – wie bei B – zum Teil auch an der durchgehenden Textillustrierung (vgl. Kap. 9.1.1.). Die von Hans-Jochen Schiewer angestellten Berechnungen zum Umfang der erhaltenen Fragmente scheinen die Tendenz einer durchweg monolithischen ,Wigalois'-Überlieferung zu bestätigen. Für Wirnts Roman hat sich offenbar früh ein bestimmtes „Format" herausgebildet, von dem sich die weitere Überlieferung bis in die zweite Hälfte des 15. Jahrhunderts, wo endlich auch Textgemeinschaften auftauchen, nicht unbeeindruckt zeigte.

🕮 Hilgers 1971a; Schiewer 1988; Hans-Jochen Schiewer: Die Leidener *Wigalois*-Handschrift. Ein arthurisches Andachtsbuch? In: Bibliographical Bulletin of the International Arthurian Society 43 (1991), S. 406 f.; Bertelsmeier-Kierst 1992.

3.4. Die Ausgaben

Der ,Wigalois' ist bisher dreimal in Ausgaben vorgelegt worden, die man „kritisch" nennt, weil sie bei der Textkonstitution mehrere Überlieferungszeugen berücksichtigten. Die erste Ausgabe ist eine der ersten kritischen Editionen mittelhochdeutscher Dichtung überhaupt,

1819 veranstaltet vom Göttinger Hofrat Georg Friedrich Benecke (1762–1844). Benecke kannte, nimmt man alle seine Angaben zusammen, 7 vollständige Handschriften und 3 Fragmente (vgl. Hilgers 1971b, S. 247). In der Hauptsache stützt sich sein Text auf A, von der schon er erkannte, dass sie „nicht viel jünger seyn kann, als das Gedicht selbst“ (Göttingische Gelehrte Anzeigen 1819, S. 716). Zur Korrektur benutzte er die Vollhandschriften B, L und N.

Beneckes Ausgabe wurde somit nach einem Verfahren, das man später das „Leithandschriften-Prinzip“ nennen sollte, gearbeitet. Eine besonders gute Handschrift konstituiert den Text. Nur dort, wo sie offensichtlich korrupt ist, wird aus der weiteren Überlieferung gebessert. Damit gab Benecke faktisch den Text einer alten Handschrift aus der mutmaßlichen Nähe des Dichters – nicht aber das aus der gesamten Überlieferung auf der Basis der Grammatik rekonstruierte Werk des Dichters selbst, wie seine Kritiker Lachmann und Grimm bedauerten. Benecke scheute sich auch nicht, gegen die von Jacob Grimm eben erst erarbeitete Grammatik des Mittelhochdeutschen orthographische Eigentümlichkeiten A's durchzusetzen, „verfälscht“ man doch just durch Normierungen „für den historischen Grammatiker die Arten“ (Brief an Grimm vom 23.–31. 5. 1819). Anhand eines umfangreichen Wörterbuchs sollte sich der Leser ein genaues Bild von Norm und Abweichung machen können.[4]

Bereits drei Jahre nach Beneckes Tod legte der streitbare Stuttgarter Bibliothekar Franz Pfeiffer (1815–1868), einer der schillerndsten Philologen seiner Zeit, als Band 6 der Reihe ‚Dichtungen des deutschen Mittelalters‘ eine Neuausgabe des ‚Wigalois‘ vor, von der er einleitend erklärte, ihr Text stehe ganz auf „dem gegenwärtigen Standpunkt der Wissenschaft“ (S. VIII). Für Pfeiffer bedeutete dies vor allem, die Eigentümlichkeiten der Sprache von A, auf deren Erhalt Benecke so großen Wert gelegt hatte, aus Gründen des guten Geschmacks in die von Lachmann und Grimm angemahnte normalmittelhochdeutsche Form zu versetzen. Im Bereich der Handschriften,

[4] Benecke erklärt im Vorbericht, er wolle seine ‚Wigalois‘-Ausgabe „dem zwanzigsten Jahrhunderte“ vorlegen (S. VII), also doch wohl: eine Edition von hundertjähriger Haltbarkeit. Die Geschichte der deutschen Philologie im Verlauf des 20. Jahrhunderts sollte sein textkritisches Votum weitgehend bestätigen.

der in dieser Ausgabe für ihn weniger bedeutungsvoll erschien, leistete er sich einige Lässigkeiten. Die von Benecke kollationierte, nicht aber genutzte Handschrift N überging er, dafür arbeitete er mit C, der er – irrig – als Vertreterin der jüngeren Überlieferung eine besondere stemmatische Stellung (gegen A und B) zuwies. Die Wiener Bruchstücke von E nahm er auf, das bereits 1826 publizierte, seither aber nicht identifizierte Fragment K entging auch ihm. Ein bleibendes Verdienst erwarb sich Pfeiffer durch die Neuordnung der nunmehr schematisch alphabetisierenden Siglen.

Hatte sich Benecke dem Ansinnen, einen kritischen Text des ‚Wigalois' in rekonstruiertem Normalmittelhochdeutsch zu bieten, geradezu widersetzt, war Pfeiffers normalisierende Ausgabe noch zu oberflächlich gearbeitet, um hier Abhilfe zu schaffen. Die innere Entwicklung der Philologie forderte die „große" Ausgabe, die mit dem Niederländer Johannes Marie Neele Kapteyn (1870–1949) ein Außenstehender 1913 in Angriff nahm und, nach Unterbrechungen in den Kriegsjahren, mit dem Vorlegen des Ersten Bandes „Text" 1926 zum Abschluss führte. Die Kenntnis der Überlieferung hatte sich seither sprunghaft vermehrt. Kapteyn führte in der Einleitung insgesamt 34 Textzeugen, 13 Vollhandschriften und 21 Fragmente, auf (zu den widersprüchlichen Zählungen Hilgers 1971a, S. 228 f.). Manche Handschriften kannte er immerhin aus diplomatischen Abdrucken, für manche fledderte er die Apparate Beneckes und Pfeiffers, wieder andere kannte er nur vom Hörensagen. Seine Entscheidungsfreudigkeit hat dem Zustandekommen der Ausgabe nicht geschadet, obwohl sich durch sein souveränes Urteil manches Bild verfestigte, das in der Realität der Überlieferung nicht den gewünschten Rückhalt aufweist.

Im Gegensatz zu Benecke nahm Kapteyn nicht an, dass sich der ‚Wigalois' in einer Form, „wie Wirnt sein gedicht vorgetragen haben würde", auf der Grundlage einer einzigen Handschrift würde herstellen lassen. „Eine solche handschrift hat es sicherlich nie gegeben." (S. 71*). Auch sein Text folgt in der Hauptsache A, berücksichtigt aber außer E und F auch den B-Text, den er als auf alten Voraussetzungen stehend erkannte. Für die ersten tausend Verse verzeichnete er die Lesarten der anderen Handschriften „besonders ausführlich" (S. 75*). Die Souveränität des Herausgebers ließ den kritischen Apparat auch sonst nicht zur Lesarten-Halde verkommen. Man hat ihm diese Subjektivität, die den ungeübten Leser sicher zu stark in Anspruch nimmt, vorgeworfen. Lückenhaftigkeit und Eklektizismus des Apparats beruhen indes zu nicht geringen Teilen auf den Ergebnissen der nicht minder kühnen stemmatischen Forschungen Kapteyns.

Anders als alle Vorgänger, die sich um einen Handschriften-Stammbaum des ‚Wigalois' bemühten, nahm Kapteyn eine dreisträngige Überlieferung an, die sich hinter A, EF und B formierte. Der Textzustand legte ihm nahe, dass es schon um die Mitte des 13. Jahrhunderts eine von Tirol nach Norden gewanderte mitteldeutsche Redaktion des ‚Wigalois' gegeben habe (*B), die dann aber auf die oberdeutsche Tradition (*A+*EF) zurückwirkte. Dabei hätten Abschreiber aus mehreren Vorlagen, die sie – modernen Editoren gleich – verglichen und bewerteten, den besten Text geschöpft. Alle (oder doch die meisten) jüngeren Textzeugen, die nach diesem stemmatischen „Sündenfall" entstanden sind, trügen demnach Anzeichen der Vermischung oder „Kontamination" (wörtlich: Verunreinigung). Als Kronzeuge für die Wiedervereinigung der Hauptredaktionen galt Kapteyn das alemannische Fragment g aus der zweiten Hälfte des 13. Jahrhunderts. Benecke hatte es von Franz Joseph Mone (1796–1871), der es wiederum von Joseph von Lassberg (1770–1855) erhalten hatte, anlässlich der Besprechung seiner Ausgabe zugesandt bekommen. Kapteyn vermutete den Zusammenschluss im alemannisch-bairischen Grenzgebiet, dem Thurgau, woher außer g noch mehrere Mischhandschriften stammten.

Mit der Annahme von Kontamination in einem derart frühen Stadium der Textentfaltung hatte Kapteyn eine wahrscheinlich wesentlich kompliziertere Textgeschichte souverän rationalisiert. Prinzipiell konnten damit auch jüngere Handschriften für die kritische Herstellung des besten Textes herangezogen werden. Lesarten, die den Wortlaut der ältesten Zeugen (vor allem B's) bestätigten, enthielten etwa die im Elsass um 1420 gefertigte Handschrift k oder die – stark kürzende – Schweriner Handschrift l vom Ende des 15. Jahrhunderts. Von daher ist es inkonsequent, dass Kapteyn andere späte Zeugen wie N, U und Z als „wertlos" abtat. Ihr Text hätte unsere Kenntnis der Textgeschichte in jedem Fall erweitert, wenn sie auch wenig für die Rekonstruktion eines „Originals", von der man heute ohnehin abgerückt ist, beigetragen hätten.

Seit 1926 sind einige neue ‚Wigalois'-Fragmente entdeckt worden, andere wurden, obwohl schon länger bekannt, erstmals abgedruckt. Mit jedem Abdruck ging der Versuch einer Zuordnung zu Kapteyns Lesartengruppierung einher. Das Bruchstück m stellte sich wie das Basler Fragment (o. Sigle: Klein 1993) zu *CL und damit zum *A-Zweig, das Hallenser Bruchstück (p) ging eng mit S und k (dem *EF-Zweig; vgl. Hilgers 1971a), der Zwetteler Fund (r) ließ sich dem *B-Zweig angliedern (vgl. Pausch 1979). Dass eine ungefähre Zuordnung in den meisten, wenn auch nicht mehr in allen Fällen möglich war, deutet auf die Grenzen von Kapteyns Konstruktion. Gleichwohl entbehrt die seit Hilgers immer wieder aufflackernde Kritk an Kapteyns Ausgabe, sobald sie über Details der Textherstellung hinausgeht, augenscheinlich der Argumente (vgl. Wennerhold 2005, S. 78; Kragl, Rez. Seelbach / Seelbach, S. 246). Nähme man irgendwann eine Neuausgabe des ‚Wigalois' in Angriff, würde sie vor allem unsere Kenntnisse in Fragen der Textentfaltung präzisieren, ansonsten aber wohl erneut A als Leithandschrift und EF+B als erste Korrekturhandschriften wählen.[5] Der Nachdruck des von Kapteyn hergestellten Textes (ohne Apparat), den Sabine und Ulrich Seelbach 2005 vorlegten, ist von daher eine durchaus zeitgemäße Lösung.

📖 Kapteyn, Einleitung S. 1*–75*; Hilgers 1971a; Hilgers 1971b; Lutz-Hensel 1975, S. 261–284; Seelbach / Seelbach, S. 283 f.

---

5 Eine „Prototype Edition“ allein von A bietet jetzt die – mir nicht zugängliche – Dissertation von Beverly Mae Freeland, Los Angeles 1993.

4. Textanalyse

4.0. Geschichte der Forschung in Grundzügen

An dieser Stelle füge ich eine kurze Übersicht über den Gang der Forschung ein. Ich setze sie zwischen zwei Sternchen und zeige damit an, wo man wieder einsetzen kann, wenn man sie überblättern möchte. An Forschungsübersichten von unterschiedlicher Gründlichkeit herrscht durchaus kein Mangel. Die aktuellste stammt von Markus Wennerhold (2005). Wer sie vorliegen hat, mag vertrauensvoll darauf zurückgreifen. Ich selbst fand es trotzdem hilfreich, mir vorab kurz zu vergegenwärtigen, in welchen Zusammenhängen Wirnts Roman im Laufe der Zeit diskutiert wurde. Denn es sind doch die jeweiligen Forschungs-Kontexte, die bis in die kleinteiligsten Text-Analysen hineinragen. Die synchron erhobene Summe der Aussagen über einen Text ist dadurch immer ein überaus komplexes Gebäude verschleierter Ungleichzeitigkeit.

Ich konzentriere mich hauptsächlich auf die zweite Hälfte des 20. Jahrhunderts. Das 19. und frühe 20. haben überwiegend philologische Erschließungsarbeit geleistet und können deswegen ebenso außen vor bleiben wie das angebrochene 21. Jahrhundert, in dem bisher noch keine verbindliche Gesamtdeutung des Textes vorgelegt worden ist (Wüstemann 2006 ist eine rein literatur*geschichtliche* Arbeit).

*

An sich war der ,Wigalois' nie ein Roman, der die interpretierende Zunft entzweit hätte. Die Forschungsgeschichte hat ihm insofern gut getan, als er von einer schrittweisen Aufwertung der „nachklassischen" Literatur profitierte. Vielleicht darf man sogar sagen, dass er – im Verbund mit Ulrichs von Zazikhoven ,Lanzelet', Heinrichs von dem Türlin ,Crône' und Strickers ,Daniel von dem Blühenden Tal' – nicht unmaßgeblichen Anteil zumindest an der Umbewertung der „epigonalen“ Artusromane hatte. Dass der Verfasser des ‚Wigalois‘ ein in vieler Hinsicht „rezeptives“ Werk konzipiert hatte, stand seit langem fest. Vordringlich blieb das Problem, inwieweit Wirnt, der so souverän mit Versatzstücken der Tradition schaltete, eine eigene Ästhetik zu formulieren in der Lage war. Werner Schröder, der alles am Maßstab der Klassiker maß, kam hier noch spät zu einem vernichtenden Urteil (Schröder 1986).

Im Grunde setzte die moderne Forschung mit der Frage ein, inwieweit sich der ‚Wigalois‘ den Romanen Hartmanns bzw. Wolframs anschließe, er also in einer dynamischen „literarischen Reihe“ stehe. Der Ansatz stammte aus dem russischen Formalismus. Man ermittelte die Reihenzugehörigkeit anhand bestimmter Strukturmerkmale (Bauprinzipien, Episodenfolge), die man wiederzufinden sich bemühte, dabei aber mit Variation rechnete. Der Strukturalismus wirkte sich also günstig auf die Frage nach Wirnts „Epigonalität“ aus. Die ersten Untersuchungen, die nach der Struktur des ‚Wigalois‘ tasteten, brachten denn auch einen komplexen (Mitgau 1959, Mitgau 1963), mit vertiefter Hartmann-Kenntnis zunehmend kompliziert erscheinenden Bauplan (Heinzle 1973) zum Vorschein. Cormeau sah den ‚Wigalois‘ „uneingeschränkt“ in der von Chrétien bis zum Stricker führenden „literarischen Reihe“. Erst mit dem Vordringen der von Kuhn (1969) und dann Haug (1980) postulierten „Symbolstruktur“ des Artusromans zeichnete sich eine wesentliche Differenz ab. Die Erkenntnis, dass der Protagonist auf seinem Weg unbeirrbar voranschreite und dabei ohne das zentrale Krisenerlebnis eines Erec oder Iwein auskomme, hinterließ die raffiniert gestaffelte Episodenfolge (Heinzle 1973) als ein Gebirgsmassiv, das nicht durchwandert, sondern überflogen wird. Die Struktur trug nicht mehr den alten Sinn; trug sie einen neuen? Walter Haug bejahte das, indem er wiederholt die Veräußerlichung der Aventiure als neue Qualität des Romans hervorhob (Haug 1980; Haug 1992). Das Publikum des ‚Wigalois‘ erlebte nicht mit, sondern schaute gleichsam zu.

In dieser bisher nicht gekannten Betonung des Sinnlichen, der „Reize der Oberfläche, der Atmosphäre, der ‚Sensation‘ an sich“, erkannte Max Wehrli eine neue „dichterische Errungenschaft“ ([1965] 1969, S. 227). Seine Studie wird bis heute zitiert, wo es um Wirnts Sensualismus, seine Akzentuierung von Bildern, Lauten und Stimmungen aller Art geht. Wehrli zerlegte den ‚Wigalois‘ gleichsam in eine perlengleich aufgefädelte Bilderfolge, die es dann aber „unmittelbar zu lesen“ gelte (S. 233). Unter Beiziehung der Tiefenpsychologie, Ethnologie und Soziologie lasse sich zumal die erste Aventiurereihe als Prozess der Selbstwerdung deuten, bei dem Nereja eine entscheidende Rolle spiele. Obwohl – oder weil? – sich Wehrli von tiefenpsy-

chologischer Doktrin fernzuhalten suchte, ist ihm die Forschung bei seinen Deutungen (zum Hündchen-Abenteuer: „nötige Fixierung des ungeordneten Instinkts [Hündchen] auf die Frau" S. 235) nicht gefolgt.[1]
Im Zuge der sozialgeschichtlichen Wende der Altgermanistik legte einer ihrer Protagonisten eine richtungsweisende Studie vor (Kaiser 1975). Gert Kaiser sah im ‚Wigalois' restaurative Tendenzen, die auf das Empordrängen der Ministerialen in der zweiten Hälfte des 12. Jahrhunderts reagierten: restaurativ insofern, als Wirnt in der Gestalt seines Helden die Position einer alles – auch die *vürsten* – integrierenden Landesherrschaft als Territorialherrschaft stärkte. „Das Integrationsangebot an den Adel besteht in einer prekären Ambivalenz von adliger Teilhabe an der Herrschaft und unangefochtener Dominanz des Landesherren." (S. 442). Anders als der vorgängige Artusroman biete der ‚Wigalois' weniger konkreten sozialen Gruppen ein Modell der Textdeutung als Selbstdeutung, sondern offeriere seinem Publikum einen Landesherren, der das Land als Gesamt repräsentiere und in dessen Person es sich daher selbst dargestellt sehen solle.
Explizit gegen die Herabwürdigung des „epigonalen" Artsuromans, doch wohl auch als Reaktion auf die primär innerweltliche Wahrnehmung, mag man den Versuch Carola L. Gottzmanns empfinden, den ‚Wigalois' aus dem Bezugssystem einer mittelalterlichen Morallehre, wie sie die Kirche vermittelte, zu erklären (Gottzmann 1979; Gottzmann 1986). Das Verhalten einzelner Figuren bewertete sie anhand eines Tugend- und Laster-Kataloges, wie man ihn etwa in zeitgenössischer Katechetik und Predigt gefunden hätte. Grundsätzlich ging sie von einer Hermeneutik aus, die in jedem Phänomen etwas ‚symbolisiert' sah (in Namur etwa das „Himmlische Jerusalem"). Weniger der Ansatz als die ganz unzureichende Durchführung, die auf der Basis von Handbüchlein den Fundus christlicher Symbolik fledderte und dabei aller historischen Rückbindung gebrach, konnte die Forschung nicht überzeugen. Buch wurde das Verfahren bei Gisela Lohbeck (1988).
Klaus Grubmüller gelang es 1985, Geistliches im weltlichen Text als ästhetischen Import zu konkretisieren. Gwigalois trage Züge eines Legendenheiligen. Sein krisenloser, dem Höchsten ergebener Weg entspreche dem aufsteigenden Stationenweg des Heiligen. Damit greift Grubmüller zwar die strukturalistische Diskussion auf, gewinnt aber, indem er sie vom arthurischen „Aventiure-Weg" ab- und auf die „Legende" hinlenkt, für den ‚Wigalois' eine neue Bezugsgröße. Das Ausbleiben einer Krise des Helden schlüge demnach nicht als Defekt, sondern als Merkmal eines abweichenden, jedoch

---

[1] Erst Eming 1999 greift diese Aspekte, die zumal in der französischen Forschung zum ‚Bel Inconnu' eine Rolle spielen, wieder auf.

ebenfalls sinntragenden Weg-Konzepts zu Buche. Grubmüllers Ansatz half einer auf Symbolstrukturen fixierten Forschung aus der Verlegenheit, bloß Defizite verwalten zu müssen.

Der wohl gewichtigste Beitrag zur Semantik des ‚Wigalois' stammt von Stephan Fuchs (1997). Er greift auf Grubmüllers Legendenheiligen und Schröders Hinweise zur Chanson de geste-Tradition zurück und macht sich dabei Bachtins Hybriditätskonzept zunutze. Im Zentrum stehen nun aber nicht mehr strukturelle, sondern personale Konzepte. Gwigalois ist ein „hybrider Held": In ihm amalgamieren der asoziale Held, der arthurische Musterritter und der christliche Heilige, und dies weniger im Sinne einer ergänzenden Aufpäppelung des Artusritters als einer totalen Überbietung arthurischer Leitbilder und der durch den arthurischen Diskurs vermittelten Handlungsmuster. Wirnts exorbitanter *miles christianus* biete die ideale Identifikationsfigur für eine weniger auf kulturelle Normvermittlung als auf ihr Machtbewusstsein angewiesene Gesellschaft.

Die von Wehrli hingeworfenen, von Haug verfeinerten und in sein Konzept des nachklassischen Artusromans integrierten Bemerkungen zum Atmosphärischen, Wunderbaren, Phantastischen im ‚Wigalois', die auch Fuchs beschäftigten, versucht Jutta Eming (1999) in die inzwischen überfällige Systematik zu bringen. Die Studie konfrontiert den ‚Bel Inconnu', ‚Wigalois' und ‚Wigoleis vom Rade' mit dem ganzen Instrumentarium einer ausdifferenzierten Forschung zum „Wunderbaren". Anders als im ‚Bel Inconnu' sei das Wunderbare im ‚Wigalois' nicht mehr in einer ausgegrenzten Anderswelt zu suchen, sondern für den Protagonisten verfügbar geworden. Dies weise auf spätmittelalterliche Konzeptionen voraus. Prinzipiell bestehe im ‚Wigalois' eine „Gleichrangigkeit von religiösem Wunder und magischen Dingen" (S. 213). Die Begriffe des „Phantastischen" und „Unheimlichen" lässt Eming gelten, nicht aber den des „Märchenhaften".

Emings Studie offenbarte als eine Nach-Arbeit zur poetologischen Diskussion deren vorläufigen Abschluss. Gänzlich andere Wege beschreitet Wüstemann (2006), die den Roman im historischen Zusammenhang begreifen möchte und dafür auf die Rad-Symbolik zurückgreift, hinter der sie das staufische Konzept einer *fortuna caesarea* vermutet. Wesentliches Merkmal Gwigalois' ist die *stæte.* Dem stehe das Attibut des umlaufenden Rades nur scheinbar entgegen. Gwigalois ist es, der das Rad – sinnenfällig im arettierten Schwertrad vor Glois – zum Stillstand bringt: einem Stillstand, dem der statische, der *stæte* „Charakter des Helden" (S. 67) entspreche, in dem sich wiederum ein Ideal staufischer Schicksals-Konzeption, eine spezifische Deutungstradition der *Rota Fortuna*, manifestiere (S. 118–127). Wirnts Akzentuierung der *stæte* – sie geht über Gwigalois hinaus – ist zweifellos richtig gesehen, und die Frage, warum er (gegen seine Vorlage[n]) das gewissermaßen

„unpassende“ Rad einführt, muss gestellt werden. Doch könnte hier ein ähnlicher Fall vorliegen wie bei Wolframs ruhelosem Gahmuret: Das heraldische Attribut (dort der Anker) bildet, zur Devise erstarrt, gleichsam einen Kontrapunkt zum Lebensweg des Protagonisten. Es will Herausforderung sein, will eingelöst oder – wie im ‚Wigalois‘ – gebändigt werden: erworben, um besessen zu werden.

So weit, in wenigen Strichen, die auf Gesamtdeutung bedachten Beiträge zur ‚Wigalois‘-Forschung seit der Mitte des 20. Jahrhunderts.

*

Der ‚Wigalois‘ ist, wie der höfische Roman generell, in fortlaufenden Reimpaarversen geschrieben. Für die nachfolgende Textarbeit waren also Zäsuren zu setzen. Dass Wirnt den Text in Abschnitte von zwischen 9 und 117 Versen strukturierte, die durch Initialen und abschließende Dreireime als Einheiten markiert sind, gab kein griffiges Erfassungsraster (vgl. oben Kap. 3.2.). Eine Binnengliederung etwa in Bücher, wie sie Wolfram im ‚Parzival‘ vornahm, findet sich nicht. Makrostruktur und Sinneinheiten des ‚Wigalois‘ mussten also von der Forschung herausgearbeitet werden. Nach und nach hat sich, mit den erforderlichen Modifikationen, das von Wolfgang Mitgau formulierte Strukturmodell durchgesetzt (vgl. Mitgau 1963). Man geht seither im Handlungsteil von zwei zentralen Aventiure-Reihen aus, die gerahmt werden durch die Geschichte der Eltern und durch einen abschließenden Feldzug, denen wiederum Prolog und Epilog vor- bzw. nachgeschaltet sind. Diese Gliederung, die noch ausführlicher zu besprechen sein wird (vgl. Kap. 5), erwies sich für die hier angestrebte Erfassung allerdings als zu großräumig. Seelbach / Seelbach, deren Ausgabe den Text für ein studentisches Publikum handhabbar zu machen sucht, unterteilten die Handlung zuletzt in 27 Kapitel, was ihnen von den Rezensenten zwar als „philologisch nicht ganz sauber“, dafür aber als Erleichterung im Zugriff auf den Text zugebilligt wurde (Rez. Kragl 2007, S. 245). Nicht zuletzt mit Blick auf die Strukturierung des akademischen Betriebes durch das ‚Prinzip Semester‘ habe ich das ‚Prinzip Mitgau‘ durch das noch stärker inhaltlich orientierte ‚Prinzip Seelbach‘ modifiziert.

In den einzelnen Abschnitten der anschließenden Analyse wiederholt sich der folgende Aufbau: 1. eine Paraphrase des Handlungsganges; 2. eine Übersicht über die wichtigsten Quellen und sonstigen motivlichen Entsprechungen; 3. eine Einordnung von beidem in das Erzählganze des ‚Wigalois' unter Berücksichtigung der Forschung. Die anschließend in chronologischer Folge aufgeführte Literatur nennt nur Wesentliches. Es ist wohl nicht überflüssig zu erwähnen, dass die Paraphrase (1.) bei größtmöglicher Treue das subjektive Textverstehen des Paraphrasierenden spiegelt und dass die Motiventsprechungen (2.) nur eine gewichtete Auswahl darstellen können. Sie ergab sich einmal aus dem spezifischen, mit Versatzstücken sehr freimütig operierenden Erzählstil Wirnts, zum andern aus den von Seelbach / Seelbach (2005) bereits kommentierten Details. Ein durchlaufender Kommentar, wie ihn Gudrun Felder für die ‚Crône' (2006) und Florian Kragl für den ‚Lanzelet' (2006) erarbeiteten, war an keiner Stelle beabsichtigt. Der Interessierte mag sich aus beiden, die arthurische Tradition erschöpfend berücksichtigenden Werken zusammenklauben, was Seelbach / Seelbach nicht geben wollten.

4.1. Prolog

(v. 1–144; Seelbach / Seelbach: 1.)

Der ‚Wigalois'-Prolog umfasst 144 Verse. Ein Sprecherwechsel in v. 20 markiert auch formal eine Zweiteilung. In 1–20 spricht das Buch, in 20–144 ein menschlicher Erzähler. Die Überlieferung beider Teile in den 13 Vollhandschriften ist uneinheitlich, die des ersten ausgesprochen schlecht: Die Verse 1–19 fehlen in M (dort fehlen auch v. 54–89), N, S, U und k, die Verse 1–144 in C und L, die Verse 1–1860 in Handschrift l. Acht Handschriften (von 13) kennen also die Verse 1–19 nicht.

1. Das Buch wendet sich an den Leser: welcher gute Mensch habe es aufgeschlagen? Wer es lesen und verstehen könne, möge nachsichtig mit dem Folgenden verfahren. Keine *rede* ist vor Verfälschung gefeit (v. 15). – Wer auf Ehre bedacht sei, folge guter Lehre und dem Beispiel der Besten, die auf dieser Welt um Gottes Lohn dienen und denen deshalb das ewige Leben zuteil werde (v. 32). – Der Erzähler beteuert, dass seine Voraussetzungen für die *rede*, die er nun anhebe, kaum hinreichten. Die *wîsen* grüßten ihn noch nicht (v. 61). Der Reiche solle seinen Reichtum teilen, nicht wegschließen, ihn jedoch auch nicht unter die Schweine streuen, die den Anblick einer trüben Pfütze vorzögen (v. 75–80). Wer *guote rede* gerne höre, ziehe daraus Nutzen, selbst wenn der Vortragende einfältig sei. Umgekehrt vertäten

die *bœsen* ihre Zeit, da sie gewiss nichts verständen. Der Erzähler wünscht, die Besten mit seiner Erzählung so zu unterhalten, dass er ihnen beschwerliche Stunden angenehm mache (v. 126–128). Er erzähle sie wahrscheinlich nicht so, dass sie dem Publikum als *ganze wârheit* (v. 133) erscheine. Allerdings erhoffe er, Wirnt von Grafenberg, Dank für sein erstes Werk, das er der Welt *ze minnen* darbringe (v. 142).

2. Bereits der Prolog offenbart, dass Wirnt über die deutschsprachige Prolog-Tradition souverän verfügt. Mit den Versen 20–32, die den „öffentlichen Prolog“ (Curschmann 1984, S. 226) einleiten, zitiert er den ‚Iwein‘-Eingang (v. 1–20). Die Verse 126–128 hat er wörtlich dem ‚Armen Heinrich‘ (v. 10–17) entnommen. Dagegen ist die Fiktion eines sprechenden Buches, das sich vorab an seinen Leser wendet, in der Erzählliteratur um 1200 eine Novität. Ob Wirnt Ovids ‚Tristien‘ kannte, in denen das Buch als Bote des verbannten Dichters die Stadt Rom betritt, ist kaum zu entscheiden (die *Ôvîdîus*-Erwähnung in v. 991, wo der Lateiner als Vorbild für die Schilderung schöner Frauen bemüht wird, deutet eher auf topische Verwendung des Namens). Besser spricht man mit den Entdeckern dieser Similie von einem „Vorläufer“ (Seelbach / Seelbach, S. 287). Rudolf von Ems, der Wirnt-Kenner, wird den Passus dann ziemlich getreu in den ‚Willehalm von Orlens‘ (v. 2143 ff.) übernehmen (vgl. Scholz 1980, S. 133).

3. Dem Publikum des ‚Wigalois‘ wird gleich zu Beginn einiges zugemutet. Wirnt qualifiziert es „von vornherein als Lesepublikum“ (Scholz 1980, S. 127). Zum ersten Mal setzt ein Dichter den Umstand, dass seine zum Vortrag bestimmte Dichtung nur in Schriftform, im geschlossenen Buch, das aufgeschlagen werden muss, überdauert, konsequent ins Bild. Vielleicht ist der handschriftliche Befund, insbesondere der Verlust der Verse 1–19, als Reaktion auf die Vortragsbedingungen mittelhochdeutscher Literatur zu deuten (Seelbach / Seelbach, S. 287). Dann eignete „das wachsende Wissen der neuen volkssprachlichen Romankunst um ihre eigene Buchhaftigkeit“ (Curschmann 1984, S. 227) wohl zunächst mehr den Romankünstlern als ihren Verbreitern.

Die „Buchhaftigkeit“ der Dichtung faszinierte Wirnt, aber er empfand sie als durchaus ambivalent. Nicht anders als in anderen Aggregatzuständen ist der verbuchte Text „als Verkörperung und Personifizierung der Dichtung, Missverständnissen und Verleumdungen ausgesetzt" (Curschmann 1984, S. 226). Der kodifizierte Text ist allerdings antastbar, er unterliegt dem Eingriff derjenigen, die ihn lesen und abschreiben. Seinen unverfälschten Ausgangszustand, wie defizitär er auch sein mag, vermag er im Zuge seiner Übermittlung nicht mehr zu bewahren. Ein *valscher man* (v. 11) hat leicht einen Fehler hineingebessert, davor kann sich der Text nicht mehr *behüeten* (v. 13). Regelrechte Schmerzen habe er zu gewärtigen, und wem könne er sie klagen? (v. 16 f.) Das Buch kennt solche Buch-Geschichten: es wendet sich hier gegen den Topos der Emendatio, mit dem Autoren seit der Antike ihre Tradenten dazu auffordern, offenkundige Fehler in ihren Manuskripten zu bessern.[2] Indem sich bei Wirnt der „Betroffene" artikuliert, entlastet er den Autor, selbst für den Text seines unvollkommenen Erstlings bitten zu müssen. Wo er das tut, ist es vor allem die Inkohärenz der Erzählung, die er auf die mündliche Überlieferung zurückführt (v. 11689–11692).

Wirnt verhandelt hier nicht mehrere Aspekte nebeneinander, sondern fügt sie im Sinne einer Argumentation absichtsvoll zusammen. Das unvollständige Werk leidet aufgrund der medialen Bedingungen, denen es im Überlieferungsprozess ausgesetzt ist, weiteren Schaden. Dass die innovative Medienkritik die traditionelle Exordialtopik als Topik geradezu aufhebt, indem sie sie mit der medialen Realität konfrontiert, ist gar kein ungeschickter Zug Wirnts.

Einiges von dem, was er an Bekanntem über sich selbst und seine Dichtung aussagt, erscheint so in einem anderen Licht. Da der Buch-Prolog im weiteren Verlauf Episode bleibt, hat man gemeint, er sei „nur ein gelungener Einfall und nicht mehr" (Curschmann 1984, S. 227). Eine Fortführung der Fiktion ist freilich, nachdem das Buch einmal aufgeschlagen ist, gar nicht nötig. Immerhin wird der letzte Vers (v. 11708) noch einmal explizit auf die Buchhaftigkeit des Textes verweisen.

---

[2] Was ein Fehler und was zu bessern sei, wird auch in der mittelhochdeutschen Literatur etwa bei Konrad von Fußesbrunnen (‚Kindheit Jesu' v. 3021–3027), im ‚Renner' Hugos von Trimberg (v. 24516–24525) oder in Ottes ‚Eraclius' (v. 128–139) Gegenstand der Reflexion. Die Positionen der Autoren sind, je nach Zusammenhang, verschieden: Konrad von Ammenhausen wünscht seinem ‚Schachzabelbuch' (v. 31–53) eine Korrektur der sprachlichen Gestalt durch Kunstverständige, während sich Heinrich von Hesler mit Rücksicht auf seinen guten Ruf generell Änderungen am Wortlaut seiner ‚Apokalypse' verbittet (v. 1328–1363).

Mit den ‚Iwein'-Allusionen in Vers 20–32 markiert Wirnt sein Verhältnis zur Tradition. Wie Hartmann setzt er mit einer These ein: Wessen Streben auf *êren* gerichtet sei, folge dem Beispiel der Besten nach, das gereiche ihm zum Heil. Doch hatte Hartmann anders vorgelegt, indem er das Streben nach *rehter güete* (v. 1) als Beweggrund ausgab, das den Erwerb von *sælde* und *êre* erst nach sich ziehe. Im vorbildlichen Handeln des *künec Artûs* (v. 5) sah er ein die Maxime illustrierendes Exempel. Diesen arthurischen „Gattungsindex" (Haug 1992, S. 122) nun lässt Wirnt fallen. Der von ihm vorgeschlagene Weg zur *êre* führt über das Vorbild derer, von denen einerseits die säkulare Gesellschaft das Beste zu berichten weiß, die aber anderseits *nâch gotes lône dienen hie* (v. 28), womit sie sich *dort* (v. 31) das ewige Leben verdienten. Für das damit formulierte Programm einer adligen Existenz im verbindlichen Dienst an Gott und der Welt gibt es für Wirnt offenbar keine nominierbaren Vorbilder (von Parzival, der so viele Verfehlungen zu verantworten hat, ist nicht die Rede). Es steht zu erwarten, dass das Leitbild einer entsprechenden Adelskultur, dem *wir alle* (v. 32) nachstreben sollen, erst eingeführt werden muss (anders: Mertens 1998, S. 179 f.).

Noch wenn Wirnt den ‚Armen Heinrich' herbeiruft für seine Absicht, durch Erzählen *swære stunde / den liuten senfte machen* zu wollen (v. 127 f.), setzt er hinzu, das Erzählte sei *guot ze hœren* (v. 130), man höre es also „mit Gewinn" (Seelbach / Seelbach z. St.). Wirnt will unterhalten, aber er will vor allem belehren. Sein Leitbild ist einerseits fest verankert in der literarischen Welt des höfischen Adels, anderseits durch den Maßstab der Gottesritterschaft klar abgegrenzt von den arthurischen Vorbildern. Diese neue Verbindlichkeit durchbricht die symbolische Welt arthurischen Erzählens. Es hat den Anschein, als fordere Wirnt das Publikum zu einer aktiven Lebensgestaltung nach dem erzählten Vorbild auf. Sein Aufruf *den volge wir* (v. 29) muss wohl als Aufruf zur *„Imitatio Gwigaloisi"* verstanden werden (vgl. v. 3836–3839), wenn auch nicht in dem Sinne, dass Wirnt vermittels seines Protagonisten „Handlungsmuster" für die „Erfahrungswelt der Zuhörer" bereitstellte (Mertens 1981, S. 19).

Man hat denn auch das Auseinandertreten von propagierter Orientierung auf den Helden (Prolog) und sich anschließender Erzählung moniert: Gwigalois' Aventiuren seien „weitaus weniger an realen Möglichkeiten" des Publikums orientiert (Mertens 1981, S. 19) als die eines Erec oder Iwein. Damit ist ein Maßstab gesetzt, den zu übernehmen Wirnt aber gar nicht angetreten sein muss. Im Grunde deutet bereits die Dimension des Dienstes an Gott und der Welt darauf, dass Wirnt nicht nur die arthurischen Musterritter hinter sich lassen will. Er antizipiert für sein *den volge wir!* auch eine veränderte Rezeptionshaltung. Der exemplarische Lebensgang der Artusritter konnte durch identifikatorisches Hören und Lesen mitverfolgt werden, die Lebenswelt des Publikums stand offen für die Erscheinungen der Textwelt oder sollte zumindest so wahrgenommen werden. Das Folgen, die Imitatio, die der ‚Wigalois' nahelegt, könnte dagegen ein Folgen sein „im Sinne von Nachfolge, in der das Verhalten des Vorbildes nicht bloß nachgeahmt, sondern dessen Prinzipien und Regeln im eigenen Handeln befolgt werden." (Langer 1987, S. 60). Beide Formen der Imitatio, die im Wortsinn imitierende und die die Prinzipien reflektierende und befolgende, sind dem religiösen Diskurs des Hochmittelalters nicht fremd. Berücksichtigt man dies, erscheint Wirnts *den volge wir!* im Verhältnis zur nachfolgenden Aventiurewelt vielleicht weniger problematisch.

📖 Scholz 1980, S. 125–130; Mertens 1981; Curschmann 1984, S. 225–227; Otto Langer: Mystische Erfahrung und spirituelle Theologie. Zu Meister Eckharts Auseinandersetzung mit der Frauenfrömmigkeit seiner Zeit, München 1987 (MTU 91); Wenzel 1995, S. 220 f.; Mertens 1998, S. 179 f.; Jaeger 2000, S. 185–193; Wennerhold 2005, S. 88 f.; Wolf 2008, S. 291 f.

4.2. Vorgeschichte

(v. 145–1883)

4.2.1. Exposition

(v. 145–267; Seelbach / Seelbach: 2.)

1. Eine kurze Einleitung vergegenwärtigt dem Publikum den Status der Artusgesellschaft, von der *ê oft vil geseit* (v. 163) worden ist: König Artus residiert in Britannien zu Karidol, an seinem Hof finden sich die Besten ein, deren Zusammenschluss die *tavelrunde* (v. 159) bildet. Stets wird man von Artus erzählen, auch dann, wenn man – wie der Erzähler selbst – seiner nicht mehr ansichtig geworden ist. Die präch-

tige Residenz begrenzt einerseits ein Fluss, anderseits ein tiefer Wald, Jagdgrund des Königs und seiner Ritter, die darin bevorzugt *âventiure* finden (v. 183). Der Palas ist das Domizil der Königin, ihrer Damen und Jungfrauen, deren Saiteninstrumente mit den kläffenden Schoßhündchen und den in Volieren gehaltenen Singvögeln wetteifern. Zur Zerstreuung des Königs wird jeden Morgen von einer neuen *âventiure* berichtet (v. 251): erst dann begibt sich Artus zu Tisch. An diesem Tag dauert es jedoch bis zum frühen Nachmittag, als das hungrig an der Zinne spähende Gefolge einen prächtig gekleideten, jedoch schon halb ergrauten Ritter sich der Burg nahen sieht.

2. Der ‚Bel Inconnu' setzt mit dem Krönungsfest König Artus' in Carlion ein. Der Schöne Unbekannte reitet auf den Plan, als man sich eben zu Tisch setzen will. Die Prominenz der versammelten Ritter, die nicht identisch ist mit den Tafelrundern, wird einzeln nominiert. Den Zusammenhang zwischen Aventiure und arthurischer Mahlzeit, ein „typisches Verhaltensmuster der Artusgesellschaft" (Felder 2006, S. 71, mit weiteren Belegen), adaptiert Wirnt aus ‚Parzival' (309, 6–11; 648, 18–22) und ‚Lanzelet' (v. 5706–5753).

3. Waren die arthurischen Fastenzeiten, die Wirnt aus dem ‚Lanzelet' und ‚Parzival' kannte, Ausnahmezustände, „Akt[e] der Solidarität" (Daiber 1999, S. 144) mit einem abwesenden Artusritter, bricht Wirnt das Szenario des Außerordentlichen auf eine Routineveranstaltung herunter. Die Störung der arthurischen Ordnung wird zur Voraussetzung für die arthurische Mahlzeit. Aventiure ist das „tägliche Brot" der Artusritter, sie verwandelt sich buchstäblich in den fassbaren Laib. Sollen nicht knurrende Mägen die arthurische Fiktion durchbrechen, muss das Unverhoffte zum Wahrscheinlichen werden. Das, was gesucht werden soll, findet sich in Karidol von selbst ein. Aventiure ist externe Provokation eines längst legitimierten Zentrums, die durch ihre Ankunft dessen Status nur festigt. Die Herausforderung ist eine Bestätigung. Artus kann erleichtert zum Brunch übergehen.

Wirnt verweist mit diesem Modell implizit auf seine Prätexte: am Anfang steht eine Provokation. Im ‚Erec' ist es der gänzlich unhöfische Geißelschlag von Iders' Zwerg, der den Artusritter Erec von der königlichen Jagdgesellschaft absondert; im ‚Iwein' motiviert Kalogreants Erzählung vom anmaßenden Herrn über den Brunnen Iweins Aufbruch von der Tafelrunde. Es sind vergleichsweise kurze Aventiuren, deren erfolgreichen Ausgang die Artusgesellschaft schon bald darauf mit eigenen Augen konstatiert – und umgehend zum Essen schreiten darf. Auch die „Belegexemplare“, die Gwigalois als Tätigkeitsnachweise an den Artushof sendet, sorgen dadurch, dass sie zur Interaktion und dadurch mindestens implizit zum Bericht über den Tathergang angehalten sind (vgl. v. 2139–2144; v. 3095–3103), für eine angemessene Unterhaltung.

4.2.2. Geschichte der Eltern

(v. 268–1220; Seelbach / Seelbach: 2.–3.)

1. Die Handlung setzt ein mit einer Nötigung: König Joram, der ergraute Ritter, will Königin Ginover einen Gürtel überlassen. Über Nacht möge sie prüfen, ob sie das Geschenk anzunehmen gedenke. Weigere sie sich, werde der Schenker den Gürtel im Kampf auf Leben und Tod wiedererringen. Als sich Joram zurückgezogen hat, legt die Königin den Gürtel um, der sich als zauberkräftig entpuppt: Weisheit und Stärke gehen auf seine Trägerin über, umgehend beherrscht sie alle Sprachen und Künste. Im Zweifel, ob sie den Gürtel behalten dürfe, wendet sich Ginover nicht an (den bereits abwesenden? v. 583) Artus, sondern an Gawein, der vom kompromittierenden Besitz abrät. Die Königin gibt am anderen Morgen das Geschenk zurück. Joram stellt den Ruf der Artusgesellschaft in Frage, dürfe er jetzt nicht umgehend eine Lanze verstechen. Einstimmig rufen die Tafelrunder nach ihren Waffen (v. 445–450), doch der mit dem edelsteinbesetzten Wundergürtel ausgestattete Joram setzt sie alle in den Sand – auch den am Schluss anreitenden, noch mit den größten Aussichten kämpfenden Gawein, den er als seinen Gefangenen abführt. Der Erzähler ist bekümmert, von derartiger Schmach berichten zu müssen, doch habe ihm ein *knappe* (v. 596), dessen Bericht er lange anzweifelte (v. 598), alles genau so berichtet.

Unterwegs eröffnet Joram seinem Weggefährten, auf welche Weise er ihn besiegen konnte. Er schenkt Gawein den Gürtel, den er bis an seinen Tod tragen solle; er garantiere seine Vollkommenheit (v. 625). Nach zwölftägigem Ritt (v. 648) erreichen die beiden ein scheinbar unbewohntes Land, das anmutiger nicht sein könnte. Sie durchqueren einen Fluss und einen Wald, aus dem eine Straße auf Jorams eindrucksvolle, von einer dichten Dornenhecke und einem Baumgarten umfriedete Residenz zuführt. Joram nimmt Gawein bei der Hand, lässt ihn baden, neu einkleiden und speisen. Dann stellt er ihn seiner Frau und seiner Nichte (v. 1013) Florie vor, der *schœnest die er ie gesach* (v. 727), deren Liebreiz nicht einmal Ovid hätte angemessen schildern können (v. 990–992). Flories aus erlesensten Materialien gefertigtes Kostüm weist am Halsausschnitt eine Gemme mit dem Bildnis Amors auf – Gawein, ohnehin überwältigt von ihrer Schönheit, ist längst im Herzen getroffen und wähnt sich am Ziel all seiner Wege, als Joram ihm seine Nichte zur Ehe anbietet (v. 961). Der Hausherr selbst segnet den Bund in einer äußerst knappen Zeremonie (v. 1000–1005). Der Vollzug lässt Florie ein Kind erwarten (v. 1021–1023). Gawein ist beliebt bei Land und Leuten. Das Glücksrad im Burghof, errichtet von einem Gelehrten, deutet indes auf bevorstehenden Wandel – auch wenn der Erzähler meint, es verweise in erster Linie auf das unwandelbare Glück Jorams (v. 1050–1053). Denn es vergeht kaum ein halbes Jahr, als Gawein, von Sehnsucht nach dem Artushof gepeinigt, seine schwangere Frau zu verlassen sucht. Im Abschiedsgespräch muss er lügen, um fort zu kommen. Obwohl sich ihm sogar die Natur entgegenstellt und seinen Weg in die Länge zieht, erreicht er nach einem halben Jahr (v. 1130) den Artushof, wo alles zum Besten steht und wo er von seiner *âventiure* – unter Auslassung der Liebesangelegenheit (v. 1158) – berichtet. Nicht lange nach seiner Ankunft sinnt er auf Rückkehr zu seiner Frau. Doch die Reise ist ohne den Zaubergürtel, den er bei Florie zurückgelassen hatte, sinnlos. Ein Jahr irrt er durch die Lande, mindestens ein weiteres vergeht, bis er zum Artushof zurückkehrt. Zwei Jahre sind inzwischen seit der Niederkunft Flories verstrichen (v. 1218–1220).

2. Die in der Vorgeschichte verarbeiteten Motive haben keine Entsprechungen in Wirnts französischen Bezugstexten. Wohl aber modifiziert Jorams Auftritt bei Hof in seinem ersten Teil das verbreitete Erzählmodell der Tugendprobe: „Ein Bote bringt einen magischen Gegenstand an den Artushof, dessen Benutzung vollkommene Tugendhaftigkeit voraussetzt" (Felder 2006, S. 67). Allein: Jorams Zaubergürtel umzulegen setzt Tugendhaftigkeit nicht voraus, es zieht sie im Gegenteil erst nach sich. Die Hinterlist des Geschenks besteht darin, dass es gleichwohl Tugend zu erproben scheint: die Tugend nämlich, es als inadäquat abzulehnen. Die Blanko-Bitte, die Joram vorausschickt, brächte die ohne Umschweife gewährende Königin in arge

Bedrängnis, präsentierte Joram nicht gleich den Entscheidungskampf als Alternative zur Geschenkannahme (zum Motiv der Blanko-Bitte: Seelbach 2007, S. 163–173). Da der Gürtel, der seinem Träger nicht nur Kraft, sondern auch Weisheit und Mut verleiht, nun den Erweis seiner Qualitäten schuldig bleiben muss, funktionalisiert ihn der Erzähler auf andere Weise. Nur mithilfe des magischen Attributs sind die Grenzen zur Anderwelt des Joram-Reiches (Wald, Fluss, Dornen) zu überschreiten.

König Joram versucht, mit Gawein den Besten der Menschengesellschaft „für den Fortbestand und die Vermehrung einer märchenhaft-außermenschlichen Gesellschaft" zu gewinnen (Fuchs 1997, S. 204). Florie ist nur insofern eine Außer-Irdische, als sie den Regeln ihres Lebensraums unterworfen erscheint, den zu verlassen ihr nicht möglich ist. Ihre Beziehung zu Gawein folgt damit dem Erzählmuster der „unglücklichen Marthenehe", wie es etwa Konrad von Würzburg in ‚Partonopier und Meliur' (um 1277) für ein deutsches Publikum verarbeiten sollte. Da Jorams Reich indes weitgehend nach den Spielregeln der höfischen Gesellschaft funktioniert, hat man von einer „höfischen Variante der Feenliebe" gesprochen (Cormeau 1977, S. 26). Automaten wie das durch Wasserkraft angetriebene Rad sind, genreübergreifend, seit dem 12. Jahrhundert Attribute literarischer Regenten (vgl. Fasbender 1999; Seelbach / Seelbach, S. 290 [Literatur]).

3. Wirnt lässt sein Publikum über die Hintergründe der Vorgänge am Artushof lange im Unklaren, ja: Er legt sogar mit dem Gürtel-Geschenk für den Kundigen wie für den Unkundigen falsche Fährten. Für den Unkundigen, insofern er einerseits die Wirkkräfte des Gürtels beschreibt – er verleihe *sterke* (v. 332, 633) und *manheit* (v. 633), *wîsheit* (v. 332) und erfülle das Herz des Trägers mit *vreuden* (v. 335)[3] –, anderseits aber mit einer komplexeren Gürtel-Symbolik spielt. Das wird deutlich, wenn Gawein die Annahme des Gürtels als kompromittierend für die Königin erachtet:

[3] Die Besserung von *sterke* zu *vreude* in v. 332, die Seelbach / Seelbach von Kapteyn übernahmen, geht auf eine geschlechterspezifische Wirkkraft von Gürteln zurück, wie sie etwa im Handwörterbuch des deutschen Aberglaubens, Bd. 3 (1927), bes. Sp. 1211–1217, beschrieben wird.

ez wær wider iuwer êre
und würde ein bœsez mære
swie guot der gürtel wære
und engbet ir in im niht wider (v. 372–375).

Der Verstoß gegen die *êre* ist nur dann plausibel, wenn Gawein das Objekt auch als Sexualsymbol begreift, mit dessen Übergabe sich der Gebende die Binde- und Lösegewalt über eine verheiratete Frau aneignete (vgl. auch Wüstemann 2006, S. 31). Für den Kundigen aktiviert Wirnt dadurch, dass er Gawein – und nicht etwa Artus selbst – den Rat in dieser delikaten Angelegenheit erteilen lässt, das Vorwissen über die verbotene Liebe zwischen der Königin und ihrem Musterritter, wie sie Chrétiens ‚Lancelot' (um 1180) einführte und der ‚Prosa-Lancelot' gegen 1250 auch für ein deutsches Publikum ausformulierte. Vielleicht ist Jorams Zaubergürtel kein „blindes" (vgl. Fuchs 1997, S. 213), sondern ein „blinzelndes" Motiv. Von seinen vielfältigen Erzählfunktionen her ist er jedenfalls unentbehrlich: er provoziert die Hofgesellschaft zu unbedachtem Handeln, konfrontiert als „Keuschheits"-Gürtel die Königin mit ihrem spezifischen Gawein-Problem, lässt Joram den besten Artusritter im Kampf besiegen und abführen, hält Gawein später vom Joramreich fern und verleiht seinem Sohn außerordentliche Kraft bis zu dem Punkt, wo Gottes Wirken allen irdischen Zauber ablöst.

Der Kraft des Gürtels verdankt König Joram, dass er auf einen Enkel und damit auf den Fortbestand seines Reiches hoffen darf. Warum er zu dessen Sicherung nicht anders verfahren kann, wird nicht offengelegt. Überhaupt vermeidet Wirnt, das Joramreich als Anderwelt anzusprechen. Die Schwellen, die Joram und Gawein auf dem Weg in das *lant sô vreuden rîche* (v. 637) überschreiten, sind als *gevelle* (v. 606), *steinwende* (v. 607), *berc* (v. 634), *wazzer* (v. 651) und *walt* (v. 653) markiert. Der Gürtel erst macht den Zauber dieses Reiches sichtbar, indem sein Verlust ihn unsichtbar macht (vgl. Wüstemann 2006, S. 33 f.). Das aber weiß Gawein nicht, als er das Land wieder verlassen möchte, und er ahnt es auch nicht (v. 1095 ff.) – gerade so, wie er zuvor nicht bemerkte, dass er mit einer Fee verheiratet wurde.

Die Zusammenführung von Gawein und Florie durch deren Oheim folgt einem archaischen Muster der Vergabe durch den Brautvater (vgl. Schröter 1990, S. 199 f.). Die feierliche Schlichtheit der

Eheschließung, für die Gottes Segen erbeten wird, von der die Kirche im Übrigen aber ausgeschlossen ist, passt durchaus in den Zusammenhang des Joram-Reiches.[4] Flories Tränen sind traditionelles Zeichen ihrer Scham- und Tugendhaftigkeit (Schröter 1990, S. 75), doch erkannte das Publikum in ihnen womöglich bereits eine Vorausdeutung auf das unglückliche Ende, das die Ehe nehmen würde.

Durch den Bund mit Florie bringt Wirnt die literarische Figur Gawein in große Schwierigkeiten. Für einen Moment mag der am Prätext geschulte Hörer hoffen, dass die „Lust-Heirat", in die Gawein einwilligt (v. 966–969), den ruhelosen Draufgänger, als den der ‚Parzival' ihn beim deutschen Publikum eben eingeführt hatte, in ruhigere Gestade triebe. Doch wiederholt sich an Gawein, was schon für Parzivals Vater galt. Wie Gahmuret in eine Ehe getrieben wird, die ihn abseits der Artuswelt stellte, ist Gaweins Weg zur Ehe mit Florie gemessen an den Gesetzen des Artusreichs, dem er verbunden ist, widernatürlich. Zwar wurde die Braut als Zielpunkt einer Aventiure erworben, aber weder stand dies zu Beginn der Aventiure fest, noch war ihr Erwerb an eine Niederlage gebunden. Hinzu kommt, dass Gawein, nachdem er von Joram aus dem Sattel gehoben worden war, als Unterlegener hatte Sicherheit leisten müssen (v. 578). Bevor der König ihm seine Nichte zur Frau gibt, fordert er eine Bekräftigung dieses Rechtsakts, und Gawein gewährt sie auch förmlich (v. 956–959) – obwohl er inzwischen weiß, dass der Zweikampf mit widernatürlichen Mitteln entschieden worden war.

Ein wesentliches Motiv für Gaweins Aufbruch wird indes später nachgereicht, wenn der Sohn den Vater geradezu exkulpiert, indem er auf seine eigene Bestimmung verweist. Eine ritterliche Ausbildung sei überflüssig gewesen, sollte er sich *als ein wîp / verligen in disem lande hie* (v. 1300 f.). Wie der Sohn, so der Vater. Gedrängt durch eine arthurische Ethik, die beiden im Blute liegt, ist ihnen der umgrenzte Bezirk des Joram-Reiches zu eng. Hier fehlt es an jener Form von *sin*, mit der Kalogreant einst im ‚Iwein' das Ritterdasein erfüllt erachtete: einen Ritter, den man trifft, niederzuschlagen und damit besser zu sein als er, oder eben umgekehrt. Das „Milchgesicht" Gwigalois (Haug) er-

---

[4] Allerdings wird später bei Gwigalois' Hochzeit erneut die rituelle Funktion weltlicher Herren bei der Vergabe hervortreten.

klärt sich ganz ähnlich. Er wolle schon in seiner Jugend erreichen, dass man ihn *von rehte baz / erkenne danne ein andern man* (v. 1296 f.). Das ist Selbstzweck, und das ist das arthurische Ritterdasein. Fängt erst die Ehe an, so endet der Roman. Erec muss verheiratet durch die Hölle gehen, und auch Iwein lernt nur mühsam, seine Stellung als Hausmann mit seinem Platz an der Tafelrunde in Einklang zu bringen. Für Wirnt eröffnete sich mit diesem Modell keine Perspektive. Er lässt Gawein, den letzten Ritter, letzten Endes stagnieren, „seine Wiedereingliederung in die Artusritterschaft signalisiert keine sittliche Fortentwicklung." (Gottzmann 1979, S. 94). Wirnt opfert Gawein, indem er ihn so lässt, wie er ihn vorfand. Gwigalois dagegen wird, dem Vater zunächst nacheifernd, nur eine einzige große Aventiure zu bestreiten haben, die ihn aber zielsicher in eine Verbindlichkeit steuert, die sich noch dann, wenn das sprechende Buch wieder geschlossen sein wird, als von der – realen – Welt anerkannt behaupten wird.

📖 Schießl 1968, S. 14–25; Fuchs 1997, S. 203–212; Daiber 1999; Eming 1999, S. 148–154; Ringeler 2000, S. 201–204; Wüstemann 2006, S. 30–35.

4.2.3. Kindheit und Jugend (v. 1220–1883; Seelbach/Seelbach: 4.–5.)

1. Mit Vers 1220 wechselt der Erzähler den Gegenstand der gemeinsamen Betrachtung (*hie lâze wir den riter wesen*) und führt sein Publikum zurück in das Raum-Zeit-Gefüge des Joram-Reiches. Florie, vom Verlust des Gatten nicht unbeeindruckt, lässt das Kind kaum von ihrer Seite. Während es für eine Adlige allemal üblich ist, den Säugling einer Amme zu übergeben, legt sie den Knaben (zuerst: v. 1244) auch selbst an (v. 1224). Das Kind wächst doppelt so schnell, wie es die Natur erwarten lässt. Zwölf Jahre lang bildet die Mutter vor allem seinen Charakter heraus, achtet auf *gewizzen unde güete* (v. 1229). Dann wird der Knabe durch Lehrmeister und Hofdamen einer intensiven höfischen Erziehung unterzogen (v. 1261: *man vuorte in ûf unde nider*). Im Zusammenspiel von Anlagen und Ausbildung gedeiht der junge Mann, den man bei Hofe bald lieber sieht als irgend einen anderen (v. 1263 f.). Da dort von Gawein auch nach zwanzig Jahren der Abwesenheit (v. 1320) nach wie vor das Beste erzählt wird, entschließt

sich der Knabe eines Tages, nach dem Vater zu suchen. Als Florie das Ansinnen entsetzt zurückweist, erklärt er, wie der Vater in alle Länder reiten zu müssen, um seinen Namen bekannt zu machen (v. 1350–1353). Ein Narr sei, wer seine Entscheidung von Frauen abhängig mache (v. 1358 f.). Florie gibt ihm Jorams Gürtel und einen Reisesegen mit auf den Weg. Ein Knappe weist ihm den Weg nach Karidol, das er nach neun Tagen erreicht. Unter einer Linde setzt er sich auf einen blauen, mit roten und gelben Adern durchzogenen Steinquader – nicht ahnend, dass er damit eine Tugendprobe bestanden hat, die ihn vor allen anderen Rittern (ausgenommen allein König Artus!) auszeichnet: Keinem war es je gelungen, sich auf den Stein zu setzen. Dazu bedurfte es eines durch und durch reinen Herzens. Auch Gawein vermochte lediglich, den Stein mit der Hand zu berühren. Er soll einmal, wie der Erzähler gehört haben will, eine Jungfrau sexuell belästigt haben (v. 1511–1513). Der Anblick des auf dem Stein Sitzenden beschert der Hofgesellschaft ihr tägliches Quantum *âventiure* (v. 1522 – und also auch ein Mittagessen). Gegenüber dem König offenbart der Jüngling nun seine Identität (v. 1574) und seinen Wunsch, ihm im Kreis der Besten zu dienen. Auf Ginovers Rat wird er Gawein anvertraut, der ihn jedoch nicht erkennt. Solchermaßen angeleitet, gibt Gwigalois bei Hof die beste Figur ab. Artus veranlasst zu Pfingsten (v. 1643) das Fest der Schwertleite, bei dem Gwigalois von Gawein ein Streitross, von der Königin sechs Ritterkleider, von Artus zwölf Knappen und von den Geistlichen den Segen erhält. Weiterhin wird er von Gawein mit dem besten Schwert und von Artus mit Schild und Lanze ausgerüstet. Vierzehn Tage dauert das anschließende Fest (v. 1694), bei dem alle Anwesenden – auch die Spielleute – reich ausgestattet werden. Eben ist die Festgesellschaft in Auflösung begriffen, da reitet eine vornehme Jungfrau in den Saal, die einen eindrucksvoll singenden Zwerg (v. 1727–1731) mit sich führt. Die Jungfrau bittet im Namen ihrer Herrin Larie (erstmals: v. 4056) um Waffenhilfe, Gwigalois in seinem eigenen Namen um die Gelegenheit, sich auszeichnen zu dürfen. Artus will den Jüngling zunächst nicht fortlassen, die Jungfrau Nereja (erstmals: v. 4069) keinen Grünschnabel mitnehmen. Als der König nachgibt, eilt Gwigalois, von Gawein mit dem Wappen seines Schwiegervaters (dem umlaufenden Rad) ausgestattet und eigenhändig gerüstet, der wortlos sich zurückziehenden Jungfrau hinterher.

2. Der ‚Bel Inconnu' führt einen jungen Ritter am Artushof ein, dessen standesgemäße Ausbildung abgeschlossen zu sein scheint, während der ‚Wigalois' versucht, den gesamten Werdegang bis zur ersten Ankunft in Korntin einzufangen. Das außerordentliche Gedeihen des Kleinkindes ist ein internationales Erzählmotiv, das Außerordentliches auch vom Erwachsenen erwarten lässt (vgl. Lamprechts ‚Alexander' v. 142 f.; Seelbach / Seelbach, S. 291). Florie stillt, wie Herzeloyde im ‚Parzival' (113, 10–12), ihr Kind selbst. Dass die alleinerziehende Mutter den Knaben über seine Herkunft mindestens ein Stück weit im Unklaren lässt, zeigt sich am Schönen Unbekannten, der seinen Vater nicht kennt und seinen eigenen Namen nicht weiß, wohl aber eine seinem Stand gemäße ritterliche Grundausbildung erfahren hat, die ihn denn auch direkt an den Artushof führt. Das unterscheidet ihn von Parzival, dessen Mutter Herzeloyde den Sohn nicht nur nicht über seine wahren Verhältnisse aufklärt, sondern ihn durch eine aktive Erziehung zum Waldbauern so weit wie möglich von diesen Verhältnissen entfernt sehen möchte. Der Ent-Deckung der eigenen Bestimmung entspricht in der mittelalterlichen Gesellschaft die Aufdeckung der eigenen Genealogie: Vatersuche ist Identitätssuche. Als Motiv wirkt sie daher – unabhängig von ihrem Ausgang – handlungsinitiierend etwa in Wolframs ‚Parzival' und ‚Lanzelet', aber auch im ‚Biterolf und Dietleib' (vgl. van der Lee 1957).

Die Ankunft des Jungritters am Artushof wird gleichsam überdeckt durch seine unbeabsichtigte Tugendstein-Probe, die wiederum keine Entsprechung im ‚Bel Inconnu' hat. Einen Steinquader, dem sich nicht zu nähern vermag, *an dem was falsch oder haz*, kennt auch Ulrichs von Zazikhoven ‚Lanzelet' (v. 5177 ff.). Er scheint ein traditionelles Motiv zu sein, erklärt Ulrich doch, dass dem Publikum von dem Stein *gesaget gnuoc* worden sei. Im Unterschied zu den zahlreichen Tugendproben, die in der hochmittelalterlichen Epik von außen an die höfische Gesellschaft herangetragen werden (zur ‚Crône' vgl. Felder 2006, S. 67–127), ist der Tugendstein als immobile Institution – und mit ihm die Norm der Tugendhaftigkeit – fest am Artushof verankert.

Die eher en passant gemeisterte Tugendprobe gibt Gwigalois ein Bleiberecht am Hof. In die Tafelrunde aufgenommen ist er noch nicht. Dazu muss er eine höfische Erziehung durchlaufen und sich als Tapferster im Turnier auszeichnen (v. 1612–1615). Während eines eigens anberaumten weiteren Turniers wird die Schwertleite vorgenommen, ein altes Ritual der Wehrhaftmachung, bei dem dem jungen Adligen öffentlich das Schwert umgegürtet wird: „Durch diese Zeremonie wurde bekundet, dass der junge Mann großjährig war und zu selbständigem Handeln befähigt." (Bumke 1992, S. 318). Entsprechend heißt es: *sus wart her Gwîgâlois ze man* (v. 1658). Der Termin für arthurische Feste ist seit Friedrich Barbarossas realem Mainzer Hoffest von 1184, dessen Prachtentfaltung die Dichter mindestens vom Hörensagen kannten, traditionell Pfingsten (vgl. Bumke 1992, S. 282; Felder 2006, S. 50). Das Hochfest sakralisierte so das Hoffest. Auch Gwigalois gürtet sich nach verklungener Messe mit dem Segen der Priester (v. 1645–1648). Sein Einsitzen in die Runde der besten Ritter erfolgt dann aber in durchaus säkularer Atmosphäre (v. 1670–1673). Rund war der Tisch, um die Gleichrangigkeit der Artusritter auch durch die Sitzordnung zu gewährleisten (vgl. Heinrich von Freiberg, ‚Tristan' v. 1340–1348).

Um die *grôziu âventiure* (v. 1762) angreifen zu dürfen, bedient sich Gwigalois gegenüber dem König einer Blanko-Bitte: Artus solle ihm eingedenk seiner sprichwörtlichen *milte* (v. 1786) gewähren, was immer er wünsche. Das Motiv, das eine lange Tradition in der Antike kennt, ist im arthurischen Roman häufiger anzutreffen. Im ‚Erec' ist es die Ursache von *Joie de la curt* (v. 9486–9561), im ‚Iwein' gefährdet (vgl. v. 2913–2925) und rettet es die gescheiterte Ehe (v. 8055–8096) (vgl. Seelbach 2007). Indem Gwigalois an die königliche *milte* gegenüber all denen, die etwas *ze rehte suochent* (v. 1779), appelliert, bewahrt Wirnt Bittenden und Gebetenen vor einer möglichen Entgrenzung des Geschehens, wie sie die konsternierte Hofgesellschaft offenbar fürchtet (v. 1787–1790). Artus kann *prudenter* gewähren, *daz mînem namen rehte stê / und mir niht an mîn êre gê* (v. 1793 f.). Wieder übertrumpft Wirnt Hartmann. Sein König wird nichts Unziemliches gefragt, und sein König muss auch nicht die eigene Gattin herausgeben (vgl. ‚Iwein' v. 4526–4592)!

3. Wirnt hat Kindheit und Jugend seines Helden aus einer größeren Zahl von Prätexten geliehen. In der Erziehung desjenigen, der alle Vorgänger übertreffen soll, überlässt er nichts dem Zufall. Eine entzauberte Feenmutter führt den Knaben, assistiert vom Personal eines durch und durch höfischen Joram-Reichs, sukzessive seiner Bestimmung als Ritter zu. Bedenkt man, wie sich der unbeholfene Waldbube

Parzival auf den Weg machte, sind die fast zwanzig Jahre, die in Gwigalois' Ausbildung investiert wurden, gut angelegt. Hatte Wolfram Parzival auf einen langen Irrweg geschickt, auf dem er langsam zu sich selbst finden sollte, ist Gwigalois in dem Moment, als er den Artushof erreicht, dort auch angekommen. Dass er sich auf den Tugendstein setzen kann, ist „eine Symbolszene von strahlender Selbstverständlichkeit" (Grubmüller 1985, S. 225). Ein „erstaunlicher Vorgriff auf die personale Entwicklung" (Cormeau 1977, S. 51) wäre es nur dann, würde man – schemagemäß – im Folgenden mit der narrativen Entfaltung einer „personalen Entwicklung" konfrontiert. Konfligieren Wirnts Interessen, indem er einerseits den vollkommenen Ritter zeigen will und ihn anderseits in die arthurische Bewährungsschleife schicken muss?

Wirnt verfolgt das Motiv der Vatersuche nicht weiter. Das ist durchaus konsequent (vgl. auch Ringeler 2000, S. 207 f.). Gwigalois wird aufgenommen in den Kreis der Besten. Damit verfügt er bereits über die Identität seiner Wahl, die mit seiner Bestimmung zusammenfällt. Dass er den Ritter, dem er am Artushof zur Vervollkommnung seiner Ausbildung anvertraut wird, nicht als seinen Vater erkennt, ist daher nicht tragisch, sondern ganz folgerichtig. Wirnt kann sich später sogar erlauben, Gwigalois' Nicht-Erkennen des Mannes, der ein tapferer Ritter ist (v. 1275–1277), Gawein heißt (v. 1305) und den zu finden er ausgeritten war (v. 1302), mit der Häufigkeit dieses Namens, einer wahrlich „mehr als fadenscheinige[n] Begründung" (Cormeau 1977, S. 27), abzutun. Der ungewisse Vater ist unwichtig geworden. Durch die Tugendsteinprobe hat Wirnt die Hierarchie vorab geklärt. Sie erforderte eine Korrektur der Prätexte.

Indem der Erzähler erklärt, allein König Artus sei in der Lage, auf dem Tugendstein Platz zu nehmen, widerspricht er dem ‚Lanzelet', wo dies für Gawein und Ginover reklamiert worden war. Das Abweichen vom Prätext ist umso auffälliger, als der Erzähler Gaweins gedenkt mit dem Hinweis, er habe den Stein lediglich *mit der hant, und niht baz* (v. 1507) berühren können. Das ist eine beträchtliche Herabsetzung des Musterritters, doch ihre Begründung scheint ihn weit mehr noch als der Meineid und die Lüge gegenüber Florie zu diffamieren. Gawein habe sich an einer Jungfrau vergangen, *die greif er über ir willen an, / sô daz sie weinde unde schrê* (v. 1512 f.). Der Erzähler will das Unerhörte *ofte vernomen* haben, er bemüht also die Fama – betreibt er aus darstellerischen Gründen üble Nachrede? Die arthurische Überlieferung, die Vergewaltigung sonst durchaus zum Thema erheben kann, schweigt sich über Gawein aus. Nur einmal kommt der Musterritter ins Gerede, als er im ‚Parzival' mit Antikonie in flagranti ertappt wird und der Störenfried den Vorwurf der Notzucht – allerdings gegen das Vorwissen des Publikums und sogar den Augenschein – erhebt (‚Parzival' 406, 21 ff.). Spielt der ‚Wigalois' auf diese Szene an? (Daiber 1999, S. 153 f.; dagegen Wennerhold 2005, S. 91 Anm. 124).

Es scheint jedenfalls, als mache sich der Erzähler im ‚Wigalois' eine arthurische Unentschlossenheit hinsichtlich des Strafmaßes zu Nutze. Im ‚Parzival' wird Fürst Urjans zunächst zum Tod durch den Strang verurteilt, auf Intervention der Königin wird die für einen Adligen inadäquate Strafe in eine spiegelnde Strafe umgewandelt: Der Vergewaltiger muss vier Wochen lang als Hund mit den Hunden aus einem Trog essen (‚Parzival' 528, 27–29). König Meljakanz hingegen, unmissverständlich als notorischer Notzüchtiger eingeführt (‚Parzival' 343, 27–30), geht – gegen das Votum des Erzählers, der die Todesstrafe fordert – straffrei aus und bleibt ein „geachtetes Mitglied der höfischen Gesellschaft" (Bumke 1983, S. 35; Bumke 1992, S. 564). Vor dem Hintergrund eines solchen Spektrums, das mit den klaren Bestimmungen der zeitgenössischen Rechtsprechung wohl nicht korrelliert werden darf, kann der Erzähler Gaweins Vergewaltigung mehr oder weniger als Kavaliersdelikt abtun. Von allen Rittern bei Hof ist Gwigalois' Vater noch immer der tugendhafteste.

📖 Cormeau 1977, S. 26 f., 51–54; Joachim Bumke: Liebe und Ehebruch in der höfischen Gesellschaft, in: Liebe als Literatur, hg. von Rüdger Krohn. München 1983, S. 25–45; Fuchs 1997, S. 113–122; Daiber 1999, S. 145–155; Eming 1999, S. 156–162; Ringeler 2000, S. 204–208; Wennerhold 2005, S. 90–92; Seelbach/Seelbach, S. 266; Stange 2006; Wüstemann 2006, S. 35–40.

4.3 Die erste Aventiurereihe

(v. 1884–3972; Seelbach/Seelbach: 6.–11.)

1. Obwohl der Zwerg meint, Gwigalois könne ihnen womöglich noch nützlich sein, bebt die Jungfrau vor Zorn. Man habe ihr Gawein genannt, der sich ihnen auch angeschlossen hätte, hätte sich der andere

nicht vorgedrängt. Schweigend reitet sie neben dem jungen Ritter, der die Reise durch das Erzählen von *mæren* (v. 1924) kurzweilig gestalten möchte. Die Suche nach der ersten Unterkunft gestaltet sich schwierig. Ein Burgherr will nur dem Herberge bieten, der ihn im Zweikampf besiegt. Nach kurzem Stechen mit Gwigalois fällt der Burgherr tot in den Staub. Die Reisenden müssen nun am Waldesrand ihr Lager aufschlagen (v. 2023–2026). Als die Klageschreie einer Frau hörbar werden, bittet Gwigalois um Erlaubnis, helfen zu dürfen. Er befreit eine Jungfrau aus der Gewalt zweier Riesen, die sie vor Karidol entführt hatten, und sendet sie mitsamt dem überlebenden Riesen zurück an den Artushof (v. 2175–2180). Gleichwohl blickt Nereja weiterhin missbilligend auf ihren Begleiter, und das ändert sich auch nicht, als Gwigalois ihr ein schönes Hündchen schenkt (v. 2219 f.). Kurz darauf schon muss er dessen Besitzer mit der Lanze durchbohren (v. 2307–2309). Auf der Weiterreise begegnen sie einer allein reitenden Jungfrau, Königin Elamie zu Tyrus, die über den Verlust ihres Schönheitspreises und ihres Gatten klagt, die ihr ein Roter Ritter gewaltsam genommen habe. Gwigalois sichert zu, ihr zumindest die verlorenen Güter (Pferd, Papagei und Zwerg) wieder zu beschaffen. Noch lagert die Gesellschaft, die Elamie verlassen hatte, am selben Ort. Gwigalois wird von einer persischen Prinzessin, der Cousine Elamies, freundlich aufgenommen und gepflegt. Dann fordert er den Roten Ritter Hojir von Mannesvelt, den er in harten Waffengängen mit Lanze und Schwert schließlich besiegen und an den Artushof entsenden kann. Nach dieser ersten ritterlichen Waffenhandlung nennt sich der Bezwinger Hojirs der „Ritter mit dem Rad“ (v. 3103). Elamies Angebot, sie als ihr Ritter in ihr Land zu begleiten, muss Gwigalois ausschlagen, was ihm den Zorn der Dame einbringt. Noch immer zweifelt freilich Nereja an Gwigalois’ Qualitäten als Befreier ihres Landes. Der muss sich erneut beweisen, als sie auf das Zelt des Ritters Schaffilun (als *künec* apostrophiert in v. 9095 f.) stoßen, der seit zehn Jahren (v. 3402) die Befreiung des Landes ins Werk zu setzen sucht. Gwigalois scheint ihm für diese Aufgabe ungeeignet. Es kommt zum Zweikampf, und auch Schaffilun, den sein Ungestüm zu spät reut, wird von einer Lanze durchbohrt. Nachdem er sie für das Seelenheil des Verstorbenen hat alle Maßnahmen treffen lassen, sendet Gwigalois dessen verwaiste Knappen an den Artushof. Der Kampfausgang bewirkt eine Änderung in Nerejas Gesinnung. Jetzt, vor der Landesgrenze Korntins stehend, erkennt sie in ihrem Begleiter einen außerordentlich tapferen Ritter, dem es zu Recht vergönnt sei, *der werlte lop* (v. 3623) zu erringen. Endlich vermag sie Gwigalois die genaue Beschaffenheit der anstehenden Aventiure, die sie am Artushof allenfalls angedeutet hatte, zu erläutern. Das Land Korntin hält ein heidnischer Usurpator, Roaz von Glois, besetzt (v. 3653). Der heuchlerische Heide, einst Dienstmann des Königs von Korntin, hat einen Pakt mit dem Teufel geschlossen, der seine Sache bereitwillig fördert. Nach einem blutigen Putsch, bei dem der Landesherr und all sein Gefolge ihr Leben ließen (v. 3732), drängte er dessen Tochter, die schönste Frau der Welt (v. 3640 f.), in die uneinnehmbare Felsenburg Roimunt oder *Künigesberc* (v. 3755–3757) an der Landesgrenze. Nur derjenige, der das Land von Roaz befreie, werde ihre Hand erhalten. Das freilich haben schon viele erfolglos versucht. Alle sind sie einem vor Roimunt auf und ab streichenden Leoparden gefolgt, der auf seinem gehörnten Haupt eine Krone trägt. Ihm müsse auch Gwigalois nachreiten, wolle er die *âventiure* (v. 3843) von Korntin erreichen (v. 3883). Zunächst gilt es aber, den auf der Heide vor Roimunt lauernden Truchsess, in Nerejas Urteil *der tiurste man / der rîters namen ie gewan* (v. 3921 f.), aus dem Sattel zu heben, was umgehend erfolgt. Gwigalois, der Truchsess, Nereja und der Zwerg reiten in Roimunt ein.

2. Die Motive der ersten Aventiurereihe finden mehrheitlich ihre Entsprechungen im ‚Bel Inconnu'. Übereinstimmungen und Differenzen in Abfolge und Details haben Saran, Mennung und Cormeau herausgearbeitet. Wichtigster Unterschied ist wohl, dass die Episode vom Gastgeber (Lampars), der nur beherbergt, wer ihn im Kampf bezwingt, im ‚Bel Inconnu' am Schluss der Aventiurereihe steht. Eröffnet wird die Aventiurekette durch den Kampf des Schönen Unbekannten mit Blioblieris am Gué perilleus, die im ‚Wigalois' ebenso entfällt wie die spätere Rache der drei Gefährten des Blioblieris. Zwischen beiden ist die Befreiung der Jungfrau Clarie, einer Schwester Saigremors, aus der Gewalt zweier Riesen, eingeschoben. Es folgt nun die Hündchen-Episode, die im ‚Bel Inconnu' dargestellt ist als Auseinandersetzung zwischen der Botin Helie und dem Besitzer Orguillous de la Lande. Helie nimmt das Hündchen aus Gefallen an sich und will es auch nach der Aufforderung durch den Besitzer und den Schönen Unbekannten nicht zurückgeben (v. 1333–1362). Erst jetzt verteidigt der Schöne Unbekannte ihren Anspruch mit Waffengewalt. Der

Kampf endet damit, dass der unterlegene Hundebesitzer als Gefangener an den Artushof geschickt wird. Im ‚Bel Inconnu' schließt sich direkt die Episode von Fräulein Margeries geraubtem Schönheitspreis, einem Sperber, an, den der Schöne Unbekannte dem Burgbesitzer Girflet, der ihn für seine Geliebte an sich gebracht hatte, im Kampf abringen muss.[5] Nun stellt sich heraus, dass die in Schottland erzogene Margerie eine Cousine Helies ist, die ihr daraufhin zum Abschied das Hündchen des Orguillous schenkt. Mit der Zäsur, die der Erzähler des ‚Bel Inconnu' nun markiert, enden auch die Entsprechungen zum ‚Wigalois'.

Parallelepisoden (vgl. Cormeau 1977, S. 249 f.)
‚*Wigalois*' – ‚Bel Inconnu'

2.1.0	II	Hilfeersuche Helies und widerwillige Annahme der Begleitung *Hilfeersuche Nerejas und widerwillige Annahme der Begleitung*
2.1.1	II.6	Kampf mit Lampars, der nur beherbergt, wer ihn besiegt *Kampf mit dem Burgherren, der nur beherbergt, wer ihn besiegt*
–	II.1	Kampf mit Blioblieris am Gué perilleus
2.1.2	II.2	Kampf mit den Riesen und Befreiung Claries *Kampf mit den Riesen und Befreiung der namenlosen Jungfrau*
–	II.3	Kampf mit den drei Gefährten des Blioblieris
2.1.3	II.4	Kampf mit Orguillous um das schöne Hündchen *Kampf um das schöne Hündchen*
2.1.4	II.5	Kampf mit Girflet um den Schönheitspreis Margeries *Kampf mit dem Roten Ritter um den Schönheitspreis Elamies*
2.1.5	–	*Kampf mit Schaffilun*
2.1.6	–	*Kampf mit dem Truchsess von Roimunt*

3. Die Episoden, die Gwigalois auf dem Weg zu seinem (noch unbekannten) Zielort erlebt, sind auf der Handlungsebene nicht miteinander verknüpft. Die beteiligten Figuren wissen in der Regel nichts von einander, ihre Schicksale wirken isoliert „wie Perlen auf einer Schnur" (Lugowski). Die Handlung ist in dem Moment, in dem Gwigalois in sie involviert wird, bereits in Gang gesetzt. Gwigalois lernt die Maßstäbe, nach denen die Figuren handeln, in der Konfrontation mit

[5] Das in den Romanen des 13. und 14. Jahrhunderts beliebte Motiv vom Sperber als Preis der schönsten Frau stammt aus Chrétiens ‚Erec', wo Erec den Preis für Enide erringt.

ihnen kennen. Man könnte also erwarten, dass er sich vor allem im Konfliktmanagement zu bewähren habe. Das aber setzte voraus, dass der als vollkommen eingeführte Held die erste Aventiurekette gleichsam als Abschluss einer Ausbildung – sei es in bloßer Anwendung der Theorie, sei es in ihrer Modifizierung – nutzte. Es fände dann, und sei es in Nuancierungen, eine für das Publikum nachvollziehbare Entwicklung des Helden statt. Mit einem solchen Modell konfligierte allerdings das vom ‚Bel Inconnu' vorgelegte, auf ein Ziel ausgerichtete Schema vom Tüchtigkeitsnachweis vor der zweifelnden Botin. Hier gälte es vor allem, die dem Publikum längst bekannten Tugenden des Helden schrittweise offen zu legen. Was Nereja als Bewährungsgang wahrnähme, wäre für Gwigalois (und das Publikum) nur ein Schaulaufen. Deutlicher hätte Wirnt seinen Helden von den – immer auch sich selbst – suchenden Artusrittern kaum abgrenzen können. Seine Gestaltung der ersten Aventiurekette warf daher die Frage auf, inwiefern Wirnt bereits hier das Modell hartmannscher Prägung zu relativieren beabsichtigte. Entsprechend der Bedeutungsaufladung, die aus der Überblendung der konfligierenden Schemata zu resultieren scheint, gingen die Urteile darüber auseinander.

Bereits die erste Episode, der Kampf mit dem Burgherren, endet nicht den Zielsetzungen der Reisenden gemäß. Gwigalois ersticht den vermeintlichen Gastgeber. Nereja, die durch ihren Wunsch und Hinweis das Abenteuer in die Wege geleitet hatte, tadelt ihn daraufhin eher halbherzig (v. 2008 f.). Der Erzähler freilich nimmt ihn mit großer Geste in Schutz: Die Tötung habe ganz und gar nicht seiner Absicht entsprochen (v. 1999). Was er nicht kommentiert, liegt indes auf der Hand. Das hier ersonnene Szenario ist weniger eines Burgherren als eines Wegelagerers würdig. Das Gastrecht wäre schon kaum an einen bloß der Ertüchtigung dienenden Waffengang zu binden; vollends unritterlich sind Plünderung und Abweisung der Unterlegenen. Gwigalois wollte nicht töten. Allenfalls hätte er als Artusritter mehr als ein Dach über dem Kopf – die dauerhafte Unschädlichmachung eines Halunken nämlich – erstreben können. Ganz abwegig erscheinen vor diesem Hintergrund die Attacken, die die Forschung gelegentlich gegen einen hier „ganz und gar nicht vorbildlich" handelnden, ergo keineswegs „perfekten" Gwigalois zu reiten sich mausert (etwa Eming 1999, S. 168 f.). Als die Reisegruppe abzieht, zeigt Gwigalois, dass er keineswegs von *unmâze* im Bereich der Tapferkeit („fortitudo") besessen ist (so Gottzmann 1979, S. 101) und verzichtet auf ein *strîten* mit des Ritters Gefolge (v. 2013).

Die Umsetzung der Episode vom Schluss der Aventiurekette an den Anfang dürfte „kein Zufall“ gewesen sein (Fuchs 1997, S. 126). In der absichtslosen Tötung des Gastgebers könnte ein an den Prätexten geschultes Publikum das Motiv der missglückten Bewährung im ersten ritterlichen Zweikampf, wie sie auch Parzival im Kampf mit Ither und Iwein im Kampf mit Askalon erlebten (vgl. Fuchs 1997, S. 126), erkannt haben. Die Abhängigkeit von der überlieferten Gestalt des ‚Bel Inconnu‘ vorausgesetzt, näherte Wirnt den Stoff hier einem seinen Hörern vertrauten Muster an – um das Zitat im selben Zuge als bloße Formel preiszugeben. Der weitere Verlauf wird zeigen, dass Gwigalois sein Konfliktverhalten nicht überdenken wird.

Hatte er den Burgherren auf Nerejas Provokationen hin attackiert, ist die Befreiung einer aus Karidol entführten Jungfrau aus der Umklammerung zweier Riesen sein erstes in Eigenverantwortung durchgeführtes Abenteuer. Der Konflikt mit den Unhöfischen lässt ihn zu eben den Mitteln greifen, die bereits beim Burgherren Erfolg zeitigten. Ist der erste Riese sofort durchbohrt, dauert der Schwertkampf mit dem zweiten – wie in der Heldendichtung – bis in die Morgenstunden. Eher nebenher etabliert Gwigalois, der die befreite Jungfrau in Begleitung des überwundenen Riesen an den Artushof zurückschickt, die Idee des arthurischen „Belegexemplars“. Von nun an verfolgt der Artushof sein Treiben aus der Ferne als maßgebliche „beurteilende Instanz“ (Fuchs 1997, S. 127) – nicht neben Nereja, sondern, da es sich um ritterliche Taten handelt, zur Korrektur ihres schroffen Urteils.

Um die Botin geneigt zu stimmen, schenkt ihr Gwigalois das im Wald zugelaufene Hündchen. Wirnt motiviert die Episode also aus der Beziehung des Helden zu seiner unmittelbaren Kontrollinstanz. Damit scheint er die arthurische Norm, an der gemessen Gwigalois anders hätte handeln müssen, vorübergehend zu suspendieren. Träfe diese in der Forschung verbreitete Einschätzung zu, wäre der Hundediebstahl „in moralischer Hinsicht ein Adiaphoron“ (Kaiser 1975, S. 413). Es läge so etwas wie „isolierendes Erzählen“ (Lugowski) vor, bei dem éin Aspekt ganz in den Vordergrund tritt: der Besitzer des *bräkelîn* stört Gwigalois gleichsam in dessen Bemühen um Nereja, also schaltet der ihn gewaltsam aus. Dennoch ist nicht zu übersehen, dass Wirnt sich – zumindest vordergründig – um handlungslegitimierende Maßstäbe bemüht. Dass Gwigalois den Besitzer rundheraus der Lüge zeihen kann (v. 2261), ergibt sich für ihn aus der Diskrepanz zwischen dem Anspruch seines Gegenübers auf einen höfischen Status (Pferd, Jagdkostüm, Hundebesitz) und einem Verhalten, das er als nicht situationsadäquat erachtet. Der *michel man* (v. 2226), der den Knüppel (v. 2236) der Unhöfischen mit sich führt – Wehrli nennt ihn „eine Art Waldritter" (1969, S. 235) –, vergreife sich nicht nur im Ton (v. 2256; 2263; 2267), er setze auch die falschen Prioritäten. Ehre und Leben dürfe niemand, dessen Dasein unter dem Schutz des Höchsten stehe, um dergleichen Bagatellen aufs Spiel setzen. Was er ansonsten *mit minnen* (v. 2263) fordere, sei ihm gewährt. Indem er den kraushaarigen Hünen sich *mit zorne* (v. 2268) unverzüglich zum Kampf abwenden lässt, hat Wirnt das Mögliche getan, Gwigalois ins Recht zu setzen und seinen gottfernen Gegner zu desavouieren. Die Behandlung seines Leichnams passt ins Bild. In Ermangelung einer Kapelle, wo man ihn hätte aufbahren können, bleibt der Tote *ûf dem velde* (v. 2316) liegen. Dass Gwigalois das Pferd des Erstochenen an einen Busch bindet, um die Besitzverhältnisse zu demonstrieren (vgl. Gottzmann 1979, S. 102), scheint Wirnt für einen guten Einfall gehalten zu haben.[6] Dem Erzähler gereicht er zum Ausgangspunkt für einen Exkurs über Leichenfledderei; dem Pferd wird er zu einem elenden Ende gereicht haben. Andere Erzähler wussten es besser (vgl. ‚Eckenlied' Str. 66, 1).

Der sich anschließende Konflikt findet als erster exklusiv zwischen Vertretern einer höfischen Gesellschaft statt. Ein König lobt einen Schönheitspreis aus, eine Königin gewinnt ihn, ein höfischer Ritter reißt ihn vor den Augen der Hofgesellschaft gewaltsam an sich und übergibt ihn seiner höfischen Geliebten. Gwigalois vertraut angesichts der delikaten Konstellation zunächst darauf, das entwendete Pferd *mit minnen* (v. 2605), also auf diplomatischem Wege, zurück zu gewinnen. Im Zeltlager der Hofgesellschaft versucht er, sich einen Überblick zu verschaffen (v. 2660–2667). Graf Hojir, der Rote Ritter, hält sich kaum abseits von der Gesellschaft. Gwigalois sucht ihn daher erst in

[6] Er wird auf diese Praktik anlässlich des ebenfalls *ûf dem velde* liegenden Amire zurückkommen: v. 9951 f.

seinem Zelt auf, nachdem er gereinigt und neu eingekleidet worden ist. Dort lagert der Ritter entspannt auf einer prächtigen Decke, das rotgelockte Haupt im Schoß der Geliebten.[7] Die anschließende Konversation berücksichtigt den Comment, so gut das bei der Streitsache möglich ist. Gwigalois macht für den Fall einer gütlichen Konfliktbeilegung ebenso weitreichende wie nichtssagende Versprechungen, Hojir nimmt dem Jüngeren gegenüber die Rolle des erfahrenen Kämpen ein und antwortet sententiös, in der Sache jedoch ablehnend. Der Zweikampf soll vor versammelter Hofgesellschaft am nächsten Morgen nach dem Gottesdienst stattfinden. Er wird erbittert geführt, ein Gebet der Königin Elamie bewirkt den Umschwung zu Gwigalois' Gunsten: als er es hört, schlägt er fester drein. Hojir verhält sich auch in der Niederlage ehrenvoll und versichert, mit seiner Geliebten an den Artushof zu ziehen.

Der schemagerecht gelöste innerhöfische Konflikt korrespondiert offensichtlich mit dem ähnlich gelagerten Hündchendiebstahl. Überdeutlich ist die äußere Verbindung, indem das entwendete Pferd eben jene Eigentümlichkeiten – verschiedenfarbige Ohren – aufweist, die bereits das Hündchen kennzeichneten. Es wäre aber wohl falsch, sich von den vertauschten Rollen irritieren zu lassen. Recht und Unrecht werden erst im Verlauf des Konflikts anhand des Verhaltens der Konfliktparteien manifest. Gwigalois deutet wiederholt an, dass der Streitwert von Hündchen, Papagei und Pferd unterhalb dessen liege, wofür es sich zu kämpfen lohne. *Mit minnen* lasse sich über gewaltfreie Lösungen verhandeln. Dabei fällt ihm die Konstellation freilich gleich doppelt in den Rücken. Der Erzähler versichert, dass Gwigalois froh gewesen sei über Hojirs Weigerung, da ihm das die Möglichkeit zum Kämpfen gab (v. 2833–2836). Und *mit minnen* ließ sich bisher auch die skeptische Botin nicht von Gwigalois' Tauglichkeit als Befreier überzeugen.

Gwigalois weiß nicht viel über die klagende Jungfrau (zuerst: v. 2356). Ihre prächtige Ausstattung lässt vornehme Abkunft erschließen – sogar der Erzähler, der es eigentlich wissen müsste, urteilt in diese Richtung (v. 2475–2477). Für Gwigalois ist es unmaßgeblich,

[7] Man darf hier durchaus an die Miniatur Nr. 80 zu Konrad von Altstetten in der Manessischen Liederhandschrift denken.

dass er auch ihren Namen nicht kennen lernen wird. (Erst viel später wird sich dem Publikum Name, Herkunft und Rang erschließen.) Einstweilen schiebt Wirnt das Kräftemessen mit dem Roten Ritter in den Vordergrund. Er entledigt sich durch diese Vorgehensweise eines Konfliktes ganz anderer Natur, der freilich der Streitsache inhärent ist: Elamie, Königin von Tyrus (v. 9184), ist die Tochter des Königs von Persien, und sie vermag – soviel erfährt Gwigalois immerhin – in einem vom König von Irland ausgerufenen *contest* zu bestehen. Wenn Graf Hojir den Preis für die eigene Dame reserviert sehen will, belehrt er seinen Kontrahenten damit indirekt über die innere Logik des Konflikts. Allen scheint klar zu sein, was der junge Ritter übersehen muss: Der Schönheitspreis gehört der schönsten Frau und die schönste Frau demjenigen, der ihr den Schönheitspreis erkämpft. Es ist ein ganz archaischer Mechanismus, der die Besitzverhältnisse klärt. Indem Gwigalois allein ein Diebstahl-Delikt zu ahnden meint, missversteht er die Lage gründlich und versündigt sich damit an der Königin von Tyrus.

Die kann es zunächst gar nicht glauben, dass ihr Ritter nach bestandenem Kampf und Rückerstattung der Gaben weiterreiten möchte, und nachdem sie sich ausgeweint hat (v. 3177), setzt sie ihm entschlossen nach. Wirnt bemüht sich, den eben noch gültigen Mechanismus in der folgenden Szene etwas herunter zu spielen. Er lässt Elamie – schlimm genug – um Gwigalois' Begleitung *vil verre* (v. 3203) bitten! Nachdem der Umworbene den Antrag der Königin von Tyrus endgültig abgelehnt hat, ist der Schönheitspreis für Elamie wertlos geworden (vgl. Gottzmann 1979, S. 103). Noch einmal ruft die enttäuschte Dame die Logik des Preises auf, indem sie ihn nicht zur bloßen *gâbe* (v. 3239) herabgewürdigt sehen will. Seinen *gewin* müsse Gwigalois *von rehte* (v. 3246), also von Rechts wegen, seiner *vriundin* (v. 3247) geben. Für einen solchen Ratschlag ist es unmaßgeblich, ob Gwigalois überhaupt eine Freundin hat – geschweige denn, ob sie die Schönste ist. Indem Gwigalois das Pferd daraufhin Nereja übereignet (v. 3259), beweist er ein letztes Mal seine Unbelehrbarkeit.

Im Zweikampf mit Schaffilun verteidigt Gwigalois keine gestörte Ordnung: Er rächt niemanden, und er leistet auch niemandem Beistand. Hier – im keineswegs „letzten Kampf der ersten Aventiurereihe“ (Fuchs 1997, S. 132) – geht es um nicht weniger als das Vorrecht, Korntin befreien zu dürfen. Er ist nicht „nur“ „Bestätigungskampf" (Heinzle 1973, S. 265), weil er einer höheren Sinngebung ermangelte (vgl. Fuchs 1997, S. 132 f.). Dadurch, dass Nereja ihren Ritter im Anschluss an den Sieg erstmals als Befreier akzeptiert und in sein weiteres Geschick einweiht, wird er für Gwigalois zu einer Art Schwellenerlebnis. Die gestellte Aufgabe erweist sich dabei als keineswegs monumentaler als die anderen. Der Kampf mit dem Roten Ritter etwa bedeutete physisch eine größere Strapaze. Auch ist Schaffilun nicht von einer höfischen Gesinnung, die jene Hojirs überträfe. Dass der Kontrahent stirbt, ist unvermeidlich; dass seine Leute ihn betrauern und dem Sieger nur unwillig folgen, ist nachvollziehbar; dass man gemeinsam beschließt, den Toten christlich zu bestatten, liefert keinen Nachweis außerordentlicher Frömmigkeit.[8] Dass der Kampf überhaupt etwas „bestätigt", weiß nur Nereja, die allein die Stellung der Aventiure im Reiseverlauf nach Roimunt kennt.

Wirnt hat Schaffilun, „eine marginale Figur par excellence" (Fuchs 1997, S. 133), als höfische Erscheinung nicht opfern können. Brennt er zunächst auf den Zweikampf auf Leben und Tod, reut es ihn dann, quasi im Anreiten, *durch sîn êre* (v. 3509) nicht mehr vom Kampf mit dem Überlegenen zurücktreten zu können (vgl. Eming 1996, S. 96 f.). Die Figur beurteilt also den die Situation beherrschenden Konflikt zutreffend und gewinnt durch ihre Fähigkeit, eine Alternative zu denken, zumindest für ein aufgeklärtes Publikum an Tiefe. Soll damit zugleich die Überlegenheit desjenigen, der „handelt und nicht denkt" (Eming 1996, S. 97), aufgezeigt werden? Es ist doch eher ein Problem des Erkennens, des rechten Einschätzens, das mit Schaffiluns Todesahnung eben noch rechtzeitig kommt, um die Figur nicht vollends preiszugeben. Indem Schaffilun erkennt, dass er durch Gwigalois' Hand wird sterben müssen (v. 3513–3516), rettet ihn Wirnts Erzähler, der den Kampfausgang ja bereits vorausgesagt hatte (vgl. Gerz 1930, S. 78; Cormeau 1977, S. 61).

Der die erste Aventiurereihe abschließende Zweikampf mit dem Truchsess von Roimunt fällt nach der Bedeutung, die dem Kontrahenten zukommt, wie nach der Intensität, mit der er geführt wird, nochmals hinter die Schaffilun-Episode zurück. Das ist erstaunlich,

[8] Auch der Hündchenbesitzer wäre unter günstigeren Bedingungen beigesetzt worden; vgl. v. 2315 f.

insofern Nereja den Gegner mit denselben rühmenden Epitheta bedenkt (v. 3920–3931), mit denen sie auch andere Kontrahenten vor Gwigalois aufgebaut hatte. Die Forschung übergeht den Truchsess-Kampf denn auch mitunter gerade so, als gehöre er, auf dem Terrain Roimunts angesiedelt, nicht mehr zur ersten und noch nicht zur zweiten Aventiurereihe (vgl. etwa Heinzle 1973, S. 263 Anm. 12; Fuchs 1997, S. 134 ff.). Gwigalois scheint in dieser Tjost im erzählerischen Niemandsland die bevorstehende Aufgabe vergessen zu haben: da er *nâch rîterschefte* (v. 3935) ausgefahren sei, könne er vom Kampf nicht abstehen. Doch dem Truchsess genügt, als er Nereja gewahrt, das ehrenvolle Unentschieden am Ende der kurzen Kraftprobe. Ein neuerlicher „Bestätigungskampf", aber nun für die Bewohner Roimunts, die unabhängig vom Kampfausgang erkennen, dass Nereja endlich ins Land bringt, *dar nâch si ûz was gesant* (v. 3972).

Die Forschung hat sich in ihren Analysen der ersten Aventiurereihe vor allem auf zwei Fragezusammenhänge konzentriert:

A. Inwieweit ist der Aventiureweg in sich stimmig aufgebaut? Liegt eine qualitative oder quantitative Steigerung vor? Gibt es die Episoden verklammernde Leitthemen?

B. Welche Funktion haben die einzelnen Stationen für die Identität des Protagonisten? Kann man von einem Lern- bzw. Entwicklungsprozess ausgehen? Finden sich schließlich im weiteren Verlauf „Resultate" dieses Prozesses?

Beide Fragezusammenhänge stehen erkennbar im Schatten des bereits angesprochenen Problems, inwieweit Wirnt das arthurische Schema aufgreift oder abstreift. Insbesondere der erste Fragezusammenhang wies auf die Schwierigkeit eines der Erzählwelt angemessenen Maßstabs hin. An Franz Sarans köstlichem Diktum: „ob ein Ritter erst mit einem Drachen, dann mit einem Riesen, schließlich mit einem Zwerge kämpft oder umgekehrt, ist ganz gleich" (Saran 1896, S. 290) rieben sich denn auch Generationen auf, ohne es letzten Endes aus der Welt schaffen zu können.

A. Die erste Aventiurereihe ist insofern stimmig aufgebaut, als sie Gwigalois nach einer Reihe von Bewährungsproben unversehrt in Roimunt einreiten lässt. Aus der Perspektive Nerejas ist mit dem Schaffilun-Zweikampf der Tauglichkeitsnachweis erbracht. Freilich hätte der inkarnierte Tüchtigkeits-Maßstab Schaffilun seinem Gegenüber kein anderes Zeugnis ausgestellt. Für die Urteilenden ist also nicht der Weg das Ziel, sondern das Erreichen des Ziels. Einen kumulativen Nachweis kennt auch Gwigalois nicht: *rîterschefte* (v. 3935) heißt für ihn, immer das nächste sich bietende Hindernis aus dem Wege zu räumen. Damit scheidet die Figurenperspektive, soweit sie uns der Erzähler offenlegt, für eine subtilere Strukturierung des Aventiureweges aus.

Allerdings ist auch der kommentierende Erzähler nur insofern auf eine Dramaturgie des Weges bedacht, als er Gwigalois den Ausgang des ersten Kampfes bereuen lässt (v. 1999–2002) – eines Kampfes, der bis auf die Reue exakt so verläuft wie die späteren Stechen mit dem Hundebesitzer oder mit Schaffilun. Wirnt hat sich hier wohl in der Tat bemüht, einen Misserfolg schemagerecht an den Anfang zu stellen, aber es gelingt ihm nicht, die Tat zur Untat zu erheben. Im Gegenteil: Mit der initialen Tötung des Burgherren bestraft Gwigalois nolens volens einen Wegelagerer; der Kampf um das Hündchen hätte die Kette ebenso eröffnen können wie die Bezwingung der unhöfischen Riesen. Wenn es also eine Struktur der ersten Reihe gibt, dann wird sie durch eine inhaltliche Zäsur nach dem Hündchenkampf begründet: Auf die unhöfischen Gegner folgen mit Hojir, Schaffilun und dem Truchsess höfische. Dass es sich hier um Kämpfe „von sich steigernder Gefährlichkeit" (Wennerhold 2005, S. 92) handelte, ist nicht zu erkennen. Auch im Verhalten des Protagonisten ändert sich nichts. Die Zweiteilung ist erzählstrategisch dysfunktional.

Verschiedentlich ist darauf hingewiesen worden, dass Wirnt die Einzelepisoden über bestimmte Motive oder Themen miteinander verklammere. Die Beobachtungen zu korrespondierenden Details – etwa den ähnlichen Hund- und Pferdeohren (vgl. Seelbach / Seelbach, S. 293) – treffen im Einzelnen sicher zu. Auch auf der Ebene von Motivbausteinen kann man intratextuelle Verbindungen konstatieren, wie das etwa Fuchs für den Schaffilun-Zweikampf feststellte (Fuchs 1997, S. 133). Dabei handelt es sich freilich um schemagerechte Übereinstimmungen, die auch mit anderen Episoden bestehen (Überstellung von Gefangenen an den Artushof) oder keinen Verweischarakter besitzen (angeordnete vs. ausgebliebene Beerdigung), mit deren Wiederaufnahme Wirnt jedenfalls wenig zur inneren Dynamisierung des Aventiurewegs beiträgt.

Ähnliches war bereits oben auch für die intertextuellen Verweise festzustellen: Schönheitspreis (‚Erec'), Tötung im ersten Zweikampf

(Askalon im ‚Iwein') oder der Rote Ritter (Mabonagrin, Ither, Parzival), vielleicht auch noch die Brackenepisode, die „deutlich" an Sigune und Tschionatulander im ‚Parzival' erinnere (Wennerhold 2005, S. 93), sind zunächst einmal revueartige Verweise, die das Publikum in einer Art Quiz an die Prätexte erinnern. Ob ihnen mehr als ornamentale Bedeutung zukommt, ob sie Bedeutung im ‚Wigalois' freisetzen, bleibt fraglich. Es ist z. B. beobachtet worden, dass die persische Prinzessin in ihrem Zelt gerade die Geschichte des Trojanischen Krieges vorgelesen bekommt (v. 2710–2722: zum Aufbau Wandhoff 2003, S. 195 f.), als ihre Cousine Elamie eintritt, die nach dem erfolgreich bestandenen Hojir-Kampf erfolglos in ihrer Werbung um den Sieger Gwigalois bleibt. Mit der Zurückweisung der Königin könnte Wirnt tatsächlich an die Geschichte der im *mære* (v. 2714) verlassenen Dido anknüpfen – wobei man aber einräumen muss, dass sich Eneas bei Dido *verligt*, während Gwigalois Elamies Schönheit gegenüber völlig resistent zu sein scheint. Vom Dido-Eneas-Motiv dann auch noch eine Brücke zu schlagen zu Gwigalois' zweiter Aventiurekette, insbesondere zur „Unterweltsfahrt" nach Korntin, ist aber umso kühner, als selbst die Kombination beider Anspielungen keine über die jeweilige Sequenz hinausgehende Bedeutung entfaltet: weder für die Struktur des erzählten Weges, noch für ein mögliches Konzept der Erlösung, noch für die Identität des Protagonisten, noch für das an ihm exemplifizierte Minne-Verständnis.

Verheißungsvoller erschien daher der Versuch, jenseits der Motive übergreifende Themen herauszuarbeiten. Nach Ringeler bestimmt die erste Aventiurereihe das „Thema des Besitzverlustes bzw. der unrechtmäßigen Inanspruchnahme fremden Besitzes" (Ringeler 2000, S. 210). Das trifft zu, sofern man allein auf die erste Aventiurereihe schaut, aber es verliert für eine Gliederung des ‚Wigalois' an Überzeugungskraft, wenn man bedenkt, dass auch weite Teile der zweiten Aventiurereihe (nicht allein die Fischer-Episode v. 5288 ff.) von der gewaltsamen Aneignung fremden Eigentums handeln. Roaz, den zu bezwingen Gwigalois antritt, ist geradezu Inkarnation eines Usurpators; und auch Lion führt Krieg wegen der „unrechtmäßigen Inanspruchnahme" Liameres (v. 9835 ff.). Es bleibt, dass die Aneignung fremden Besitzes im ‚Wigalois' ein ausführlich geschildertes, erwartungsgemäß aber keineswegs diskursiv verhandeltes Thema darstellt (anders: Classen 2007).

B. Die Frage, welche Funktion die einzelnen Stationen für die Identität des Protagonisten besitzen, ob man von einem Lern- bzw. Entwicklungsprozess ausgehen könne und sich entsprechend im weiteren Verlauf „Resultate" dieses Prozesses finden, ist vor dem Hintergrund der Prätexte formuliert. Sie zu beantworten bedeutet, den ‚Wigalois' ins Verhältnis zur arthurischen Tradition zu setzen. Max Wehrli, dem die Vorgänge der ersten Aventiurereihe „moralisch wie sachlich kaum sehr schlüssig" erschienen, hat ihre Etappen als „Stationen" in einem „Prozess der Selbstwerdung" beschrieben (1969, S. 235). Obwohl es gewiss außerhalb von Wirnts Absichten lag, Gwigalois' unsystematische Individuation in irgendeiner Weise als paradigmatisch vorzustellen, trägt Wehrlis Beschreibung dem Textbefund doch insofern Rechnung, als sie ein Prozessuales nicht negiert, dessen Unsichtbarkeit jedoch als mehr oder weniger sachlich bedingt erklärt. Und obwohl wir Nereja keine „zentrale Rolle" in Gwigalois' Entwicklung zum Mann einräumen können, hat ihr Wirnt doch eine eminent wichtige Textfunktion zugewiesen. Allein ihre ablehnende Haltung dynamisiert den ersten Aventiureweg. Sie ist die wichtigste, sie ist die einzige Instanz, die den Weg nach Roimunt und – zumindest teilweise – auch die Abfolge der Aufgaben kennt. Ihrem Urteil muss Gwigalois sich beugen, ihrem Urteil folgt auch das Publikum, und nur der Erzähler legt sich als ihrer beider Anwalt ganz punktuell mit der allmächtigen Frau an – etwa gleich zu Beginn, wenn er den *mort* am Burgherren im Vorgriff auf das harsche Urteil Nerejas relativiert. Wirnts erzählerischer Kunstgriff besteht darin, in Gwigalois einen perfekten Ritter für das Publikum perfekt sein und einen unvollkommenen unter den Augen der Botin sich vervollkommnen zu lassen. Wenn man so will, sieht Nereja ihren Artusritter mit „arthurischem" Blick, während Wirnt seinem Publikum einen neuen Typus vor Augen führt.

🕮 Wehrli 1969, S. 234 f.; Cormeau 1977, S. 59–61; Gottzmann 1979; Gottzmann 1986, S. 299–306; Klare 1994, S. 500–508; Honemann 1994; Eming 1996, S. 96 f.; Fuchs 1997, S. 125–137; Eming 1999, S. 166–175; Ringeler 2000, S. 208–214; Wennerhold 2005, S. 92–95; Stange 2006; Classen 2007, S. 437–446.

4.4. Die Roimunt-Episode

(v. 3973–4491; Seelbach / Seelbach: 12.)

1. Auf Roimunt wird der Ritter aus dem Gefolge König Artus' als Befreier empfangen. Wie Gott den Teufel in den Abgrund stieß, werde auch er das Land vom Bösen erlösen. Nereja zeigt ihrer Herrin stolz die unterwegs gesammelten Trophäen (Pferd, Papagei, Hündchen).

Gwigalois, der sich im Garten entrüstet hat, kleidet sie in ein prachtvolles Seidengewand. In angemessener Garderobe steht er nun fünfzig Damen gegenüber, immerhin zwanzig von ihnen finden nirgends ihresgleichen. In ihrer Mitte bemerkt er Larie. Sofort setzt ihn *vrou Minne* (v. 4139), ohne dass es zum Kampf käme, gefangen. Mit gebrochenem Herzen (v. 4151) ist Gwigalois bereit, *durch iuch ze rîten in den tôt* (v. 4183). Recht umgehend wirft sich der Streiter, der sich noch nie hat ergeben müssen, vor Larie zu Boden, gesteht ihr seine Liebe und küsst ihre Füße. Durch heimliche Blicke erwidert sie seine Zuneigung. Nach dem gemeinsamen Mahl führt man Gwigalois in den Schlafsaal. Durch das Fenster gewahrt er ein Flackern im nächtlichen Wald. Der Truchsess klärt auf: Seit zehn Jahren brenne dieses durch eine Sumpflandschaft geschützte Schloss unter großem Wehgeschrei seiner Bewohner Nacht für Nacht herunter, stehe aber am Morgen unversehrt da. Gwigalois ist bereit, sich unter dem Schutz des Höchsten in die *vil süeziu nôt* (v. 4349), die ihn hier erwarte, zu begeben. Vor seinem Aufbruch besucht er den Morgengottesdienst. Vom prächtig gekleideten Hofgeistlichen, der ihn einsegnet, erhält er einen Schutzbrief (Amulett) an sein Schwert geheftet, der ihn vor Schadenszauber behüten soll (v. 4427–4429). Larie überreicht ihm zum Abschied ein Wunderbrot, dessen bloße Berührung jeden Hunger zu stillen vermag. Die frommen Wünsche der Bewohner begleiten Gwigalois, als er sich vor Roimunt einem gekrönten Leoparden anschließt.

2. Mit der Roimunt-Episode setzt seit Mennung und Saran in der Regel die parallele Lektüre des späten Prosaromans vom ,Chevalier du papegau' ein. Der Anschluss an den ,Bel Inconnu'-Teil des ,Wigalois' erfolgt (abgesehen von der „Dublette" des Sperberpreises) mehr oder weniger bruchlos. Wir hatten oben daran erinnert, dass der Text seit Cormeau nicht einmal mehr als mittelbare Quelle des ,Wigalois', vielmehr als dessen Rezeptionszeugnis, angesehen wird. Akzeptierte man das, müsste man ihn eigentlich ganz vernachlässigen. Im Folgenden

sollen wenigstens die wichtigsten motivlichen Übereinstimmungen festgehalten werden, wenn sich auch die Reihenfolge der Betrachtung zugunsten des ,Wigalois' umdrehen wird.

Ein Gemurmel erhebt sich, als Gwigalois an Nerejas Seite Roimunt (*Roche sans paour* im ,Chevalier du papegau') betritt. Die Bewohner vergleichen den Gesandten des Königs Artus mit der höchsten göttlichen Macht, die allein durch ihr Wort die Welt erschaffen (Gn 1), den Teufel aus dem Himmel verstoßen hat (nach Lk 10, 18; Joh 12, 31; Apk 12, 9) und zur Hölle hinabgestiegen war, um die verdammten Seelen zu retten (,Evangelium Nicodemi' XVIII–XXIV). Die Attribute, die man dem Heilsbringer in feierlicher Zeremonie (v. 4413 f.) zur Bewältigung der anstehenden Aufgabe beigibt, kennzeichnen ihn als Gottesstreiter, *miles christianus.* Bei seiner Einsegnung setzt der Priester (nicht näher spezifizierte) Reliquien ein (v. 4393 f., 4417 f.). Ein vor Schadenzauber bewahrender Schutzbrief wird am Griff des Schwertes befestigt (vgl. Handwörterbuch des deutschen Aberglaubens Bd. 7, 1384–1386). Die prächtige Gewandung des Hofgeistlichen indiziert „seine Mittlerstellung zu Gott" (Reuvekamp-Felber 2003, S. 191). Dass er sündelos ist, wie der Erzähler versichert (v. 4399 f.), ist aus dogmengeschichtlicher Perspektive irrelevant (ausführlich Seelbach / Seelbach, S. 297 f.), möglicherweise aber in den laikalen Kreisen, für die Wirnt schrieb, nicht ohne Bedeutung. Nach dem Gottesdienst tritt, gleichsam als weltlicher Zauber, das Wunderbrot hinzu, dessen bloße Berührung den Appetit zügelt (v. 4473 f.), während bereits ein kleiner Biss den Hunger für mindestens sieben Nächte (v. 4476) zu stillen in der Lage ist (ein „eminent erotisches Symbol, Sinnbild der Minne"? Fuchs 1997, S. 144; zustimmend Dietl 2003, S. 308). Im ,Chevalier du papegau' entspricht dem Zauberbrot eine Art Lunchpaket, das die Königin Artus mitgibt (S. 63, 26 ff.).

Gwigalois' Fußfall vor Larie ist durchaus eine Kommendationsgeste (Seelbach / Seelbach, S. 297; vgl. Eming 1999, S. 180). Der Erzähler scheint aber die eigentliche Geste der Huldigung und Unterwerfung vom anschließenden Küssen der Füße (*vor vreuden*: v. 4229) abzuheben, gerade so, als gehöre das Küssen bereits einer anderen Sphäre zu. Näher als die von Seelbach / Seelbach beigebrachten Beispiele, die sich ausschließlich auf den ersten Teil der Geste beziehen, scheint mir daher das Küssen der Füße Gauweins beim Abschied aus Tintaguel durch die *dameisele petite* zu stehen (,Perceval' v. 5638), die

Gauwein dadurch an sich erinnern möchte „wo er gehe und stehe" (*Que de li li resovenist / An quel que leu que il venist*: v. 5647 f.). Gauwein hatte das Küssen der Füße zunächst auch nicht verstanden (‚Perceval' v. 5642 f.).

Frau Minne (v. 4139), die ihren Auftritt bereits im ‚Iwein' (v. 2971–3028) hatte, besorgt die Anbahnung der Beziehung zu Larie. Wirnt wählt nicht den von Veldeke gebahnten Weg über die Minne-Pathologie (vgl. ‚Eneit' v. 9821–9965), sondern lässt die allegorische Dame mit eiserner Hand über den Verliebten regieren. Sie schlägt den Ritter in Fesseln und fordert seine regelgerechte Kapitulation (v. 4143 f.): Sicherheit wird gegeben, der Eid gefordert, als Geiseln werden *muot* und *herze* gestellt (v. 4145 f.). Der Bezwinger ganzer Heere hat seine *kraft* mit einem Schlag verloren (v. 4159). Das martialische Vokabular darf, da es dem martialisch denkenden und handelnden Protagonisten glücklich entspricht, nicht befremden. Es führte in die Irre, aus solchen Bildern eine „bedrückende Stimmung" über der Begegnung zu erfühlen (Eming 1999, S. 177). Mit der Überwältigung des Ritters lässt Wirnt es dann bewenden: *vrou Minne*, die insgesamt etwas konturlos bleibt, bemächtigt sich, wie es scheint, allein des Helden, während Larie vor ihrem Übergriff verschont bleibt. Sie sorgt bei Gwigalois für zusätzliche Motivation, die Aventiure anzugreifen, aber sie lässt die beiden nicht einmal tändeln, geschweige denn sich vergessen. Roimunt ist keine Aventiure. Ohnehin steht dem Unerfahrenen der Gedanke an die Ehe näher als der an ein amouröses Abenteuer (Wirnt betont mehrfach, dass Gwigalois Larie ergeben sein sollte *biz an ir tôt*: v. 4148; vgl. v. 4219). Rasch ist in Gwigalois der Wunsch zum Aufbruch gereift (v. 4198 f.).

3. In dem Moment, da Gwigalois Roimunt betritt, konkretisiert sich alles weitere. Hatte Nereja bereits direkt nach dem Schaffilun-Kampf die eigentliche Prüfung konturiert, wird nun der für den Erfolg ausgelobte Preis in Gestalt der Landesherrin erstmals sicht- und greifbar. Mit der schematischen Verknüpfung von Kampferfolg und -preis signalisiert Wirnt, dass er zwar den Kampf als Aufgabe stellt, nicht aber die Minne und noch weniger den Konflikt zwischen beidem, an dem sich Hartmanns Helden aufgerieben hatten (vgl. Cormeau 1977, S. 33). Von der Logik des Preises her ist die Minne sogar entbehrlich, da die Ehe bereits „als Ziel des Romans vorgegeben" ist (Fuchs 1997, S. 138). Dass Gwigalois für Larie begehrend entflammt,

„gibt der Aventiureverpflichtung eine neue persönliche Motivation" (Cormeau 1977, S. 33) – nicht mehr. „Das Minnethema ist als Handlungsmotivation nicht mehr als eine Verdopplung." (Fuchs 1997, S. 139). Die weitgehende Pragmatik der Beziehung deutet sich sogar in der Figurenperspektive an, als die drei Frauen eingangs der Szene beratschlagen, wie sie Gwigalois durch Larie würden „scharf" machen können, das Abenteuer *in den tôt* (v. 4061) zu bestehen (Hahn 1994, S. 49; Eming 1999, S. 179). Natürlich wird „mit der Kampf- und Liebesbereitschaft des Ritters recht genau kalkuliert" (Eming 1999, S. 178). Aber auch das entspricht weitgehend der pragmatischen Anbahnung von Beziehungen in den voraufgehenden höfischen Romanen. Ist es nicht weniger ein Skandalon als vielmehr eine Reverenz vor der emotionalisierten Paarbeziehung, wenn Wirnt seinen Protagonisten bei seinem ersten Eintreffen in Roimunt kaum anders als „eine Trophäe" unter anderen erscheinen lässt (Eming 1999, S. 178)?

Es ist also – einmal mehr – unmöglich, den ‚Wigalois' ohne die arthurischen Prätexte zu lesen. Wirnt bezieht auch *in causa amoris* klar Position. Eine Reihe erfolgreich bestandener Aventiuren bestimmt Gwigalois noch nicht dazu, Larie zu ehelichen. Gwigalois und Larie werden kein Paar, sie dürfen sich somit nicht in einer zweiten Etappe als Paar beweisen wie Erec und Enite oder Iwein und Laudine (vgl. Fuchs 1997, S. 138). Überhaupt bleibt das Paar fast konturlos, ist – weiterhin – alles auf Gwigalois ausgerichtet. Hatte Hartmann zuvor bereits aus Chrétiens ‚Erec et Enide' einen Erec-Roman gemacht, ist in Wirnts teleologischem Konzept überhaupt kein Platz für das problematisierende Ausfalten einer Paarbeziehung (vgl. Brunner 2002, S. 64).

In Roimunt endet die erste Aventiurereihe. Gwigalois' Einkehr markiert „das Ende der Bewährungsphase des Helden" (Wennerhold 2005, S. 97). Dennoch ist die Hauptstadt Korntins nicht mehr als Etappenziel. Mäße man den ‚Wigalois' hier an den von den Prätexten bereitgestellten Schemata, könnte Roimunt typengerecht als Ort der Krise fungieren, von dem aus eine zweite Aventiurereihe bestritten werden muss. Mit der Bestätigung, dass Gwigalois den für die zweite Sequenz erforderlichen Status erreicht hat, tritt jedoch an die Stelle schemagerechter tiefgreifender Verunsicherung eine Vergewisserung der Idoneität des Helden. Wenn Roimunt eine Zäsur bedeutet, dann allenfalls durch die nunmehr explizit gemachte metaphysische Dimension von Gwigalois' Auftrag. Die Erwartung eines *Imitator Christi*, der die Seelen der Bewohner Korntins aus dem Höllenreich des Teufels Roaz befreien wird (v. 3990 f.), profiliert die ihm zugedachte Rolle als Heilsbringer hinlänglich. Nereja, die alle Vorbehalte vergessen zu haben scheint und ihren Ritter mit „superlativischen Attributen" anpreist (Cormeau 1977, S. 32), bestätigt die innerweltlichen Voraussetzungen.

📖 Cormeau 1977, S. 32 f.; Fuchs 1997, S. 137–141; Eming 1999, S. 177–183; Ringeler 2000, S. 214 f.; Reuvekamp-Felber 2003, S. 191–193; Wennerhold 2005, S. 95–97.

4.5. Die zweite Aventiurereihe (v. 4492–7904)

4.5.1. Der Einstieg in die Anderwelt (v. 4492–4865; Seelbach / Seelbach: 13.)

1. Gwigalois eilt dem Tier nach, in kurzer Zeit haben sie zwölf Meilen unwegsamen Geländes bewältigt. Vor einer Felswand befindet sich der Eingang zur Burg. Die sie umgebenden Schluchten sind so tief, dass man das Echo nicht hört! (v. 4513–4515). Als er das Tier erblickt, zieht der Türhüter das Falltor empor. Dahinter erstreckt sich das kultivierte Land Korntin. Gwigalois gewahrt ein Turnier, das ihm allerdings wie nachgestellt erscheint. Alle Ritter tragen dasselbe kohlschwarze Wappen mit roten Flammen. Als er selbst mitzumachen wünscht, fängt seine Lanze sofort Feuer. Es sind die Seelen der verstorbenen Gefolgsleute König Jorels, die hier turnieren (v. 4718–4721). Gwigalois folgt dem Tier in die prächtige Burg. Auf dem Anger, unter einem Blütenbaum, verwandelt sich das Tier in einen bezopften Mann. Gwigalois kann ihn sehen, sich ihm aber nicht nähern. Vor ihm steht indes kein teuflisches Trugbild, sondern König Jorel, der sein Fegefeuer (*wîzen*: v. 4669) nach Gottes Willen täglich zu einer festgesetzten Stunde verlässt, um sich an seinem Ruheplatz zu erquicken. Eine Blüte des Baumes vermag denjenigen, der es im Kampf mit dem das Land tyrannisierenden Drachen Pfetan (v. 4956) aufnehme, vor dessen Pesthauch zu schützen (v. 4745 f.). Jorel erkennt in Gwigalois den Landesbefreier und Sohn Gaweins. Auch Gwigalois

realisiert nun, dass Herr Gawein, der sich seiner am Artushof angenommen hatte, sein Vater gewesen sein muss.

2. Die Topographie Korntins mit einem durch Felsen verengten Eingang, felsigem Hohlweg, undurchdringlichem Unterholz, Zugbrücke und *slegetor* (v. 4521) sowie Marmorburg (v. 4591 ff.) und Kristall-Palast (v. 4600 f.) trägt Züge einer Jenseitslandschaft (vgl. Brinker 1995 und unten S. 165 f.). Der Jenseitsreisende Gwigalois ist des Territoriums, auf dem er nun wirken soll, noch unkundig. Das ihn wie ein Seelenführer geleitende Tier trägt zwei schwarze Hörner, stößt einen alles versengenden Feueratem aus (v. 4528 ff.) und hat einen schlanken Körper, wodurch es „wie eine Großkatze" erscheint (Seelbach / Seelbach, S. 295). Mancher Interpret hat sich auf einen Rehbock oder Hirsch festlegen wollen (etwa Kapteyn, S. 81*; Gottzmann 1979, S. 106; Gottzmann 1985, S. 307 f.), doch ist das Wesen wohl mit den Begriffen herkömmlicher Zoologie so wenig einzufangen wie mit mittelalterlicher. Zwar lässt der Vergleich *gar geschaffen als ein lêbart* (v. 3878) an ein sog. Pantel (Panther) denken (Denruyter 1998, S. 124), doch fehlt hier der *süeze smac* seines Atems, mit dem das Wundertier, das in der Tradition des ‚Physiologus' spiritualiter als Christus gedeutet wurde, alle anderen Tiere anzulocken vermag (vgl. Harris 1999). Wichtig waren Wirnt, der sich auch sonst bei der Schilderung phantastischer Lebewesen relativ frei bewegte (vgl. etwa v. 6931–6952), die Attribute „Hörner mit (eingewachsener) Krone" und „Leopardengestalt".

Dass das Tier vorübergehend menschliche Gestalt annehmen kann, entspricht dem – modifizierten – Modell der sog. Sabbatruhe: Verdammten, die sich im Diesseits dennoch nicht unerhebliche Verdienste im Sinne christlicher Dogmatik zuschreiben konnten, wurde im Rahmen eines strengen Zyklus (v. 4670) die Rückkehr auf Zeit an ihre alte Wirkungsstätte gestattet, wo sie einen freien Tag von ihren Jenseitsqualen genossen (vgl. Rüegg 1945, II, S. 255 ff., 327 ff.). König Jorel (v. 6072; vgl. so Seelbach / Seelbach, S. 301, gegen das etablierte Lar), über dessen Verfehlungen nichts berichtet wird und der kurz vor seiner Erlösung steht (v. 4816–4821), hatte als Herrscher Korntins den Anger für die Armenfürsorge genutzt. Nun sollte er an dieser Stätte seiner Verdienste sein *paradîse* (v. 4685) auf Zeit erleben (Rückverwandlung: v. 4855 f.; vgl. unten S. 191 f.).

Dem gegenüber erleben die turnierenden Ritter, die Gwigalois gewahrt, in regelmäßiger Wiederholung ein durch ihre Herkunft aus dem brennenden Schloss (vgl. v. 4303 f., 4838–4846), die Flammen auf ihren Schilden (v. 4561 f.) und die Brennbarkeit alles von ihnen Berührten (v. 4570) gut gekennzeichnetes „irdisches Fegefeuer": eine Strafe, die Gott über sie *ze buoze* (nicht: zur Erleichterung!) verhängt hatte, wobei der Anlass dafür wiederum nicht ganz klar wird. Nach Auskunft Jorels (v. 4726 f.) haben sie im Kampf mit Roaz zu wenig Einsatz gezeigt und wurden folgerichtig von ihm erschlagen. Dass die Ritter „nicht nach den christlichen Geboten und Werten gelebt haben" (Gottzmann 1979, S. 106), ist durch nichts zu erweisen.

König Jorel stattet Gwigalois mit einem Blütenzweig vom Wunderbaum aus, der apotropäische Funktion besitzt, wehrt er doch allen Übelgeruch ab. Das Motiv könnte Wirnt der ‚Eneit' entlehnt haben, wo die Sibylle dem Unterweltsfahrer Eneas *ein krût* (v. 2848) gegen den *helleschen stank* (v. 2855) und einen goldenen Zweig reicht (Eming 1999, S. 189). Indem Jorel Gwigalois auf eine vor dem Burgtor steckende Lanze aus indischem Stahl hinweist, die er von einem Engel erhalten habe (v. 4748 f.), ruft Wirnt zweifellos den Traditionszusammenhang des Speers aus der Longinus-Legende auf, damit verbunden vielleicht auch die Vorstellung von der Heiligen Lanze (vgl. Lohbeck 1988, S. 143 f.). Mit einiger Wahrscheinlichkeit hat hier Wolframs ‚Parzival' und die auf Munsalvæsche feierlich präsentierte Lanze (‚Parzival' 231, 17–30), die allein die Schmerzen des Amfortas durch das Auflegen auf seine Wunde zu lindern vermag, vermittelnd gewirkt (vgl. Lohbeck 1988, S. 147 f.). Wichtig ist Wirnt, dass die in der großen Krönungszeremonie von Graf Moral noch einmal präsentierte Lanze *bluotvar* (v. 9378) ist. Damit sind der über Wolfram vermittelte Longinus-Speer und die Pfetan-*glävie* einander wie Reliquien gleichgeordnet.

3. Mit dem Eintritt in die Welt Korntins macht Gwigalois eine wichtige Entdeckung. Mögen ihm die Abläufe auch – wie das Turnier der Toten – strukturell vertraut sein, so weisen sie doch eine grundlegend andere Qualität auf. Als er beim Lanzenstechen mitmischen will, versagt die bewährte Ausrüstung. Das Verbrennen der Lanze setzt eine Reflexion über seine unzureichende Kenntnis der Verhältnisse in Gang, und der Erzähler muss dem ratlosen Gwigalois (und dem Publikum) durch den Hinweis auf die geistliche Dimension des bekannten, doch nicht begriffenen Vorgangs aufhelfen. Diese geistliche Dimension ist grundsätzlich als christliche gedacht. Wo der Erzähler nicht

explizit von *buoze* (v. 4588), *armiu sêle* (v. 4665), *wîzen* (v. 4669) oder *paradîse* (v. 4673, 4685) spricht, ruft er doch Motive christlicher Glaubenslehre auf, wie sie oben (unter 2.) besprochen wurden: das Tier als Seelenführer, das Turnier der Verstorbenen als „irdisches Fegefeuer“, die Rückverwandlung König Jorels auf Zeit als Sabbatruhe, die blutige Lanze des Longinus als Werkzeug der Erlösung.

Dennoch hat man lange gezögert, die religiöse Motivik der Korntin-Episode als exklusiv christlich einzuordnen. Max Wehrli etwa betonte die allgemein mythische Dimension und sprach von einer „Unterweltsfahrt, in Nachfolge nicht nur keltischer Totenreichvorstellungen oder der antiken Hadesfahrt, sondern wohl auch Christi Höllenfahrt“ (Wehrli 1969, S. 236). Demgegenüber deutete Claudia Brinker die zweite Aventiurereihe konsequent als „Jenseitsreise“ in christlicher Erzähltradition, wie sie etwa die Visionsliteratur repräsentiert (Brinker 1995). Begnügt man sich damit, dass sich einige Versatzstücke dieser Tradition lediglich über „eindeutige Indizien“ (Brinker 1995, S. 91) zuordnen lassen, und gesteht man Wirnt zu, dass er die Stationen der Jenseitsreise zu keiner dogmatisch schlüssigen geistlichen Landschaft homogenisieren wollte, er die Episoden vielmehr – wie etwa in ‚Brandans Reise‘ (um 1160/1180) geschehen – zu einem Panoptikum volksläufiger Vorstellungen addierte, wird man nicht fehlgehen.[9] Wirnt baut vor seinem Publikum nicht seine Version des Jenseits auf. Er modelliert eine erlösungsbedürftige Landschaft in Analogie zu populären Jenseitsschilderungen, aber er führt Gwigalois nicht als staunenden Betrachter, der später etwas zu erzählen hätte, hindurch. Die ungebrochene, ja gesteigerte Aktivität des Ritters ist die wohl wichtigste Differenz gegenüber den zur Tatenlosigkeit verurteilten Protagonisten der Visionstexte. Korntin hat, als Jenseits betrachtet, kein Existenzrecht.

In die Ordnung dieser Landschaft muss Gwigalois erst eingeführt werden. König Jorel tut das, und seine Einweisung des als Heilsbringer Erwarteten trägt durchaus rituelle Züge. Seine Initiation, die Darlegung seines Auftrags, die Ausstattung mit der Wunderblüte und der

---

[9] Es stimmt freilich nicht, wenn Brinker 1995, S. 92 erklärt, „der Begriff ‚Fegefeuer‘“ falle nicht: v. 4669 steht eindeutig *wîzen*.

genealogischen Rückbindung – Jorel erst beendet Gwigalois' „Vatersuche"! – lassen ihn als „Protagonist eines zeremonialen Ablaufes" erscheinen (Fuchs 1997, S. 142). Wer Gwigalois während dieser Zeremonie beobachtet, erkennt, dass er in der Tat gelernt hat, sein Temperament zum richtigen Zeitpunkt zu zügeln. Der Dampf ist ein bisschen aus dem Kessel. Anderseits gewinnt man auch nicht den Eindruck, dass er sich nunmehr als willenlosen Vollstreckungsgehilfen einer höheren Instanz begriffe. Ein „leidender Held" (Fuchs 1997, S. 143) ist er nur in dem Maße, in dem alle Helden leidende Helden sind. Gwigalois bleibt sich dessen bewusst, dass er als bester aller Artusritter einbestellt worden ist, und das heißt: Er weiß, dass er kämpfen muss.

Der Einstieg in die Welt Korntins ist wohl ein „Schwellenübertritt" (Eming 1999, S. 187), ein durch die Attribute als solcher gekennzeichneter Übergangsritus – aber er bedeutet für Gwigalois kein Zurücklassen dessen, was hinter ihm liegt. Sollte er die okkupierte Herrschaft nicht in eben den Zustand rück-versetzen, dem er selbst entstammt? Für die Befreiung ist er nicht falsch konditioniert worden, er ist nur noch nicht „vollständig". Hat man das erkannt, wie es Gwigalois erkannt hat und schon bald unter Beweis stellen wird, hält man wahrscheinlich den Schlüssel zu Wirnts Roman in der Hand. Wenn es im ‚Wigalois' eine deutliche Zäsur gibt, dann ist sie nicht in den Ereignissen auf Roimunt zu suchen und nicht im Anschluss an den Drachenkampf. Sie kommt nicht daher als elementares Infragestellen des Protagonisten, sie führt ihn nicht in eine existentielle Krise. Sie lässt den Helden die veränderten Umstände zunächst sinnlich erleben, ehe sie ihn zur Erkenntnis führt und ihn empfänglich macht für den Empfang der geeigneten Gegenmittel.

Vielleicht ist man nicht ganz zurecht irritiert, wenn man sich an der Beschaffenheit der neuen Umstände und Gegenmittel stößt. Die Welt Korntins ist unter der Herrschaft des Teufels, deshalb ist alles aus dem Ruder gelaufen (auch der Drache Pfetan kämpft nicht etwa für Roaz, sondern gegen ihn!). Wirnt ruft ein Arsenal christlicher – und parachristlicher – Gegenmittel auf, um den Teufelsbündler und sein Schreckensreich zu stürzen. Aber er wird Gwigalois nach der Befreiung deswegen noch keinen Gottesstaat ausrufen lassen. Auch darin dürfte eine Antwort auf andere Entwürfe der arthurischen Prätexte formuliert sein.

🕮 August Rüegg: Die Jenseitsvorstellungen vor Dante und die übrigen literarischen Voraussetzungen der ‚Divina Commedia‘, Einsiedeln u. Köln 1945; Wehrli 1969; Gottzmann 1979, S. 105–107; Brinker 1995; Fuchs 1997, S. 141–147; Denruyter 1998 („schönes Tier“); Eming 1999, S. 186–189; Dietl 2003, S. 308 f.; Wennerhold 2005, S. 96 f.

4.5.2. Drachenkampf und Wildes Weib (v. 4866–6541; Seelbach / Seelbach: 14.–17.)

1. Durch Wunderblüte und neue Einsichten gestärkt, reitet Gwigalois dem Drachen Pfetan entgegen. Eine von ihrer Klage um den vom Drachen verschleppten Gatten (Graf Moral: v. 5276) völlig entstellte Dame (Beleare: v. 9042) vermag ihn nicht vom Kampf abzuhalten. Rasch präpariert sich Gwigalois mit einem Bissen des Wunderbrots. Mit einem Lanzenstich ins Herz des Drachen befreit er zwar den entführten Ritter, doch schleudert ihn der todwunde Wurm ans Ufer eines Sees, wo Gwigalois halbtot liegenbleibt (v. 5131–5133). Ein Fischerpaar beraubt den Ohnmächtigen seiner Rüstung, wird dabei allerdings von den Hofdamen Beleares beobachtet. Nachdem man dem Fischer für seine Mithilfe reichen Lohn in Aussicht gestellt hat (v. 5746 f.), kann der leblose Körper geborgen werden. Doch ist Gwigalois inzwischen erwacht. Da er halbnackt ist, hält er sich selbst für einen Unfreien und sein früheres Leben, dessen er sich rekapitulierend genau erinnert, für einen Traum (v. 5808). Laries Seidentasche mit Brot und Blüte ist indes ein konkretes Indiz und steigert seine Verwirrung. Erst Beleare, die ihm die weiteren Zusammenhänge ins Gedächtnis ruft, bringt den vor Scham in eine Höhle Fliehenden (v. 5917) zur Besinnung. Nach einer kurzen Zeit der Pflege auf der Burg des Grafen Moral will Gwigalois *zehant / gegen der âventiure varn* (v. 5995 f.). Da die eigene Ausrüstung demoliert ist, erhält er den trefflichen Harnisch, dessentwegen einst Brien den Lamer erschlug (v. 6069). Immerhin ist der Schild mit dem Rad, der ihn als Ritter der Tafelrunde ausweist, noch zu gebrauchen (v. 6160). Im festen Vertrauen auf Gottes Hilfe, ohne das geringste Vertrauen in abergläubische Rituale (v. 6185–6200), bricht Gwigalois an diesem Morgen nach Glois, der Residenz des Roaz (v. 6252 f.), auf. An einem Fluss überrumpelt ihn das grässlich anzusehende Waldweib Ruel (v. 6287–6355), gegen das der höfische Ritter nicht das Schwert zu ziehen be-

reit ist und das ihn daraufhin gefesselt auf einen Baumstumpf trägt. Ruel ist freilich bereit, vom Schwert Gebrauch zu machen. Als sie ihn enthaupten will, wiehert Gwigalois' Pferd so markerschütternd, dass Ruel in der Annahme, der Drache sei noch am Leben, in ihre Höhle flieht. Mit knapper Not und Gottes Beistand ist Gwigalois dem Tod entkommen. Gott löst ihm auch die Fesseln, so dass er sein gutes Schwert an sich nehmen kann, als er auf seine *âventiure* (v. 6541) nach Glois zustrebt.

2. Wunderbrot, Blüte und Lanze benötigt der Heilsbringer für einen Kampf im Vorzimmer der Hölle: die Überwindung des Drachen, der sein Unwesen in Korntin offenbar auf eigene Rechnung treibt. Wirnt, der das Tier äußerst differenziert beschreibt (v. 5028–5070), folgte in Details lateinischen Naturkundlern, vor allem den wirkmächtigen ‚Etymologiae' des Bischofs Isidor von Sevilla (um 560–636) und Hugos de Folieto ‚De bestiis' (Lecouteux 1979, S. 25 ff.), ging aber ansonsten bei der Verschmelzung verschiedener „Versatzstücke der Monstren-Tradition" (Eming 1999, S. 191) wieder eigene Wege. Der faule Atem Pfetans verweist ebenso wie die Lanze, die später in feierlicher Prozession gezeigt werden soll, als Attribut des Drachentöters Georg in die Legendentradition (vgl. Eming 1999, S. 191).

Im diebischen Fischerehepaar hat man Verwandte der kargen Fischersleut aus Hartmanns ‚Gregorius' erkannt, Schiewer (1993, S. 157 f.) hat den Zusammenhang durch einen deutlichen Querverweis Wirnts (v. 5470–5476) auf Hartmanns „berühmte Ehesentenz" (‚Gregorius' v. 2222–2224) gesichert. Arm waren die beiden schon bei Hartmann, ihr Kinderreichtum (v. 5293) und die daraus resultierende Mehrarbeit (v. 5294 f.), die den Hunger aber kaum zu stillen vermag (v. 5300), sind Wirnts Zutat. Rechtfertigt Wirnt mit dem Exkurs zum sozialen Hintergrund seiner Figuren nachträglich die Haltung des hartherzigen hartmannschen Fischers?

Ein noch deutlicheres intertextuelles Signal setzt er mit dem Erwachen des Helden aus der Ohnmacht. Gwigalois, an den „Grenzen seiner physischen und psychischen Integrität" angelangt, verfällt, seiner Rüstung verlustig gegangen, in einen „anti-kulturellen Zustand" (Eming 1999, S. 196): Er erkennt, dass er nackt ist. Sein Sein bestimmt nun umgehend sein Bewusstsein. Als sei er *wilde* (v. 5810), *ungehiure* (v. 5831), kauert Gwigalois an einem Baum. Obwohl er seine Genealogie korrekt zu rekapitulieren vermag (v. 5814–5825), verblasst die

Erinnerung an sein Leben wie ein Traum und verführt ihn die Evidenz des Faktischen zu Fehlschlüssen. Er will *bûwen disen tan / als mîn vater hât getân* (v. 5835 f.). Doch nicht Gawein hat im Wald gehaust, sondern Iwein – dies allerdings als Ergebnis seiner (vorläufig) gescheiterten Sozialisierung. Iweins Verwilderung ist Indikator seiner Krise, während Gwigalois' Verwilderung überhaupt erst seine Krise erzeugt. Aber er bleibt Kulturmensch, schämt er sich doch vor der nahenden Beleare seiner Nacktheit (v. 5874 f.).

Für außerordentliche Rüstungen oder Waffen wird seit Homer nicht nur getötet, sondern auch gemordet. So erschlägt Dietrich von Bern die schlafenden Riesen Hilte und Grim angeblich wegen eines Schwertes (‚Eckenlied' [E_2] Str. 7, 2–13). Hinter solch gewaltsamen Aneignungen steht die Idee einer mythischen Zugehörigkeit der besten Ausrüstung zum besten Kämpfer, daher klebt an den Objekten auch kein unheilgesättigtes Blut. Im Gegenteil: Dietrichs Schwert wird den Namen Hiltegrim tragen! Liegt hier vielleicht eine ätiologische Sage vor, wird der namenlose Harnisch, den Gwigalois erhält, vermittels eines Rückverweises ins Nichts (Brien und Lamer [v. 6069] sind nicht zu greifen: Seelbach / Seelbach, S. 301) vor allem materiell aufgewertet.

Die in ihrer Monstrosität von Wirnt genussvoll geschilderte Waldfrau Ruel steht in einer Erzähltradition, die Wildheit und Hässlichkeit korrelliert. Der *ungehiure* Waldmensch im ‚Iwein' (v. 525) ist in dieser Hinsicht ein Verwandter. Rein äußerlich näher steht ihr noch das wilde Weib des ‚Wolfdietrich B', die „raue Else" (vgl. Bleumer 1999, S. 80), die ebenfalls über beachtliche Körperkräfte verfügt, mit denen sie eine tatsächliche Bedrohung für Wolfdietrich darstellt. Wo wilde Wesen auftreten, sind sie oft Indikatoren des Asozialen mit der Funktion, den prekären Sozialstatus ihrer Gegenüber deutlicher hervortreten zu lassen, das heißt mitunter: ihn zu reformulieren. Wirnt nutzt die wilde Frau freilich zunächst für eine gezielte „Evokation der Literaturtradition" (Cormeau 1977, S. 115), indem er erneut an seine Prätexte erinnert: Hartmanns Enite verlieh dem Betrachter höheren *muot* (v. 6307–6313), „tagsüber" konnte man sie nicht mit der schönen Jeschute Wolframs vergleichen (v. 6325–6342), und auch Lunete pflegte den gefangenen Iwein besser als Ruel ihre Beute (v. 6396–6398).

Gwigalois, der gegen eine Frau nicht kämpfen will, wird überwältigt und erwartet den Tod. Da wiehert sein Pferd erschütternd, was

Ruel als Brüllen Pfetans auffasst und sich trollt. Hilfreiche Tiere, die ihren Herren in schwierigen Lagen beistehen, tummeln sich in der Erzählliteratur nicht nur des Mittelalters. Iwein etwa weiß einen treuen Löwen an seiner Seite.

Dem ‚Wigalois' näher steht eine Episode aus der altnordischen Variante des ‚Eckenliedes'. In der ‚Thidrekssaga' (um 1250) greift Dietrichs Pferd Falka in dessen Zweikampf mit Ekka ein und zertrümmert dem Kontrahenten seines Herren das Rückgrat (Kap. 179). Im ‚Chevalier du papegau' irritiert das Waldweib der Widerstand von Artus' Harnisch gegen ihre erdrückende Umarmung, woraufhin der sich freimachen und sein Schwert ziehen kann (vgl. Cormeau 1977, S. 89 f.).

3. Die beiden ersten Zweikämpfe, die Gwigalois auf dem für ihn noch ungewohnten Terrain zu bestehen hat, nehmen mit fast 1700 Versen relativ breiten Raum ein. Man kann sie aufgrund äußerer oder innerer Kriterien zusammenfassen: weil ihre Schauplätze nicht weit auseinander, jedenfalls aber diesseits des Sumpfes von Glois liegen; weil das Profil ihrer Kontrahenten auf eine chaotische, mit Gwigalois nicht mehr vertrauten Regeln organisierte Gegenwelt hindeutet; oder weil der Held in ihnen erstmals mit einem neuen Selbst-Erleben auf seinem höchst eigenen Terrain, dem Kampf, konfrontiert wird – und beide Male am Rande der Niederlage steht. Gelänge es, die beiden Episoden nicht nur als äußerlich, sondern auch als inhaltlich verknüpft zu erfassen, erübrigten sich Behauptungen wie etwa die, dass die Ruel-Episode „so überflüssig wie ein Kropf" sei (Schröder 1986, S. 258).

Für den Hörer oder Leser dürfte sie das ohnehin nicht gewesen sein, nimmt Wirnt mit ihr doch wieder Fahrt auf, nachdem er im vorhergehenden Drachenkampf, vor allem aber in der Darstellung seiner Folgen, das Erzähltempo erheblich gedrosselt hatte. Man hat geradezu von einer „ungeheure[n] Verkomplizierung und Selbständigkeit der immerhin beinahe 1400 Verse umfassenden Episode" (Fuchs 1997, S. 155) sprechen können. Während die ältere Forschung die Szenenfolge als „vielleicht die poetisch wertvollste des Romans" ansprach (Saran 1896, S. 396), spricht die neuere zwar auch von „Fabulierlust", die freilich in einer Sequenz, in der der Sache nach nicht viel zu zeigen ist, durch ein verwirrendes „Personen- und Lokalitätenspiel" den Eindruck von Komplexität mehr behauptete als dass sie Komplexität erzeugte (Fuchs 1997, S. 155). Hat Wirnt über den Details, denen sein Erzähler nachgrübelt (vgl. v. 5306–5313, 5393–5412), seinen eigentlichen Gegenstand aus den Augen verloren? Sind ihm auf dem Boden Korntins die höfischen Eckwerte entglitten, dass er den diebischen Fischern ihre „immerhin verurteilenswerten Taten" (Fuchs 1997, S. 157) einfach so durchgehen lässt?

Stephan Fuchs hat insgesamt 15 Szenen herausgehoben, in die sich die auf den Drachenkampf folgende Episode gliedert (Fuchs 1997, S. 154 f.). Dazu stünden die wenigen Ereignisse, die den Handlungskern ausmachten, in keinem rechten Verhältnis. Fuchs sieht darin ein Signal selbstbezüglichen, funktional nicht mehr gebundenen Erzählens; Wirnts Weitschweifigkeit stünde so – zumindest in dieser Sequenz – etwa der Beschreibung der Aussicht vom Mont Ventoux oder einer Tapete nichts nach. Vielleicht darf man die ganze Szenenfolge aber, so unorganisiert sie auch scheinen mag, als eine Art Stationendrama ansprechen. Die vielen Frauen, die unterwegs sind – die Fischerin, Beleare, die sechs Burgfräulein (v. 5286) –, um die beiden Scheintoten zu suchen, zu finden, zu berühren, zu bergen und auszustatten, lassen durchaus an ein geistliches Schauspiel – etwa an eine Visitatio sepulchri – denken. Bedenkt man, dass es um den Heilsbringer geht, der soeben in der Vorhölle den Höllenhund Pfetan niedergestreckt und dabei sein Leben für die bedrohten Menschen in die Waagschale geworfen hat, könnten solche Assoziationen von Wirnt durchaus gewollt worden sein. Gwigalois ist natürlich nicht Christus, so sehr man ihn auch als Messias erwartet und gepriesen hat (v. 3390–3402), aber angesichts der übergroßen Aufgabe bleibt auch ihm ein Krisenerlebnis nicht erspart: Er vergisst für einen Moment, wer er ist.

Die Krise des Helden ist also da, keine Frage. Dass Gwigalois nackt ist, bar seiner Rüstung, lässt ihn sich selbst vergessen. Sein Nacktsein bezeichnet indes „keine Krise, es löst vielmehr eine Krise aus" (Bleumer 1999, S. 84). Als *ungehiure* (v. 5023) erschien ihm der Drache, *ungehiure* (v. 5831) kommt er sich nun selbst vor. Indem der Verzweifelte seine „plötzliche Nähe zu jenem Objekt, dessen Existenz es durchzustreichen galt", empfindet (Matejovski 1996, S. 149), hat er an der „Epiphanie eines Vollkommenen" (Kraß 2006, S. 224) zunächst – im Gegensatz zu seinen immer zahlreicher werdenden Zuschauern – keinen Anteil. Wirnt spitzt den Konflikt zwischen Selbst- und Fremdwahrnehmung zu, indem er nicht nur Gwigalois, sondern auch die anderen Personen – und in ihrem Gefolge das Publikum – etwas wahrnehmen lässt. Eine ausgeklügelte Lichtregie hemmt und fördert die schrittweise Wahrnehmung. Als Graf Moral gerettet wird, ist eben die Nacht aufgezogen (v. 5229 f.). Im hellen Mondschein erkennen die Burgfräulein das Fischerboot (v. 5287 f.), finden die Fischer den Halbtoten, leuchtet der Harnisch aus der Ferne den Beobachterinnen (v. 5414 f.). Im Fackelschein glänzt den Fischern ihre Beute (v. 5497), der Schein eines offenen Feuers offenbart den Fischer der nahenden Burggesellschaft (v. 5687 f.). Der Tag zieht auf, als der Suchtrupp nach Gwigalois auszieht (v. 5785), in der Morgendämmerung (v. 5841) erkennt Gwigalois die Tasche Laries, und auch in Wald und Höhle (v. 5917) vermag er nun nichts mehr zu verbergen. Als er geborgen und – wenn auch nur notdürftig – in einen höfischen Pelz gehüllt wird (v. 5937 f.), ist es heller Tag.

Wahrnehmung wird zum Leitthema der ganzen Szenenfolge. Die durch Zufälle und Lichtverhältnisse bedingte Multiperspektivität weicht nach und nach der rechten Sicht: ein Ordnungsruf des Dichters. Gwigalois ist schlicht im Irrtum über seine wahren Verhältnisse. Seine Identität wird Schritt für Schritt von den anderen aufgedeckt, bis er mit seiner Fehleinschätzung vor dem Publikum ganz alleine steht und sich gleichsam einem Mehrheitsvotum beugen muss. Wirnt macht damit klar, dass die Krise des Helden auf dessen subjektiver Wahrnehmung beruht. Das mindert nicht den „objektiven" Gefahrenzustand – Gwigalois *muss* seine Krise überwinden, um seine großen Auftrag zu erfüllen –, aber das Publikum kann getrost darauf hoffen, weil es um keine objektivierbare Verfehlung des tadellosen Helden weiß.

Wirnt hat im Anschluss an den Drachenkampf in einer zerdehnten, nicht enden wollenden Nacht ein spannungsgeladenes Spektakel mit mehreren Schauplätzen und Nebenfiguren ausgefaltet, und sein Erzähler hat es durch moralisierende Monologe gerade so kommentiert, als wisse er um einen Plan Wirnts vom Zusammenfall von Erzählzeit und erzählter Zeit. Dass in der Episode nicht nur Raum und Zeit, sondern auch „christliche Grundwerte" umbewertet erscheinen, ist bereits kritisch vermerkt worden (vgl. Fuchs 1997, S. 157). Nicht genug, dass die Fischer für Diebstahl und Mordgedanken ungestraft ausgehen, sie werden reich belohnt (v. 5746–5750) und bleiben zudem im Besitz ihrer Beute! In gewisser Weise fungieren sie als „Werkzeuge der göttlichen Vorsehung“ (Schröder 1986, S. 265), insofern sie den Harnisch dadurch, dass sie ihn Gwigalois abreißen, zum Leuchten bringen und damit die Burgfräulein auf sich aufmerksam machen. Fuchs hat Recht, wenn er sagt, es scheine gerade so, „als ob die glücklich gefügte Geschichte, das glückvolle Schicksal des exorbitanten Helden sich auf alle Personen überträgt, die ihm nur nahekommen“ (Fuchs 1997, S. 158). Aber eine solche Suspendierung des Ethos ad tempus durch den Autor, die der Erzähler zu billigen scheint, bedeutete einen Bruch mit dem Ethos des umgebenden Textes. Akzeptierte man sie als Inserat, müsste man immerhin fragen, wie Wirnt darauf verfallen ist. Wiederum dürfte sich der Seitenblick auf das geistliche Spiel bzw. seine Ästhetik lohnen. Wirnt hat es ständig im Blick, und einmal macht er den Bezug auch explizit: Gräfin Beleare motiviert das *lantvolc* (v. 5545) zum Lobpreis des Drachentöters zu feierlichen Umgängen mit Tragekreuzen im *walt* (v. 5546) „analog zu Fronleichnamsprozessionen“ (Dietl 2002b, S. 105). Wirnt gestaltet eine Art Bergungsspiel in fünfzehn Bildern, in dessen Zentrum die schrittweise Epiphanie des Erlösers steht und an dessen Schluss der „Gaudite!“-Ruf der von allen Seiten herbeieilenden Menge (v. 5965 f.) ertönt.

Wenn man so will, hat Wirnt durch die Einbeziehung der Gesellschaft das Krisenbewusstsein des Helden erschüttert, ja dessen subjektiv wahrgenommene Krise weg-entdeckt. Die Forschung hat früher zumeist auf Gwigalois' Eigenanalyse gelauscht. Sie hörte ihn klagen, sah darin aber nur ein darstellerisches Defizit Wirnts, der einer Strukturvorgabe seiner Prätexte – der obligatorischen Krise des Helden in der Werkmitte (‚Iwein‘) – offenbar nicht recht überzeugt nachkam, was sie ihm dann auch prompt unter die Nase hielt. Dabei wurde nicht selten die physische Ohnmacht als Ausdruck eines psychischen Konflikts gelesen. Was der ent-rüstete Gwigalois indes beklagt, ist der Verlust seiner ritterlichen Identität. Er geht allein vom die gesamte Vorgeschichte negierenden Augenschein aus, zentriert die ritterlichen bzw. nicht-ritterlichen Attribute, als konstituierten allein sie seine Identität – und als er mit der niederschmetternden Bestandsaufnahme fertig ist (v. 5856), subtrahiert er noch den Beistand des Höchsten: *dar zuo* – außerdem! – *lîd ich den gotes zorn* (v. 5857). Das darf er sagen, denn dafür spricht der Augenschein. Ein „Schuldbewusstsein“ aber (Henderson 1980, S. 40) spricht so gar nicht daraus, und von einer metaphysischen Unsicherheit, der Erkenntnis, „Gott eine untergeordnete Rolle im höfischen Wertekanon zugewiesen zu haben" (Henderson 1980, S. 44), kann wohl auch nicht die Rede sein.

Gwigalois wird nach dem Drachenkampf kein anderer sein, als er vor dem Drachenkampf war. Seiner „Rittertüchtigkeit" wird er weiterhin vertrauen, und dass die Krise ihn zu der Einsicht von einer „fundamentale[n] Abhängigkeit des Menschen vom Willen Gottes" (Henderson 1980, S. 44) geführt hätte, die ihn gar seinen „Glücksgürtel" vergessen lasse, ist auch nicht zu erkennen. Auch sein Verhältnis zu den adligen Sachgütern hat sich nicht gewandelt, weil es Wirnt gar nicht darauf ankam, eine auf Attributen gegründete ritterliche Identität grundsätzlich in Frage zu stellen (vgl. Müller 2007, S. 240). Im Gegenteil: gebadet, gestärkt, gekleidet fällt ihm sofort der verlorene Gürtel ein, und er beklagt diesen herben Verlust – wenn auch nur *tougenlîche* (v. 5993). Nun, da die Dinge unabänderlich scheinen, will er die *âventiure* (v. 6002) mit Gottes Beistand bestehen oder eben sterben (v. 6004 f.). Das hatte er so ähnlich schon lange vor dem Drachenkampf erklärt (etwa v. 4343–4353). Hier eine Wende vom Magischen zum Christlichen zu konstatieren ist verfehlt, weil sich eben überhaupt nichts wendet (vgl. Eming 1999, S. 195 f.).

Und in dieser Unwandelbarkeit seines Protagonisten liegt, zieht man nun wieder die arthurischen Prätexte hinzu, das Neue an Wirnts Konzeption. Anders als Iwein, den ein Normenkonflikt in die Krise führt, bleibt Gwigalois von einer dilemmatischen Situation, die an den Grundfesten seiner Existenz rüttelte, verschont. Darüber, „dass der Held durch keinen Prozess hindurchgeführt wird" (Haug 1980, S. 211), besteht im Grundsätzlichen Einigkeit. Man hat das verschiedentlich als „statische Idealität" bezeichnet (vgl. Heinzle 1973, S. 267; Cormeau 1977, S. 67; Grubmüller 1985, S. 224), als resultiere dieser Zustand geradewegs aus dem Wegfallen der Krise. Aus dem bisher am Text Festgestellten lässt sich die „Idealität" nicht rundheraus bestreiten. Dass aber seit der Roimunt-Episode wenigstens insofern Ansätze zur Dynamisierung des Helden bestehen, als er mit neuen Erfahrungen und entsprechenden Verhaltensmustern konfrontiert wird, ist auch nicht von der Hand zu weisen.

In der anschließenden Ruel-Episode scheint sich nun in der Tat ein Umschwung anzudeuten. Klappt da etwas hinterdrein? Oder stellt Wirnt einen – sozusagen gegen die erzählten Unterrichtseinheiten – verschobenen Lernprozess aus? Gwigalois bricht, von Moral und Beleare gewappnet (v. 6129 f.), in seine nächste *âventiure* auf, sogar den Helm mit dem goldenen Rade trägt er weiterhin (v. 6147 f.), und mit einigem Stolz weist er sich als Ritter der Tafelrunde aus (v. 6161–6166). An einem Fluss bindet er sein Pferd an, um das Floß an Land zu ziehen, als ihm das Waldweib Ruel – eine Witwe mit tragischer Vorgeschichte (v. 6356 f.) – begegnet, das ihn packt, fesselt und abtransportiert. Gwigalois unterläuft hier auf seinem angestammten Terrain als ritterlicher Kämpe ein technischer Fehler, indem er die Kraft der Unbewaffneten unterschätzt (v. 6365) und ihr zu nahe tritt, ohne sein Schwert zu ziehen (v. 6373–6377). Wenn Ruel „Teil einer Krise" ist, „die dem Helden jetzt ganz als etwas äußerlich Begegnendes bedeutet wird" (Bleumer 1999, S. 86), muss er nun, in höchster Not, seine Situation erfassen und entsprechend reagieren. Doch was jetzt passiert, indiziert zunächst immer noch keine neue Qualität des Bewusstseins. Als Ruel das Schwert bereits über dem Gefesselten schwingt, erinnert der sich, wie das im Todesmoment so üblich ist, an seine Braut, die schöne Larie (v. 6423 f.). Im selben Moment wiehert sein Pferd markerschütternd – Ruel lässt jäh von Gwigalois ab, weil sie argwöhnt, Pfetan treibe wieder sein Unwesen. Ein Zufall? Nein, „der Zufall kann kein Zufall sein", wie Grubmüller (1985, S. 230) pointiert, „Gott selbst hat eingegriffen". Das scheint zumindest der Erzähler zunächst zu verpassen, obwohl er, nachdem Ruel sich in die Felsen zurückgezogen hat, zu einem Ausflug über die schier unglaubliche Todesnot des Helden ansetzt und Gott auch als Grund dafür anführt, dass Gwigalois noch lebe. Gott ist nichts zu schwer. Er habe Gwigalois ohne zu zögern die Zuversicht genommen und ihn in tiefe Verzweiflung – *zwîvel* (v. 6480) – gestoßen, er war ihm allerdings auch *gnædic ie* (v. 6482). Das ist noch keine streng kausale Verknüpfung mit Larie und dem Pferd, auch nicht mit den nächtlichen Ereignissen am See, aber man kann es so verstehen.

Gwigalois zumindest versteht es so. Es geht erst gegen Mittag (v. 6460), aber er unternimmt jetzt keinen Anlauf mehr, seine Fesseln im Laufe des Nachmittags mit eigener Fingerfertigkeit aufzuknoten. Vielmehr richtet er ein inständiges Gebet um Befreiung an den *süezen got* (v. 6494), den er sozusagen auf seine Verpflichtung zum Beistand hinweist, dürfe er doch nicht zulassen, dass eine Kreatur, *diu der helle zæme* (v. 6500), Gwigalois den *jungen lîp* nehme (v. 6498). Indem Gwigalois Gott als Verbündeten im Kampf mit den Vertretern der

Hölle mobilisiert, hat er seinen eigenen Status in der Episode um die Befreiung Korntins neu definiert. Der Erzähler, der schon während der Ohnmacht des Helden den Namen des Herren führte, hat bei der Erringung dieses neuen Selbst-Bewusstseins freilich nachgeholfen, und auch Wirnt hat das Pferd vorgeschickt, als er Gott bemühen musste. Damit ist, beinahe zögerlich, eine Allianz entstanden, die sich über eine gemeinsame Zielsetzung definiert. Wo der Teufel im Spiel ist, darf Gott ran – sobald der Artusritter nicht mehr weiter weiß. Gwigalois verharrt denn auch nicht im Gebet, sondern richtet (in heroischer Tradition) eine längere Ansprache an sein Schwert, auf dessen Knauf er schwört, künftig immer als Erster zu ziehen.

🕮 Cormeau 1977, S. 87–90, 116–120; Gottzmann 1979, S. 107–111; Henderson 1980; Grubmüller 1985, S. 230–233; Gottzmann 1988, S. 309–315; Giloy-Hirtz 1991; Brinker 1995; Matejovski 1996, S. 148–150; Bleumer 1999; Eming 1999, S. 190–202; Ringeler 2000, S. 215–220; Wennerhold 2005, S. 95–105; Schnyder 2005; Wüstemann 2006, S. 50–53; Müller 2007, S. 238–240.

4.5.3. Der Kampf um Glois

(v. 6542–7272; Seelbach / Seelbach: 18.–19.)

1. Der kleinwüchsige, in ein Löwenfell gekleidete und mit sechzig Lanzen ausgestattete Ritter Karrioz (v. 6615), der *Machmêt* im Wappen trägt (v. 6572), stellt sich Gwigalois in den Weg. Nach erfolgloser Tjost greift der Wächter der *âventiure* (v. 6595) zum Streitkolben, Gwigalois vermag ihn mit dem Schwert todwund zu schlagen. Karrioz flieht durch den giftigen Pechnebel, der Glois tagsüber umwabert, wird dabei aber wie eine Fliege im Bernstein eingeschlossen (v. 6750–6753). Auf einem Damm, der durch den Sumpf führt, reitet Gwigalois auf die Burg zu, muss jedoch vor einem aus Marmorquadern gemauerten Tor innehalten, vor dem das Wasser ein mit Schwertern und Kolben gespicktes Rad umtreibt. Der sich hinter ihm erhebende Pechnebel versperrt Gwigalois den Rückweg. Solchermaßen eingekeilt, legt sich der Ritter erschöpft zu Boden und befiehlt sein Schicksal dem Höchsten. Der Sohn Marias erhört sein Gebet und sendet einen Wind, der den Nebel ins Wasser drückt, das daraufhin eindickt, so

dass auch das Rad zum Stillstand kommt. Gwigalois kann sein Pferd durch die Speichen ziehen. Aus dem Dunkel der Nacht tönt ein schauriger Warnruf, eine Wolke schiebt sich vor den Mond (v. 6919). In völliger Finsternis attackiert ein zentaurenähnliches Wesen (Marrien: v. 7030) den Ritter, indem es einen Kessel mit Griechischem Feuer gegen ihn schleudert. Die Rüstung brennt rasch herunter, das Pferd verreckt elendiglich, und hätte Gwigalois nicht erkannt, dass er das Feuer mit dem Blut des Zentauren zu löschen vermöchte, hätte er erneut unbekleidet dagestanden. Wieder mahnt die Stimme aus dem Dunkel, nunmehr warnt sie Roaz vor dem gefährlichen Eindringling. Vor dem Burgtor stellen sich ihm zwei adlige Wächter entgegen. Den einen macht Gwigalois nieder, den alten Grafen Adan (v. 7841) zwingt er zur Kapitulation.

2. Der Zwergenritter Karrioz, Sohn einer wilden Frau (jedoch nicht Ruels!) in der erlesensten ritterlichen Ausstattung (v. 6552–6591) und mit vollendetem Kampfgebaren (v. 6624–6644), ist ein eigentümliches Hybrid: Montur und Körperkonzept stehen, gemessen am Maßstab des höfischen Codes, in einem Missverhältnis (dazu Schmitt 2007, S. 372–375). Weniger sein Name als sein Löwenfell könnte auf den Riesen Herakles verweisen (vgl. Seelbach / Seelbach, S. 303). Sein Wappen zeigt ein lebensechtes Porträt *Machmêts*, was wie Mohammed klingt, aber weder ihn noch Allah meint, sondern eines jener putzigen Teufelchen, wie sie seit dem ‚Rolandslied' auf allen „heidnischen" Säulen sitzen, mit denen sie dann mühelos zu Boden gestürzt werden können.[10] Als sich Gwigalois darüber erheitert (v. 6576), stellt er sich in beste Tradition.

Der Pechnebel, der aus dem Sumpf um die Festung Glois emporsteigt (v. 6726), ist eine Erfindung Wirnts, der, sofern er an das Inselreich des Zauberers Malduc *von dem Genibelte sê* aus Ulrichs ‚Lanzelet' (v. 6990 f.) gedacht haben sollte (Seelbach / Seelbach, S. 303), Malducs Tücke um diese Bosheit der Natur noch übertrumpft. Wie Harz überzieht der Nebel alles Lebende, der fliehende Karrioz erstarrt darin zum Reiterstandbild (v. 6749–6759). Dagegen steht das mit Schwer-

[10] Einige sehr schöne Exemplare stürzen in der Schedelschen Weltchronik auf Bl. CVIIr und CVIIv. Siehe Hartmann Schedel: Weltchronik. Kolorierte Gesamtausgabe von 1493. Einleitung und Kommentar von Stephan Füssel, Augsburg 2005.

tern und Kolben gespickte Schöpfrad, das den Zugang zur Festung mitten auf dem Brückendamm versperrt, in einer langen Tradition phantastischer Automaten. Es ist zuvörderst ein „militärtechnisches Kabinettstück“ (Jaeger 2000, S. 293), dessen Anblick die Forschung an die Höllenpforte (Brinker 1995, S. 94 f.) und das symbolische Rad der „Gerichtsbarkeit“ (Jaeger 2000, S. 294) erinnerte. Im Gegensatz zu Karrioz und Pechnebel findet sich hier auch eine Entsprechung im ‚Chevalier du papegau‘, über dessen rotierendem Rad ein Schild mit Inschrift die über die vibrierende Brücke nahenden Gäste in die Falle lockt. Artus weiß um den Zauberfaden, der das Rad umtreibt, und zerstört die Mechanik (vgl. Cormeau 1977, S. 90–92).

Marrien, der geschlechtslose Zentaur, der Gwigalois mit einem Topf voll Griechischem Feuer anrennt, hat ebenfalls eine Entsprechung im ‚Chevalier du papegau‘, vor allem aber im ‚Eckenlied‘ (E_2; vor ca. 1230), was Cormeau zu weitreichenden quellengeschichtlichen Spekulationen veranlasste (Cormeau 1977, S. 77–81). Der Erzähler nennt das gepanzerte Wesen dort ein *wunder* (Str. 52, 3). Angemessen wäre die traditionelle Bezeichnung als *merwunder*, obwohl es – wie die meisten Meerwunder – auf dem Trockenen lebt (Systematik bei Lecouteux 1977, S. 1–11). Die Unmöglichkeit, sein Geschlecht bestimmen zu können, ist eine Sorge, die nur Wirnt kennt (v. 6939 f.). Das im Kessel gehütete Griechische Feuer als Angriffswaffe könnte er der Erlebniswelt der Kreuzfahrer (Saran 1896, S. 404 f.) oder dem ‚Straßburger Alexander‘ (v. 1363–1369, 2399–2402) entnommen haben (Seelbach / Seelbach, S. 304). Es wird dem Wesen jedenfalls gerechter als der Wurfspieß, den das *merwunder* im ‚Eckenlied‘ gegen Ecke schleudert (Str. 52, 7–9). Ein Märchenmotiv ist, dass man das Feuer mit dem Blut des Ungeheuers zu löschen vermag – „eine Art [?] apotropäisches Mittel“ ist das Blut damit freilich noch nicht (Eming 1999, S. 206), und mit dem homöopathischen „Similia similibus curantur“ (Czerwinski 1993, S. 403) hat das auch nichts zu tun – wo wäre das Simile?

3. Die Erinnerung an die Ruel-Episode ist noch frisch, als Gwigalois auf den Lanzenwald des Zwergen Karrioz zureitet. Er wollte von nun an immer als Erster seine Waffe ziehen, aber er hat auch begriffen, dass er künftig in der Gefahr göttlichen Beistands bedarf. Beides kann er nun unter Beweis stellen, und er führt dabei den rechten Einsatz von Waffe und Gebet mustergültig vor. Karrioz ist in erster Linie Rit-

ter, er wählt die Waffen des Ritters und wird von Gwigalois, der ihn sogleich attackiert, im ritterlichen Zweikampf bezwungen. Das mit Kolben und Schwertern gespickte Rad hingegen ist ebenso Teufelswerk wie der Giftnebel. Gwigalois erkennt umgehend seine Machtlosigkeit „und überlegt gar nicht erst, zu handeln." (Fuchs 1997, S. 166). Dabei entspricht seine Wendung an den Höchsten bis in Formulierungen hinein – das hat Fuchs herausgearbeitet – der Gottesbitte aus der Ruel-Szene (vgl. Fuchs 1997, S. 166 f.). So kämpft und betet er sich über die Brücke – und macht gleich danach im Kampf mit dem Zentauren, der ihn bis auf das Kettenhemd abbrennt, eine neue Erfahrung. Gwigalois überlebt die Brandattacke, weil er zufällig erkennt, dass er die Flammen, die an ihm züngeln, mit dem Blut Marriens zu löschen vermag. Die Forschung hat da gerne über den Erzähler hinweggehört, der sofort versichert, allein Gott habe das Leben des Helden geschützt (vgl. v. 7020–7021), und den Erfolg auf Gwigalois' „eigene, kluge und hellwache Beobachtung" zurückgeführt (Fuchs 1997, S. 169).

Der Kampf um die Selbständigkeit des Protagonisten (vgl. Gottzmann 1979, S. 115; Fuchs 1997, S. 169; Dietl 2003, S. 305), dessen „kindlich wirkendes" Gottvertrauen Wirnt sogar „dem Lachen preis" gegeben haben soll (Eming 1999, S. 204), verwundert ein wenig, ging doch auch bisher wenig in glatten Dichotomien auf. Manches wird explizit dem Handeln Gwigalois', anderes explizit dem Handeln Gottes zugeschrieben, wieder anderes, das Wirnt eher seinem Helden zuzuschreiben geneigt war, bringt der Erzähler mit erklärenden Hinweisen in eine Gemengelage. Ein solches Verfahren dämpft natürlich den vor allem an Hartmanns Romanen entwickelten säkularen Handlungsoptimismus. Die Probleme, die sich Gwigalois bieten, lassen sich – so wird man Wirnt verstehen müssen – allein mit der Waffe in der Hand nicht mehr lösen. Aber Wirnt schlägt seinem Helden die Waffe ja auch nicht aus der Hand, sondern verleiht sie ihm just nach dem Ruel-Kampf, der allein mit Gottes Hilfe entschieden werden konnte, feierlich aufs Neue. Gottes Hilfe ist für den Kampf mit dem Teufel und dessen Gesellen reserviert, und wer das weiß und darauf vertraut, muss seine adlig-säkulare Existenz nicht aufgeben.

📖 Cormeau 1977, S. 90–93; Gottzmann 1979, S. 112–120; Gottzmann 1988, S. 315–318; Fuchs 1997, S. 164–173; Eming 1999, S. 202–207; Schmitt 2007, S. 372–375.

4.5.4. Der Kampf mit Roaz

(v. 7273–8469) (Seelbach / Seelbach: 20.–21.)

1. Nach Mitternacht treibt es Gwigalois in die Burg. Ihre Pracht blendet, Blitz und Donner kündigen den Einzug des Teufelsbündners Roaz an. Zwölf Jungfrauen mit Kerzen gehen voran, es folgt der in seiner Zauberwolke unsichtbar schwebende Leibhaftige (v. 7325), schließlich der Hüne Roaz selbst in voller Rüstung. Weitere zwölf Jungfrauen mit Kerzen schreiten vor seiner Dame, der schönen Japhite, einher. Bei ihrem Leben hat Roaz den Seinen verboten, in den bevorstehenden Kampf einzugreifen. Der anschließende Schlagabtausch währt sehr lange, Gwigalois verletzt Roaz tödlich (v. 7659–7662). Japhite hat dem Anblick des Gatten keine Lebenskraft mehr entgegenzusetzen und fällt tot über dem Toten zusammen. Auch Gwigalois schwinden wegen des zu großen Blutverlustes die Sinne (v. 7768 f.). Als das Burgtor von Glois geöffnet wird, macht sich Graf Adan ein Bild vom unermesslichen Leid, das unter den Hinterbliebenen herrscht. Mit knapper Not rettet er den moribunden Gwigalois vor den verzweifelten Jungfrauen, die den Tod ihres Herren an ihm rächen wollten (v. 7927 f.). Als er den Namen Laries hört, schöpft Gwigalois neue Kraft (v. 8001 f.). Das helle Tageslicht lässt die Zustände auf Glois deutlicher hervortreten. Die Burg wird jetzt nur noch von vierzig Jungfrauen bewohnt, andere Männer hatte Roaz nicht geduldet. Nun herrscht dort so großes Leid, wie es der Erzähler nur beim Tod des *vürsten von Merân* (v. 8063 f.) erlebt hat. Die Leiche des Teufelsbündlers tragen die Teufel hinweg, Gwigalois belehrt die Klagenden über die Macht Gottes und seiner Kirche und erzielt einen ersten Erfolg beim Grafen Adan, den es nun nach der Taufe verlangt (v. 8207). Mit großen Ehren wird die vor Liebe verstorbene Japhite in einem aufwendigen Sarg in einer Marmorgruft beigesetzt. Die Jungfrauen verpflichten sich, Gwigalois zu dienen.

2. Beim Eintritt in die Feste Glois überwindet Gwigalois seinen nachmaligen Kampfhelfer, den Grafen Adan, der ihm in Erwartung eines Retters (v. 7235 f.) die Pforte zur Hölle (vgl. v. 7261 f.) aufstößt. Im Vorfeld des Kampfes mit Roaz gewahrt der Betrachter, der den feierlichen Aufmarsch der zwei mal zwölf kerzentragenden Jungfrauen (v. 7296–7299, 7397–7400) bestaunt und sich dabei an das Défilée auf der Gralsburg im ‚Parzival' (232, 9–235, 14) erinnert, „eigentüm-

liche, fast zeremoniöse, ja liturgische Formen“ (Wehrli 1969, S. 235 f.). Nur Adepten vermögen das Mysterium der Zauberwolke zu erkennen, in der der Teufel vor Roaz einherschwebt (v. 7317–7320). Roaz baut, wie bisher (v. 7331 f.), auf den Beistand des Leibhaftigen, das disqualifiziert ihn als Teufelsbündler. Aber er ist, was man zurecht betont hat, selbst keine Inkarnation des Leibhaftigen (vgl. Eming 1999, S. 208). Er hat sich in Korntin hochgeputscht, er hat den semihöfischen Kampfzwerg vor Glois postiert, den Zugang mit dem Zauberrad verriegelt und den Zentauren als Kampfmaschine abgerichtet. Das sind zweifellos Fertigkeiten, wie sie das Buch Genesis auch von den sagenhaften Söhnen Kains, die mit Geschick und Gewalt dem Höchsten trotzten, zu berichten weiß (Henderson 1986a, S. 109). Roaz ist groß (v. 7354), jedoch kein Riese (anders: Schmitt 2007, S. 375 f.), und er ist, bei allem Teufelsspuk, ein tapferer Ritter und ebenbürtiger Zweikampfgegner. Anders als im ‚Chevalier du papegau‘ brechen die befreiten Bewohner von Glois auch nicht in Jubel aus. Wirnts übereifrige Hofdamen vermag allein der Kryptochrist Adan von Tätlichkeiten gegenüber Gwigalois zurückzuhalten (vgl. Eming 1999, S. 208 f.).

3. Wo ist Gott im entscheidenden Kampf mit Roaz? Der Teufel ist wohl anwesend, alle wissen es, allein Gwigalois sieht ihn nicht. Er hat sein Schwert fester gefasst, an dem noch der Schutzbrief des Priesters von Roimunt baumelt (v. 4427–4429, 7334 f.), und er steht entschlossen *als ein ber* (v. 7295) – da bricht das höfische Mysterienspiel, eine wahre Ausstattungsorgie orientalischer Schmiede- und Schneiderkunst, über ihn herein, und als ihm Roaz zum ritterlichen Kampf entgegentritt, schärft der seinen Leuten ein, ihrem Herren nicht zu Hilfe zu eilen (v. 7480–7486). Dessen bedarf es zunächst auch gar nicht, denn der Heide ist der effizientere Kämpfer und bringt Gwigalois an den Rand einer Niederlage. Das hätte schlimme Folgen, wie der Erzähler versichert, denn Roaz kannte kein Erbarmen selbst mit Besiegten (v. 7632–7637). Die ganze Nacht hindurch tobt der Kampf (v. 7647), beide beweisen im Angesicht der schönen Frauen *mannes muot, kunst* und *kraft* (v. 7651 f.). Als sich Gwigalois dann endlich eine Lücke in der Deckung eröffnet, sticht er sofort zu und schlägt todbringend hinterdrein.

Gott und der Teufel haben während dieses höfischen Spektakels frei. Der Teufel ist durch Amulett und priesterlichen Segen schon lange zuvor auf Distanz gebracht (v. 7340 f.), da bedarf es denn auch keines expliziten himmlischen Beistands mehr. Erst die um ihren erschlagenen Gatten trauernde Japhite ruft zum Himmel empor, aber es ist der leere Himmel einer Heidin, die die Abwesenheit ihres Gottes *Machmêt* (v. 7714) beklagt und in unverwüstlicher Liebe zu Roaz, mit dem sie in totaler Einheit, einer beinahe ekstatischen unio (v. 7726–7730) zu leben schien, schließlich über dessen Leichnam zusammenbricht (v. 7744). Das reißt sogar den Erzähler fort. Lauthals lamentiert er über das Ableben der schönen Frau. Ihr flammendes Bekenntnis zur Ehe mit Roaz und ihre beispiellose *triuwe* (v. 7901) nobilitieren den Erschlagenen zumindest vor dieser Welt. Freilich: *vor got* sind ihrer beider Seelen *erslagen* (v. 7757), und folgerichtig kann Roaz' Seele nur von Hilfsteufelchen davongetragen werden (v. 8136 f.). Wo aber ist Gott?

Gwigalois' Kampf mit Roaz ist auf der Ebene der Darstellung eine ritterliche Auseinandersetzung zweier einmütiger Schwertträger (v. 7622 f.). Nach allem, was Wirnt an diabolischer Halbwelt auf dem Weg nach Glois installiert hatte, irritiert das durchweg höfische Finale, in dessen Verlauf dann zwei edle Heiden sterben, ein wenig. Rückblickend degradiert das die feierliche Aufzugszeremonie der Jungfrauen zu einer gar nicht mehr so schaurigen Kerzenständer-Parade. Auf der Feste Glois erwartet Gwigalois nicht die Summe des Bösen, das Korntin bedroht, sondern eine Art höfische Schaltzentrale, die sich die Bestien teilweise gefügig machen kann (Karrioz, Marrien), teilweise auch nicht (Pfetan, Ruel), alles Hässliche jedoch auf Distanz zu halten sucht. Der heidnische Minneritter Roaz umgibt sich lieber mit schönen Frauen und Jungfrauen. Er hat, wie es scheint, ein Abkommen mit dem Teufel, so wie der christliche Minneritter Gwigalois eines mit Gott hat (ähnlich Dietl 2003, S. 304). Den Entscheidungskampf dürfen sie aus eigener Kraft austragen.

Die Faktizität gefällter Eichen oder gestürzter Standbilder war in Glaubensangelegenheiten immer schon das schlagkräftigste Argument. Japhite, die den übel zugerichteten Leichnam des Gatten in die Arme schließt, beklagt denn auch, ihr *vil süezer got* (v. 7717) habe sich von ihr abgewandt. Auch Graf Adan, den Gwigalois schon vor dem Tor bezwingen konnte, ist willens, einen Sieg über Roaz als Erweis der göttlichen Allmacht aufzufassen – gerade so, wie er alle Mühen im Falle einer Niederlage im Nachhinein als Zeitverschwendung erachtet hätte (v. 7235–7241). In dem Augenblick, da Adan Roaz' Leichnam[11] von Dämonen fortgetragen sieht, sieht sich Gwigalois zu einer paränetischen Rede veranlasst: Wer an Christus glaube, werde in die Gemeinschaft der Engel aufgenommen, und wer den Schöpfergott, die heilige Trinität und die Gottesmutter ehre, besitze die ewige Gnade (v. 8146–8165). Der Graf verflucht sein Heidentum, er verlangt in einer enthusiastischen Rede des Katechumenen (v. 8166–8206) umgehend nach der Taufe (v. 8207). Was sich auf Glois ereignet, hat Wirnt nicht als Kampf zwischen Gott und Teufel, sondern als Auseinandersetzung um Heil und Verwerfung gedeutet.

Gwigalois hat einen Ritter bezwungen, keinen „Höllenfürsten" (Heinzle 1973, S. 270 Anm.). Am Ende des Weges nach Glois steht für den, der eine Klimax der Schrecken erwartet, in gewisser Weise eine Enttäuschung (nicht enttäuscht ist Gottzmann 1988, S. 318). Man stelle sich einmal – ganz unverbindlich – ein diabolisches Finale im Geisterschloss vor! Allerdings ist die höfische Reduktion der Schreckensburg so auffällig, dass die Frage, was Wirnt mit der Roaz-Figur eigentlich beabsichtigte, durchaus berechtigt erscheint. Offenbar ist bereits auf der Darstellungsebene eine „merkwürdige[...] Ambivalenz der Erscheinungen" (Haug 1992, S. 263): einerseits eine das Reich verheerende Schreckensherrschaft und die damit einhergehende Entfesselung anderer Elementargewalten (Pfetan), deren Überwindung – immerhin das ausgerufene Ziel der Aventiure – nicht nur allgemeine Erleichterung hervorruft, sondern den Weg zu einer dauerhaften Pazifizierung bahnt; anderseits eine die ritterlichen Prinzipien durchaus achtende Regierung, in der sich das Ideal höfischer Partnerschaft in Wechselseitigkeit und lebenslanger *triuwe* inkarniert zu haben scheint und deren Ende zumindest von denen, die ganz nah dabei waren, aufrichtig bedauert wird. Dieses Nebeneinander erzählfunktional zu nivellieren, indem man in Roaz' ritterlichen Zügen kaum mehr als eine notwendige Aufwertung des Kampfgegners erkennt, nimmt den Textbefund nicht ernst genug. Die Ambivalenz ist zweifellos mehr

[11] Zu erwarten wäre, dass die Teufel sich der Seele des Heiden bemächtigen, die bildlich als „eidolon", als kleine Figur, davongetragen wird. Wirnt hingegen scheint tatsächlich an den toten Körper zu denken. Anders ist die Bemerkung, dass man den Verlust erst merkte, als *man in ûz solde tragen* (v. 8139), nicht zu verstehen.

als narrativer Firnis: „Im Negativen scheint etwas Positives zu stecken, im Dämonisch-Gefährlichen gibt es etwas Lichthaftes." (Haug 1992, S. 264). Begründet die neue Darstellungsweise allein aber bereits eine neue Aussage, einen neuen Sinn?

Man kann die Verunsicherung der Forschung in diesem Punkt vielleicht am besten an ihrem Kampf um das Verstehen von Texten durch ein „zeitgenössisches Publikum" erkennen (vgl. Henderson 1986a, S. 100: „the ultimate frame of reference in the minds of the medieval audience"). Das ist nie ganz glücklich, weil auch wir das zeitgenössische Publikum und sein Verstehen nur nach Maßgabe unserer Auffassung zu verstehen vermögen. Der Ansatz taucht aber häufig gerade dann als Regulativ auf, wenn die Plausibilität herkömmlicher Erfassungsmodelle – hier: einer an den arthurischen Prätexten geschulten Ästhetik – in Frage zu stehen scheint. Einen „mittelalterlichen" Verständnishorizont rekonstruieren etwa die Deutungen von Carola L. Gottzmann und ihrer Schule. Gemäß der applizierten christlichen Tugend- und Lasterlehre fehle Roaz die *caritas socialis*, er pflege eine „egozentrische Liebe", die „sinnbildlicher Ausdruck der Herrschaft des Bösen" sei (Gottzmann 1979, S. 119; Gottzmann 1988, S. 319). Wer eine solche Hermeneutik unterstellt, setzt auf die allgegenwärtige Stimme christlicher Verkündigung, die auch in Domänen adliger Kultur ihre Eckwerte auf Predigtniveau verbreitet haben muss.

Wirnt, der sich Gottzmann zufolge mit dem ‚Wigalois' als „in Handlung umgesetzte[r] Exemplifikation christlicher Lehre" (1979, S. 124 f.) an dieser Vulgarisierung beteiligte, müsste sein Publikum mit der Roaz-Figur aber geradezu gefoppt haben, hätte er doch im „Zentrum der Teufelsmacht" gegen die „Wurzel des Übels" nicht mehr als deren „misstrauisch[e] und eigensüchtig[e]" Minne aufzubieten (Gottzmann 1988, S. 318 f.). Wer Roaz freilich über sein Minneverständnis desavouieren möchte, muss Japhites Einschätzung dieser Partnerschaft glatt überhören. Es bleibt also dabei: Das, was bis an die Tore von Glois über Roaz ausgesagt wird, baut eine Erwartung auf, der das, was – auch einem mittelalterlichen Publikum – von Roaz tatsächlich vorgeführt wird, nicht gerecht werden kann. „Vielleicht sollte an ihm gezeigt werden, dass das Höfische ohne Sinn ist, wenn es nicht auf Gott gründet. Der Roman knüpfte damit an das zentrale Problem der höfischen Literatur an. Voll entfaltet ist diese Problematik freilich nicht" (Heinzle 1973, S. 270).

Wirnt verlagert durch das Katechumenat des Grafen Adan und die Klage des Erzählers um die immerhin durch ihre Tränen getaufte Japhite noch auf Glois den Konflikt zwischen den Elementarkräften Gott und Teufel auf eine innerweltliche Auseinandersetzung zwischen Christen und Heiden. Impulse könnte der Verehrer Wolframs hierfür aus ‚Parzival' und ‚Willehalm' empfangen haben. Dort geraten die über den Glaubensgegensatz am Leben erhaltenen Oppositionen zusehends unter Druck, werden im Handstreich oder im Scherz überwunden und lösen sich schließlich auf. Von einem liberalen Durchbruch in der Religionsfrage ist der ‚Wigalois' natürlich weit entfernt. Ein Anwalt Allahs tritt (anders als im ‚Willehalm') gar nicht erst auf, ja es wird mit Adans emphatischer Konversion explizit rück-verhandelt. In den innerweltlichen Qualitäten Minne und Rittertum stehen Roaz und Japhite freilich Gwigalois und Larie kaum etwas nach. Wirnt lässt das so nebeneinander stehen und damit seinen um Vereindeutigung einer christlich-heidnischen Kontroverse bemühten Erzähler allein. Wenn die Aventiurewelt des ‚Wigalois' zwiegesichtig erscheint (vgl. Haug 1992, S. 264), dann auch deshalb, weil diese sinnstiftende Allianz – auch unter dem indirekten Einfluss des Eschenbachers – das Publikum nicht mehr ganz einmütig hindurch zu geleiten vermag.

📖 Wehrli 1969, S. 235 f.; Gottzmann 1979, S. 112–120; Henderson 1986a; Gottzmann 1988, S. 318–320; Haug 1992, S. 259–264; Brinker 1995; Fuchs 1997, S. 173–182; Eming 1999, S. 207–209; Jaeger 2000, S. 298–312; Wennerhold 2005, S. 105 f.; Schmitt 2007, S. 375 f.

4.6. Hochzeit und Krönung

(v. 7905–9799; Seelbach / Seelbach: 22.–23.)

1. Nach einer kurzen Phase der Rekreation auf Glois macht sich Gwigalois auf den Weg nach Joraphas, der Burg des Grafen Moral. Der Graf ist der Erste, der vom Tod des Roaz erfährt. Er belehrt Gwigalois, dass ihm mit der Krone Korntins von Rechts wegen auch die Herrschaft über das Land Jeraphin am Lebermeer zuteil werde (v. 8592– 8595). Nun kann die Burg Korntin (v. 8680–8682, 9238) für ein Fest, das in sechs Wochen stattfinden soll, hergerichtet werden. Während er selbst

sich von seinen Wunden ausruht (v. 8823), entsendet Gwigalois den Grafen Moral und den Ministerialen Bejolarz mit einem Liebesbrief nach Roimunt, den Moral ordnungsgemäß überreicht (v. 8737– 8754). Larie bereitet sich zur Reise nach Joraphas. Gwigalois kommt dem Zug auf offenem Feld entgegen (v. 8936 f.). Aus Respekt vor dem Sakrament verzichten die Liebenden in den nächsten Tagen aufs voreheliche Beilager. Dann treffen die ersten Gäste zum Hoftag ein: König Rial von Jeraphin, der sich von Gwigalois belehnen lassen möchte, und Elamie von Tyrus, deren Schönheitspreis er vom Roten Ritter zurückerkämpft hatte. Sie führt eine Schar berittener Amazonen an, unter ihnen Marine (v. 9165), die Nichte des Grafen Adan. Könige aus Asien (v. 9210), Fürsten, Ministeriale kommen, um Gwigalois zu huldigen. Einmütig ist die Zustimmung, als Larie ihren künftigen Gatten zum König krönt (v. 9433 ff.). Dem opulenten Festmahl folgt der Gang des Königspaares zum Gottesdienst. Die *süezen worte* (v. 9501) des predigenden Bischofs motivieren den Grafen Adan zu öffentlicher Reue. Er wird, gemeinsam mit seiner Nichte und deren Jungfrauen, getauft (v. 9510–9513). Nun bestätigt *künic* (v. 9517) Gwigalois die Lehensträger oder setzt sie neu ein. Da erreicht Gawein, begleitet von den Artusrittern Erec, Iwein und Lanzelet (v. 9570 f.), mit prächtigem Gefolge den Hof. Vater und Sohn begrüßen einander. Gwigalois hatte für die Einladung zum Hoftag das Siegel verwendet, das Gawein Florie hinterlassen hatte (v. 9615–9620). Gawein bedauert sein Verhalten aufrichtig. Der Anblick von Sohn und Schwiegertochter bewirkt jedoch, dass sich des Trauernden wieder die Freude bemächtigt (v. 9759 f.).

2. Mit dem Tod des Roaz endet die Aventiure. Was folgt, ist der Versuch, die sozialen Gefüge auf allen Ebenen durch Ordnungen zu stabilisieren. Diesem Anliegen entsprechend ist die Mehrzahl der verwendeten Motive fest in der vorgängigen Literatur verankert. Eine Nähe der beschriebenen Handlungen zur gesellschaftlichen Realität um 1220 ist sachbedingt nur wahrscheinlich, weswegen schon Benecke hoffte, etwa in der Schilderung der Hochzeits- und Krönungsfeierlichkeiten „manche für das Staatsrecht des Mittelalters nicht unwichtige Erläuterungen und Belege" entdecken zu können (Benecke 1819, S. 492). Man sollte indes die Wirkung des Romans auf die nachfolgenden Autoren aller Genres berücksichtigen. Manches von dem, wofür man bei ihnen den zweiten Beleg zu finden glaubt, ist modifiziertes ‚Wigalois'-Zitat.

Das gilt ganz sicher für den Liebesbrief, den Gwigalois durch den Grafen Moral und dessen Verwandten Bejolarz überbringen lässt. Er wurde, aus dem Kontext gelöst, sogar separat überliefert (E. Meyer 1899; Schulz-Grobert 1993). Obwohl Minnebriefe eine lange Tradition kennen (etwa ‚Parzival' 715, 1–30), ist Wirnt der Erste, der einen voll entwickelten Szenentypus schafft, in dem Botenbericht und Brief zusammenwirken. Dem vertrauenswürdigen Überbringer, der durchaus Kenntnis des Briefinhalts besitzt (anders Brackert 1974, S. 3), kommt die Aufgabe zu, die Empfängerin hinsichtlich der Aufrichtigkeit des Geschriebenen zu bestätigen. Das ist gerade auch mit Blick auf die rechtlichen Implikationen des eine Beziehung anbahnenden Briefes von Belang. Mit seiner Person verifiziert der Bote die pergamentenen Worte (vgl. Wenzel 1995, S. 252–269). Das Briefmuster kennt wiederkehrende inhaltliche Versatzstücke wie Tugendpreis, *triuwe*- und *dienest*-Versicherung (vgl. Brackert 1974, S. 3 f.), lässt sich aber kaum an die gelehrten Formularbücher rückbinden.

Man hat dem Hochzeitsfest „enge motivische Parallelen zum Hochzeitsfest von Erec und Enite am Artushof" attestiert (Müller 2003, S. 235). Es ist wahrscheinlich, dass Hartmann sich bereits an Veldekes Fest in Laurente orientierte, bei dem freilich – wie im ‚Wigalois' – das machtpolitische Motiv der Landesbefreiung und Herrschaftsübernahme eine größere Rolle spielte (vgl. Haupt 1989, S. 105–140). Hatte aber Hartmann die Dauer des Festes von einem Monat (‚Eneit' v. 13206 f.) auf sechs Wochen (‚Erec' v. 10079) heraufgetrieben, setzt Wirnt sie – unter Berufung auf *der âventiure sage* – auf 12 Tage herunter (v. 9797 f.). Diese Untertrumpfung mit der Zahl der Vollkommenheit könnte markieren, dass das Ziel der Erzählung noch nicht erreicht ist, ließe nicht Wirnts emsig betriebsamer Protagonist (vgl. v. 11482 f.) generelle Zweifel aufkommen. Für den Partymuffel Gwigalois scheint es vorerst keinen Zustand des Reiches zu geben, der eine symbolische Selbstvergegenwärtigung der Herrschaft in größerem Ausmaße rechtfertigte.

In der Schilderung der Eheschließung „dominiert eindeutig die Figur des ‚Gebens' (was nicht hindert, dass sich die Aktivitätsbalance entschieden zur Seite der sozial überlegenen Braut hin neigt)." (Schröter 1990, S. 254). Das ist ein durchaus „archaisches Muster" (Schröter 1990, S. 253). Im ‚Nibelungenlied' etwa (um 1200) steht neben dem Vergabe-Typus bereits die Konsensehe Kriemhilds. Die Vergabe muss, da kein Vater mehr vorhanden ist, durch einen Dritten, offenbar den Ranghöchsten erfolgen. Das ist König Rial. „Nur durch seinen Rang erscheint er zur Leitung des Rituals prädestiniert.“ (Schröter 1990, S. 254).

Der Katalog der Gäste folgt der Liste im ‚Erec‘. Wirnt insistiert hier durch die bloße Aufzählung auf Ansehen und Macht des neuen Herrschers (Müller 2003, S. 235 f.). Schaffilun und Elamie werden aus der ersten Aventiurereihe eingeholt (ersterer über sein Gefolge), und erst jetzt wird der außerordentliche Rang der zunächst namenlosen Episodenfiguren explizit: ein Verfahren, mit dem Wirnt sich an Wolframs „namedropping“ orientiert (Müller 2003, S. 236), im Katalog der aufgeputzten Kontrahenten aber zugleich „eine inhaltliche Zusammenfassung des Aventiurewegs“ liefert (Müller 2003, S. 237).

Unter den Hochzeitsgästen befindet sich auch die Amazone Marine, eine Enkelin des Grafen Adan (v. 9151), typologisch indes eine Verwandte der Volskerin Camilla aus Veldekes ‚Eneit‘ (v. 8784–8823), die hier im Gefolge der Königin Elamie als Anführerin einer Reiterinnenschar aufgaloppiert. Wieder holt Wirnt ein Stück Literaturgeschichte ein, und wieder weitet er dadurch die Sicht auf eine immer größere, immer exotischere Territorien der fiktionalen Welt unter sich vereinigenden Herrschaft. Wie Camilla (‚Eneit‘ v. 9116 f.) muss auch Marine im Kampf fallen: männlich streitend, aber eben nicht als Siegerin vom Kampfplatz gehend (v. 11001–11030). Anders als Camilla (‚Eneit‘ v. 9385–9574) erhält Marine jedoch kein Mausoleum – das ist Amire und Liamere vorbehalten (v. 11234–11237) –, sondern wird von ihrem Onkel in die Heimat überführt (v. 11273 f.).

Im Zentrum des Gottesdienstes steht die Taufe des Grafen Adan, seiner Enkelin und der Jungfrauen von Glois. Mit einem typologischem Sermo, der Ereignisse aus Altem und Neuem Testament kontrastiert (v. 9504 f.), predigt der Bischof auf die Taufhandlung hin. Da die Taufe Adans vorher vereinbart war, schreibt Linsenmayer, der den ‚Wigalois‘ in seiner ‚Geschichte der Predigt in Deutschland‘ ausdrücklich erwähnt, der bischöflichen Predigt wohl ein zu großes Gewicht zu (1886, S. 110). Dass überhaupt *ein bischof* (v. 9500) predigt, hebt vor allem textimmanent die Bedeutung des Anlasses hervor. Historisch betrachtet sind predigende Bischöfe eher eine Erscheinung des Frühmittelalters, da im Hochmittelalter zunehmend von der Option eines

Stellvertreters Gebrauch gemacht wurde (vgl. Linsenmayer 1886, S. 107 f.).

Die Struktur der Herrschaft Korntin ist nicht gleich einsichtig. Das *rîche* (v. 9556) besteht aus zwei Königreichen, Korntin und Jeraphin (v. 8595). Letzteres liegt am *lebermer*. Da sämtliche Indizien dafür fehlen, dass das fabelhafte *mare coagulatum* gemeint ist, das eindickt und dadurch Schiffe nebst Besatzungen auf immer festsetzt (vgl. ‚Herzog Ernst' v. 3935; ‚Brandan' v. 293), spricht nichts gegen eine Identifizierung mit dem Roten Meer (Seelbach / Seelbach, S. 308). Jeraphin ist dem Reich Korntin lehenspflichtig. Lehenspflichtige Provinzkönige kennt auch das Großreich des ‚Priesterkönig Johannes', den Wirnt gekannt haben könnte (vgl. Jaeger 2000, S. 309 f.). In beiden Ländern soll künftig (wie vordem) *Karles reht* gelten (v. 9554), jenes fabelhafte Gesetzeswerk, das Karl der Große nach dem Bericht der ‚Kaiserchronik' (Mitte 12. Jh.; v. 14757–14814) von einem Engel diktiert worden war. Die Lehensmänner treten nach vorne und leisten – im Anschluss an ihre Bestätigung bzw. Begabung – den Lehenseid (v. 9549–9552).

Mit Erec, Iwein und Lanzelet (v. 9570 f.) finden sich unter den Festgästen aus den Prätexten bekannte Artusritter ein, die sich – wie Gawein – auch am Buhurt beteiligen, einem Turnier der in zwei Gruppen geteilten Ritterschar, bei dem ausschließlich stumpfe Waffen zum Einsatz kommen. Besondere Heraushebung erfahren sie weder als Kämpfer, noch als literarische Persönlichkeiten; vielmehr treten sie vor allem als Gruppe auf (v. 9793 f., 10070 f., 10645). Eine Bekanntmachung ist auch nicht mehr nötig, nachdem Wirnt sie durch sein Zitierverfahren fast durchweg am Geschehen indirekt beteiligt hat.

3. Der Zauber, der das Land Korntin überzog, ist wie aufgehoben. Das demontierte Rad des Roaz versperrt den Zugang nicht mehr, die Monster sind erlegt, die Torwächter beseitigt, die Seele des Heiden samt der sie in die Hölle zerrenden Teufelchen entschwunden, die Jungfrauen folgen ihrem Befreier, die ganze Enge von Glois ist überwunden – es hat den Anschein, als habe Wirnt zu seinem Thema, der Überwindung der Schreckensherrschaft, zurückgefunden. Die ersten Figuren, die von der geglückten Befreiung erfahren, bestätigen das, wenn auch durchaus moderat im Ton. Graf Moral, dem der Drache so übel mitgespielt hatte, ist der Erste, der sich nach dem Tod des *heiden* erkundigt (v. 8574). Gwigalois antwortet, als stehe er noch ganz unter

dem Eindruck eines ritterlichen Waffengangs: ‚*sîn hôher muot der ist gelegen / und sîn gewalt den er begie*' (v. 8576 f.). Man kann *hôher muot* als *hôchmuot* auffassen und mit Hochfahrt, Hoffart, also der Ursünde Superbia wiedergeben, aber das ist bereits Interpretatio christiana. Auch „die von ihm ausgeübte Gewalt" (Seelbach / Seelbach) hilft eher dem Verständnis einer sensationslüsternen Öffentlichkeit auf. Nicht minder adäquat ließe sich übersetzen: „Seine hohe Gesinnung liegt ebenso darnieder / wie seine Herrschaft" (v. 8576 f.). Hat sich Gwigalois von der klagenden Japhite beeindrucken lassen? In erster Linie steht sein Urteil über Roaz doch wohl im Zeichen eines fairen Waffengangs. Was Gwigalois mit dem Pathos einer Presseerklärung kundtut, belässt dem Erschlagenen die ritterliche Würde. Es ist, als integrierte der Sieger mit dieser Auskunft den Besiegten post mortem, als sei er nicht nur Episode seiner individuellen Geschichte, sondern notwendiger Teil des von ihm wieder aufgerichteten Friedensreiches. Gwigalois antwortet dem Grafen bereits als Herrscher, nicht mehr als Befreier Korntins.

Gwigalois war ausgezogen, einen Teufel zu erschlagen, und hat einen Ritter überwunden. Das, was ihm auf Glois widerfahren war, hatten ihm keine Nereja, keine Larie und kein König Jorel voraussagen können. Seine Kämpfe gegen Riesen, Waldritter, Geister, Drachen und Zentauren – wie weit dies alles bereits zurückliegt. Was folgt, oder richtiger: was Gwigalois anlässlich seiner Herrschaftsübernahme folgen lässt, ist eine beispiellose Integrationsleistung. Der Grundstein dafür wurde bereits auf Glois geleget. Mit Graf Adan macht Gwigalois den Anfang. Den im Kampf Verschonten drängt es, seine Seele zu retten. Gwigalois, an dem die Überlegenheit des Christengottes manifest geworden war, führt ihn selbst in die Grundüberzeugungen des Glaubens ein (v. 8142–8165). Es fällt dabei auf, wie behutsam Wirnt darauf achtet, die zwei Reiche Gottes und der Welt nicht zu vermischen. Allein die Konversion zur Staatsreligion macht, obwohl sie unabdingbar zu sein scheint, den Getauften noch nicht zum Bestandteil des sozialen Gefüges. Die Bindungen eines vasallitischen Systems müssen ebenfalls greifen. Dass sie durch die Roaz-Herrschaft nicht korrumpiert wurden, beweist die terminologische Versiertheit, mit der zunächst Graf Adan und gleich darauf Graf Moral ihren Status definieren: *ich bin sîn man* (v. 7975) droht Adan den Jungfrauen auf Glois mit dem Automatismus möglicher Vergeltungsschläge; und Moral versichert Gwigalois geradezu emphatisch, er wolle auf der Stelle seine Lehen von ihm empfangen: *ich wil werden iuwer man* (v. 8584).

Die Befreiung Korntins bedeutet zunächst einmal die Suspendierung des Terrors. Inwiefern mit dem Machtwechsel Ordnung oder gar eine neue Ordnung verbunden sind, die Wiederherstellung eines Konzepts also oder dessen Ablösung, nimmt während des Interims langsam Gestalt an. Die Darlegungen des Grafen Moral über Gwigalois' neuen Herrschaftsbereich (v. 8591–8605) knüpfen die Zukunft an eine solide politische Grundordnung. Für ihn ist klar, dass Roaz' Regnum die Reiche Korntin und Jeraphin nur vorübergehend auseinandergerissen hat. Dem neuen Herrscher obliegt es, beide zum vormaligen Großreich zu einen. Das ist mit Blick darauf, dass die Herrschaftsbereiche mindestens *zehen jâr* getrennt waren (v. 3402; so lange kämpfte Schaffilun um seinen Befreiungs-Auftrag), der eine unterdrückt, der andere im dauerhaften Kriegs- oder Belagerungszustand verharrend (v. 8596), keine kleine Aufgabe. Zudem ist Jeraphin augenscheinlich kein unmittelbarer Nachbarstaat, sondern liegt am fernen *lebermer* (v. 8595), was Moral sonst wohl nicht zu erläutern bräuchte. Man darf hinter diesem unbequemen Setting als Hörer des 13. Jahrhunderts den üblichen Territorialzuwachs durch Ehebündnisse vermuten. Gwigalois als künftigem Herrscher bedeutet er notwendige Erfolge in der Integrationspolitik.

Wirnt stellt seinen Protagonisten vor Aufgaben, wie der sie bisher nicht zu lösen hatte. Die Aufbruchstimmung in Korntin kommt ihm natürlich zupass. Dankbare und gutwillige Kreaturen fliegen dem Befreier entgegen, beraten ihn oder bieten ihre Hilfe an. Gwigalois lernt seine herrscherlichen Pflichten kennen. Das alles aber zeigt mehr oder minder deutlich an, dass Wirnt für den neuen König keine essentiell anders geartete Herrschaftsform erstrebte als die, die jener bereits vorfand. Indem Gwigalois die vorgegebenen Strukturen wiederherstellt und sie mit Augenmaß verwaltet, hat er die ihm gestellte Aufgabe, das Land zu befreien, zu aller Zufriedenheit gelöst. Wenn Wirnt eine politische Utopie hätte zeichnen wollen, hätte er kaum mit dem Befreiungsschema eröffnen dürfen.

Oft hat er an sie denken müssen, und immer wieder waren es die großen Krisen, in der der Kämpfer sich andenkend seiner Minnedame – und seiner selbst! – vergewisserte. Zuletzt flößte ihr Name, vom Grafen Adan hingehaucht, dem vom Roaz-Kampf Halbtoten neue Kraft ein (v. 8001 f.). Zuvor stürzte ihre Seidentasche, als er sie noch bei sich fand, den nach dem Drachenkampf Verzweifelnden in neuerliche Depression (v. 5850–5857). Mit dieser attributiven Vergegenwärtigung Laries hat Wirnt das Äußerste getan, um eine Eheschließung, die sich notwendig aus dem Befreiungs- und Lohnschema ergeben musste, durch ein echtes Liebeserleben seines Protagonisten zu flankieren. Es bleibt gleichwohl der Eindruck, Gwigalois habe außerordentliches Glück gehabt, dass er die ihm vorbestimmte Beziehung, als deren „entscheidende ‚Qualität'" man „eine durchaus gegenseitige Leidenschaftslosigkeit" ausgemacht hat (Eming 1999, S. 182 f.), mit derartiger Emotionalität füllen konnte.

Wer hier einwendet, ein solcher Eindruck gehe an der Ästhetik eines Romans vorbei, dessen Konzept gerade in der Epiphanie, der Veröffentlichung des Vollkommenen auf allen Ebenen, nicht aber in diskursiver Problematisierung bestehe, hat vermutlich Recht. Hartmann hat um seine Paare gerungen, Wolfram hat ein Panoptikum der Möglichkeiten hingestellt; Wirnt entfaltet eine Beziehung, deren Telos die Ehe ist und die daher noch unproblematischer daherkommt als manche Verbindung etwa der Brautwerbungsepen. Vielleicht hat Wirnt auch deswegen eine archaische Form der Vermählung (Schröter) inszeniert: Die Vergabe der Braut durch den König von Jeraphin hebt stärker noch die Beschränktheit eigenen Wirkens und Wollens hervor und akzentuiert die gesellschaftliche Gebundenheit. Im Grunde gilt für Gwigalois also, dass nicht nur Fürsten und Königreiche, sondern auch Minne und Ehe dem Herrschaftskonzept integriert werden müssen. Für Larie, die ihren Mann auf „Dienstreisen" stets begleiten wird, gilt das natürlich auch. Eine Flatterei wie die Ginovers passte nicht ins Königshaus von Korntin.

Indem das Königspaar ein Fest feiern lässt, signalisiert es der geladenen Gemeinschaft Teilhabe an einer spezifisch höfischen Vergesellschaftungsform. Das höfische Fest ist gleichsam der erste Filter, der allen, die sich der höfischen Sphäre zurechnen, Integration verheißt. Hierher gehören etwa Gestalten wie die *drî vürsten* aus dem Reich des Gwigalois-Gegners König Schaffilun, das Schatten-Kabinett einer an sich bereits „marginale[n] Figur" (Fuchs 1997, S. 133). Hierher gehören aber auch die von Gawein angeführten arthurischen Ritter Erec, Iwein und Lanzelet. Sie integrieren sich der höfischen Veranstaltung – und verbleiben, indem sie ausschließlich als Turnierende vorgeführt werden, vollständig auf der Ebene adligen Repräsentationsverhaltens. Indem Wirnt anspielungsreich erklärt, die Ritter hätten mit verdeckten Schilden reisen müssen, um nicht erkannt zu werden, verneigt er sich noch einmal vor der Popularität der Romanhelden (Parzival ist nicht unter ihnen) – gewiss hätten Passanten einen zum Fest reisenden Erec oder Iwein aufgehalten und um Waffenhilfe ersucht. Dennoch meint man, es bei den famosen Schwertträgern mit arthurischen Schablonen zu tun zu haben. Wirnt muss die arthurischen Gäste gar nicht klein reden; es reicht, sie auf das ihnen Wesentliche zu reduzieren, um sie der Festgemeinschaft von Korntin als höfische Gestalten zu integrieren.

Vergessen scheint, dass Gwigalois einmal kein höheres Ziel kannte, als einen Platz an der Tafelrunde des Königs Artus zu erringen. Wenn in dem Krönungs- und Hochzeitsfest ein politisches Programm manifest wird, so ist es eines der totalen Integration. Neben der Säule traditioneller Säkular-Politik errichtet König Gwigalois eine Säule nicht minder traditioneller Religionspolitik. Neu ist nicht, dass der Regent das Seelenheil seiner Untergebenen durch die Taufe der Herrschaft Christi anbefehlen lässt. Neu ist, dass er dies offensiv im Gattungszusammenhang Artusroman betreibt. Indem Wirnt den in Ansätzen greifbaren Pluralismus wolframscher Prägung nicht zu denken wagt, erhält Gwigalois' totale Integrationspolitik durchaus etwas Totalitäres. Das aber steht ganz im Einklang mit den Zielsetzungen der Institution, in deren Namen und zu deren Ruhm der König hier vorgeht.

Es ist angesichts all der Bedeutung, die dem Handeln des Herrschers zukommt, nur konsequent, dass Wirnt ihn familiäre Angelegenheiten hinter die öffentlichen zurückstellen lässt. Dennoch gehört es zur Integrationspolitik des Königs, auch dem eigenen Vater seinen Platz zuzuweisen. Mit einem Gnorisma, dem Siegel Flories am Brief an den Vater (v. 9615–9620), in welchem er ihn auffordert, dem Sohn durch sein Kommen *die väterlîche triuwe* (v. 9630 f.) zu erweisen, zwingt er Gawein nach Korntin.[12] Der ist begierig, alles über seine verlorene Frau zu erfahren. „Er beklagt die Trennung; doch entschließt er sich nicht zur Rückkehr." (Müller 2007, S. 145). Was Wirnt in der folgenden Rede Gaweins vorführt, ist sicher als aufrichtige Reue ge-

[12] Nicht Gawein sucht Gwigalois von sich aus auf, wie Müller 2007, S. 145 meint.

meint – einschließlich des Gelübdes, der einen Frau wegen, die er ausschließlich als seine „Minnedame" anspricht (Müller 2007, S. 145), künftig allen anderen bereitwillig dienen zu wollen. Damit reicht Wirnt der Tradition (‚Parzival'!) eine Begründung für Gaweins Romanexistenz als Frauenheld und -diener nach (v. 9673–9683).

Wie er kurz zuvor die Ungläubigen zwanglos bekehrte und durch kluges Arrangement zu Christen machte, arrangiert der Herrscher hier geschickt die – notwendige – Zerknirschung und damit die moralische Rehabilitation seines Vaters. Beinahe so verstohlen, wie Gawein sich einst aus seinem Familienverband gelöst hat, wird er nun wieder in ihn aufgenommen. Dem Lobpreis der auch ohne Gaweins Wissen und Willen zur Schwiegertochter avancierten Larie folgt deren Erklärung, *daz si sîn tochter wolde sîn; / hern Gâwein hiez si väterlîn* (v. 9766 f.): sicher mehr als Wirnts „schüchterner Ansatz, das höfische und das genealogische Modell zu harmonisieren" (Müller 2007, S. 146) – beinahe doch eine Abwahl des höfischen Modells durch eine integrationsbeflissene, auch Genealogisches souverän akzeptierende Kindergeneration. Das solchermaßen am Rande der Zeremonie anerkannte *väterlîn* bringt schon kurz darauf seine Stimme im Kriegsrat entscheidend ein (v. 9910–9921), und im folgenden Gefecht wird es als Zeichen seiner Vaterschaft weithin sichtbar *daz rat* (v. 11065) des Sohnes im Schilde führen (vgl. Stange 2006, S. 145).

Die weitläufigen Prozesse, die Wirnt zwischen der Erschlagung des Roaz und der Reintegration des Vaters sich entfalten lässt, mögen bei einem Publikum des 13. Jahrhunderts den Eindruck eines „ausführl[ichen] Schlusstableau[s]", in dem sich ein christlicher Held als christlicher Herrscher „konkretisiert" (Grubmüller 1992, S. 359), evoziert haben. Argumentiert man mit Grubmüller „entwicklungsgeschichtlich" aus der Perspektive der Gattung, wird man darin womöglich die „Anfälligkeit des im Artusroman entwickelten laikalen Ritter-Konzepts für geistlich-sakrale Einbettung" erkennen (Grubmüller 1992, S. 359). Es bleibt indes zu berücksichtigen, dass Gwigalois weder mit Worten noch mit Taten ein Sakralkönigtum erstrebt, sondern im Interesse des Seelenheils seiner Untertanen das Prinzip „cuius regio, eius religio" – im Lande gelte das Bekenntnis des Landesherren – forciert, ohne es gewaltsam durchzusetzen. Wichtiger aber noch für das Verständnis von Wirnts Programm scheint mir, dass wir faktisch eben nicht der Apotheose eines Kirchen-Fürsten in einem

„ausführlichen Schlusstableau" zusehen. Im Gegenteil schließt Wirnt dem vermeintlichen Schlussbild einen in äußerst diesseitigen Konstellationen gründenden und mit äußerst diesseitigen Mitteln bestrittenen Kriegszug an.

📖 Anton Linsenmayer: Geschichte der Predigt in Deutschland von Karl dem Großen bis zum Ausgange des vierzehnten Jahrhunderts, München 1886; Kaiser 1975; Gottzmann 1979, S. 120–122; Schröter 1990, S. 253; Jürgen Schulz-Grobert: Deutsche Liebesbriefe in spätmittelalterlichen Handschriften, Tübingen 1993 (Hermaea 72); Wennerhold 2005, S. 106–108; Stange 2006, S. 143–146.

4.7. Der Feldzug gegen Lion
(v. 9800–11237; Seelbach / Seelbach: 24.–25.)

1. Zwölf Tage dauern die Festlichkeiten. Als die Ritter eben im Begriff sind, Abschied zu nehmen, erreicht ein Knappe den Hof und erhebt öffentlich Anklage (v. 9823–9825): Mit der blutigen Lanze, die er in Händen trägt, ist vor drei Tagen König Amire von Libyen im Herzogtum (v. 11173) Namur in einer Tjost erstochen worden. Amire und seine Gemahlin Liamere, eine Tante Laries (v. 9869–9875), waren auf dem Weg zu Gwigalois' Hochzeit, als Lion, *der ungehiure* (v. 9821), den Mord verübte. Noch liege des Königs Leichnam unbestattet auf dem Kampfplatz. Sei Gwigalois der, als der er gelte, müsse er das Unrecht rächen. Als er den Kummer seiner Gattin sieht, will Gwigalois umgehend Fehde ansagen. Da Lion mit den Serben, Türken, Griechen und Kumanen paktiere, raten die anwesenden *vürsten* (v. 9891), ein größeres Heer aufzubieten. Inzwischen ist Frau Liamere vor Kummer um den toten Gemahl an dessen Seite verstorben. Lion erkennt nun, was er angerichtet hat, doch da überbringt bereits ein Bote die Fehdeansage eines gewaltigen Aufgebots. Dennoch will Lion der Übermacht trotzen und sein Land gewissenhafter verteidigen als Roaz (v. 10163–10165). Dieser Krieg werde für Gwigalois keine ritterliche Angelegenheit: *hie enist niht âventiure!* (v. 10182). Der König von Korntin zieht Lion mit über sechstausend Rittern (v. 10444) und einem Tross, der auch die Damen in prächtigen Kostümen birgt, entgegen. Das Heer, das auch den inzwischen balsamierten Leichnam König Amires in einem Kristallsarg mitführt (v. 10723–10726), erreicht Namur am zwölften Tag nach der Fehdeansage. Nach längerer

erfolgloser Belagerung macht das Heer Lions einen Ausfall (v. 10927). Bei den vielen Tjosten vor Namur wurde ein ganzer Wald für Lanzen verschwendet! (v. 11105–11107). Als Gawein Lion tötet, ergeben sich die Belagerten. Sie müssen die Kosten für den gegen sie geführten Heerzug in vollem Umfang tragen (v. 11185 f.). Liamere findet ihre letzte Ruhestätte in Amires Kristallsarg, für den ein Mausoleum errichtet werden soll. Das Heeraufgebot löst sich auf.

2. Mit dem Katalog aller Kampfbereiten, den er vor dem Aggressor verlesen lässt (v. 10064–10118), zeigt der Autor, dass ihm die Praxis der Fehdeansage geläufig ist: „Als Rechtsakt bedingt die Fehde eine formelle Ansage (oder einen Fehdebrief), die die Anrede des Gegners, eine Angabe des Fehdegrundes und eine namentliche Bekanntmachung der Widersagenden umfasst." (Müller 2003, S. 240). Der Zwang zur „rechtlichen" Vollständigkeit lässt Wirnt weitere Komparsen auf den Plan führen: die *vürsten* aus dem Umfeld König Schaffiluns etwa und drei weitere Herren, die man mit Graf Moral in Verbindung bringen kann (vgl. Müller 2003, S. 240).

Die Namen Lion und Namur verführten verschiedentlich zu Deutungen, die das Geschehen in die Romania bzw. ins heutige Belgien verlegen. Faktisch muss das Herzogtum zu Gwigalois' Herrschaftsbereich gehören. Lion wird von – Alliierten? Söldnern? – Serben, Türken, Polen und Griechen unterstützt, in der Nachbarschaft liegen *Lîbîa* (v. 9815), Syrien und Askalon. Es ist also eher an Anamur an der südanatolischen Küste zu denken (vgl. Seelbach / Seelbach, S. 310). So kann der „sprechende Name" auch keinen „Ort der Liebe" bezeichnen (Gottzmann 1988, S. 322). Dass die Stadt acht Türme bzw. Portale aufweist, lässt von fern – aber wirklich nur von fern – an das Himmlische Jerusalem denken (Gottzmann 1979, S. 123).

Eher schon gleicht die belagerte Stadt, wie Werner Schröder in einer detaillierten Untersuchung gezeigt hat, in vielen Punkten dem belagerten Oransche aus Wolframs ‚Willehalm' (Schröder 1986, S. 244–247), ohne dass man deshalb von einer direkten Übernahme wird sprechen können. Gerade im Aufbau der Schlachtordnung (v. 10771–10829) und der dezidierten Aufführung der Truppen vor den acht Toren Namurs erinnert der ‚Wigalois' eher an die taktischen Ordnungen im ‚Rolandslied', bei Veldeke oder Herbort von Fritzlar (Müller 2003, S. 241). Wirkt hier nicht unmittelbar Antikeepik nach (Müller 2003, S. 241), so ist doch die Ausrichtung der Belagerung insgesamt an den Maßgaben der Chanson de geste zu messen. Ihrem Geist entwächst vor allem das Movens, blutige Rache für den als *meintât* (v. 9914) aufgefassten Friedensbruch gegenüber einer Frau zu nehmen (vgl. Schiewer 1993, S. 154; anders Schröder 1986, S. 243).

Nicht nur als Befreiungstat, sondern auch von ihrer Stellung im Romanganzen her verbindet die Namur-Episode sicher manches mit der Mabonagrin-Aventiure des ‚Erec' (vgl. Heinzle 1973, S. 263), obwohl ihr für die Qualifikation des Helden ein ganz anderer Status zukommt. Kämpft Erec noch um den erfolgreichen Ausgang seiner Geschichte, muss Gwigalois das glückliche Ende nur bestätigen (vgl. Fuchs 1997, S. 192 f.).

3. Alles hat integriert werden können. Das steht nicht bloß gefühlt am Schluss der Festlichkeiten von Korntin. Die Kontrahenten sind zu Verbündeten geworden, die Feinde zu Freunden, die Heiden zu Christen, die Abhängigen zu Getreuen, und sogar der ruhelose Vater hat in den Hafen einer Familie gefunden. Das ist keine schlechte Bilanz für einen, der sich eben erst anschickt, mit dem Herrschen zu beginnen. Wirnt hat eine außerordentliche Integrationsleistung seines Protagonisten vorgeführt. Die Strategie mit Schwert und Gottvertrauen ist bis zu diesem Zeitpunkt aufgegangen. Warum sollte Gwigalois sein erfolgreiches Konfliktverhalten ändern?

Auch vor dem veränderten reichspolitischen Hintergrund muss er es nicht. Neue Verpflichtungen wie die, die sich aus der Verwandtschaft von Larie und Liamere ergibt, erweitern das Aufgabenspektrum nur quantitativ. Ob eine Jungfrau aus der Gewalt zweier Riesen oder eine Ehefrau aus der Gewalt eines Herzogs befreit wird, ist eigentlich gleich. Als seiner Frau vor Entsetzen über die Schande ihrer Cousine die Sinne schwinden (v. 9883 f.), ist Gwigalois wieder der Alte – nur, dass er nicht bei Nereja anfragen muss, sondern gleich – und vielleicht etwas vorschnell – seinen persönlichen Einsatz verspricht: *ich erledige si, oder ich dol / swaz ze lîden mir geschiht* (v. 9887 f.). Die Dimensionen dieses Militärschlags hat er noch nicht ganz realisiert. Nicht Mann gegen Mann wird Gwigalois anreiten, als befinde er sich noch im Wald der *âventiure.* Die in den Dingen dieser Welt bewanderten Fürsten, zuvörderst sein kampferprobter Vater, raten ihm dringend, für den Zug gegen Lion ein schlagkräftiges Heer aufzubieten (v. 9891 f.; vgl. Dietl 2003, S. 299).

Mit seiner spezifischen Reaktion hat Gwigalois Wirnt ein heikles Problem bereitet. Noch weiß er allein aus dem Botenbericht, was zwischen Lion und Amire vorgefallen sein soll – eine Tjost nämlich mit tödlichem Ausgang (v. 9822) –; indes weiß niemand, was zwischen Lion und Liamere vorgefallen ist, noch weiß das ausrückende Heer, dass Liamere inzwischen vor Gram um den Gatten verstorben ist (v. 10032–10035) und Lion seine Libido und das daraus resultierende Unrecht ehrlich verflucht hat (v. 10040–10056). Indem Wirnt Gleichzeitigkeit darstellt, führt er vor, dass sich die Handlungsgrundlage des ausrückenden Heeres eigentlich verändert hat. Die Begründung für Gwigalois' Feldzug nach Namur ist nicht an sich „ziemlich fadenscheinig" (Schröder 1986, S. 243) – sie verliert nur mit dem Fortschreiten der Ereignisse an Gewicht. Spätestens als das Heer vor den Toren der Stadt steht, hätte sie durch prudentielles Handeln der Verantwortlichen abgelöst werden müssen.

Wie soll Lion das alles verstehen? Er war nicht bei der *âventiure* dabei. Er hört nur die Fehdeansage so vieler Fürsten, und sie leuchtet ihm angesichts des Delikts wie seines eigenen Schuldbewusstseins nicht ein. „Lion will nicht gegen Gwigalois kämpfen, und es fragt sich, was der Grund dafür ist. In der langen Replik, in der er [...] die Fehdeankündigung [...] zurückweist, wird deutlich, dass Feigheit als mögliches Motiv keine Rolle spielt. [...] Auch ein fehlendes Unrechtsbewusstsein scheidet als Ursache aus." (Eming 1996, S. 95) Eher schon empfindet Lion die Rache für den Landfriedensbruch als Vorwand für ein Expansionsbestreben des Königs von Korntin: Gwigalois wolle ihm die Herrschaft streitig machen, wolle seinerseits *wesen wirt* (v. 10188). „Für einen Augenblick [...] werden Gwigalois' Motive in Frage gestellt, und auch die Tatsache, dass eine Unrechtsfigur den Einwand äußert, nimmt ihm nichts von seiner Berechtigung. In Lions Sicht wird Gwigalois das Vergehen nicht einfach nur rächen, sondern als Vorwand für einen Beutezug großen Ausmaßes nutzen." (Eming 1996, S. 96). Damit begeht Lion freilich eben den Fehler, den auch Gwigalois begangen hat. Er urteilt auf der Grundlage unzureichender Informationen. Der Unterschied ist in diesem Moment nur noch, dass Gwigalois das größere Heer befehligt. Der Schwächere setzt sich ins Unrecht. Es ist Ironie der Erzählung, dass Lion nicht mehr erleben kann, wie sich seine Prognosen schließlich doch bewahrheiten.

Lion ist ein erfahrener Krieger. Er weiß viel über seinen Gegner, vielleicht mehr als der selbst, wenn er ihm unterstellt, ihn mit dem Teufelsbündler zu verwechseln: *si wænent des ich sî ez Rôaz* (v. 10163). Doch das Szenario werde ein anderes sein, sollte Gwigalois vor Namur auftauchen: *hie enist niht âventiure! / die sol er suochen anderswâ* (v. 10182 f.). Lion grenzt damit das, was sein Gegner in der Befreiung Korntins erlebt hat, scharf von den vorfindlichen Gegebenheiten ab, ganz so, als beruhten die Verdienste des Königs auf Taten in einem imaginären Reich. Markiert er eine fundamentale Differenz, deren Nivellierung für den Artusroman nicht folgenlos bleiben konnte? Indiziert der Ortswechsel, die Abweisung der *âventiure*, eine andere Qualität der Fiktionalität?

Die Forschung hat Lions Ausruf, vor Namur sei die *âventiure* zu Ende, unterschiedlich aufgenommen. Saran hielt den Feldzug für unzureichend motiviert, er trug für ihn – als geschichtliches Substrat? – „mehr historischen charakter" (Saran 1896, S. 419). Cormeau sah die Episode zwar im Fiktionsraum Artusroman eingebettet, das Handeln der Figuren sich jedoch „realer Machtausübung" annähern (Cormeau 1977, S. 243). Werner Schröder meinte, mit dem „Einbruch in die Wirklichkeit" (Schröder 1986, S. 242) sei der arthurische Fiktionsraum verlassen. Indem er selbst auf die Parallelen zur Topographie der Chanson de geste hinwies, verwies er freilich nur auf einen anderen Fiktionsraum, der seine eigene „Wirklichkeit" kennt. Stephan Fuchs hat diesen Hinweis aufgenommen und, wiewohl in der Absicht, Wolframs ‚Willehalm' aus dem Fokus zu nehmen, die Prägung der Lion-Episode durch vorgängige Erzählmuster betont: „In Wahrheit zeigt sich in der Beschreibung der Schlacht, so blutig und verlustreich sie für alle auch sein mag, eine Indifferenz gegenüber dem Blut und dem Tod […], die Kennzeichen des Kreuzzugs- und Heldenepos im Stile des ‚Rolandsliedes' sein mag, aber eben nicht Kennzeichen des ‚Willehalm' ist." (Fuchs 1997, S. 201).

Zuletzt verstand Cora Dietl Lions Ausruf so, als ereigne sich vor Namur ein sorgfältig inszeniertes „Schachspiel", bei dem Gawein, „die Königsfigur", zugleich als Spielleiter agiere. Wirnt habe es vermieden, „in nüchternem Realismus die politische Aufgabe des Wigalois darzustellen" (Dietl 2002b, S. 101). Er hätte damit freilich auch versäumt, dessen „Fähigkeit zur Regierung des frisch erworbenen Lands" unter Beweis zu stellen (Dietl 2002b, S. 105). Dass der König und Spielleiter Gawein „das Glücksrad als Wappen" führe und somit „auf Fortuna-Providentia“ hinweise (Dietl 2002b, S. 109), scheint mir freilich gerade nicht auf das königliche Taktik-Spiel zu deuten – oder zumindest nicht darauf, dass Wirnt die eingestreuten „Schach“ und „Matt“ allzu wörtlich nähme. „Schach“ signalisiert Bedrängnis, „Matt“ Unabweislichkeit der Niederlage. Die Begriffe lagen angesichts des organisierten Heeresaufzuges, den Wirnt virtuos inszeniert, auf der Hand.

Eines jedenfalls scheint unstrittig: Für die letzte Episode des ‚Wigalois‘ wechselt Wirnt die Referenzgröße und damit den Bemessungsmaßstab. Arthurische *âventiure* ist der Aufmarsch vor Namur nicht mehr. So jedenfalls sieht es Lion und mit ihm jener Teil der Forschung, der aufgrund des Erzählverlaufes ein „Bestätigungsabenteuer“ (Heinzle 1973, S. 263) ausschließen möchte. Damit hätte Wirnt also das Heer unter der Führung Gaweins den Fiktionsraum Artusroman räumen lassen. Die Annahme, dass er seinem Publikum mit diesem Wechsel des Terrains etwas bedeuten wollte, ist wohl statthaft. Fraglich scheint mir, ob Wirnt ausgerechnet mit der Wahl einer heldenepischen Walstatt den König sich auf dem Schlachtfeld harter Realpolitik bewähren zu lassen beabsichtigte. Selbst wenn man einräumte, Wirnt habe sich von Chanson de geste oder Kreuzzugsepik inspirieren lassen, müsste man dem bis ins Detail geordneten Geschehen vor Namur doch einen ganz anderen Geist attestieren. In diesem kompakten Krieg wird nicht sinnlos – etwa aus problematisierten Ehrbegriffen heraus (‚Rolandslied‘) – gestorben, noch bis über die Grenzen des Erträglichen hinaus gemetzelt (‚Willehalm‘). Man möchte nicht glauben, Wirnt habe just die heroische Topographie bemüht, um die Erwartung eines geschulten Publikums an heroisches Handeln ins Leere laufen zu lassen. Allenfalls könnte man daran denken, Wirnt habe – gewissermaßen in Ermangelung geeigneter literarischer Vorbilder – heroisches Terrain plakativ annektiert, um es durch eine moderate Variante umzubesetzen. Das mag dann mit dem geordnteten Aufmarsch der Kontingente und den flatternden Wimpeln aussehen wie ein groß angelegtes Spiel. Aber so sieht für Unkundige der Krieg am Anfang immer aus.

Es ist eine Freude, dem jungen König Gwigalois weiterhin beim Regieren, und das heißt: beim Integrieren, zuzusehen. Gawein, vom Empfang des Gürtels über den der Braut und des gesiegelten Briefes bis zur Übernahme des Wappens seines Sohnes der Nehmende, darf nun als Heerführer auf dem Feld, auf dem er sich am besten auskennt, zurückzahlen. Und obwohl ihn gleich eingangs eine unhöfische Attacke aus dem Gefecht zu nehmen scheint (v. 11070–11077), bleibt ihm der Auftritt als Bezwinger Lions – auf einem Nebenschauplatz ohne Kampfschilderung! – überlassen (v. 11123 f.). Damit ist die Gegenwehr auch schon gebrochen (v. 11225 f.), die Eroberung der Stadt Formsache: *die geste gewunnen oberhant* (v. 11152). Man darf sich nun in Vers 11157 (*her Gwîgâlois beriet sich sâ*) keinesfalls eine Unterredung im Stabszelt vorstellen: Gwigalois bedachte ganz für sich selbst, dass er die Bewohner der Stadt verschonen wolle, sofern sie sich ergäben (vgl. Lexer I, Sp. 184 s.v. ‚berâten' [1.]), und genau dies ordnet er an (v. 11158). Kapitulationsforderung und Reparationszahlung wird man schon kriegsgeschichtlich kaum als „ausgesprochen ‚moderne'" Haltung Gwigalois' im Umgang mit der eroberten Stadt ansprechen können (Kaiser 1975, S. 431). Wer aber „Plünderung und Vernichtung" erwartete, läse die letzte Episode des ‚Wigalois' (und womöglich nicht nur sie) doch zu sehr als Fürstenspiegel. Nichts anderes als eben eine Integration auch der Besiegten in das von Gwigalois regierte Großreich stand zu erwarten.

Im Lion-Feldzug bestätigt sich also tatsächlich etwas, und zwar ein für Gwigalois mehr und mehr an Bedeutung gewinnendes, seit Hochzeit und Krönung seine Regierung kennzeichnendes Handlungsmuster. Vor noch nicht allzu langer Zeit hatte er damit begonnen, als er den überwundenen Riesen oder den roten Ritter Hojir am Artushof deponierte – und sie damit sozusagen vorläufig integrierte.[13] In Glois gelingt ihm dann die politische wie religiöse Integration des Grafen Adan und der vierzig Jungfrauen aus dem Roaz-Gefolge, die während der Feierlichkeiten in Korntin vollzogen wird, anlässlich derer nicht nur das disparate Großreich geeint und politisch neu geordnet wird, sondern auch Figuren von dessen Rändern wie die Amazone Marine und schließlich sogar der Vater eingeholt werden können. Auf dem Lion-Feldzug holt Gwigalois dann den politischen Feind in seine Herrschaft. Obwohl nicht daran gezweifelt werden sollte, dass der literarische Kenner Wirnt vor Namur die gattungsgemäße „notwendige Bestätigungsepisode" (Grubmüller 1985, S. 237) schemagerecht aufruft, ruft er sie kurzerhand zum Szenario der Bestätigung eines konsequenten Verhaltens seines Protagonisten aus.

[13] Hojirs geglückte Re-Sozialisierung wird v. 11468–11475 aufgezeigt.

Heinzle 1973; Cormeau 1977, S. 36 f.; Gottzmann 1979, S. 122–125; Schröder 1986, S. 241–252; Eming 1996, S. 91–96; Fuchs 1997, S. 192–203; Eming 1999, S. 215–223; Jaeger 2000, S. 312–316; Dietl 2002b; Dietl 2003, S. 298–301; Müller 2003, S. 239–241; Wennerhold 2005, S. 108–110; Wüstemann 2006, S. 74–79, 151–157.

4.8. Einkehr am Artushof, Ausblick und Epilog

(v. 11238–11708; Seelbach / Seelbach: 26.–27.)

1. Gwigalois befriedet Namur, dann begleiten er und Larie die Artusritter nach Nantasan. Unterwegs erfahren Gawein und Gwigalois vom Tod Flories (v. 11337), die ihrem Sohn Ring und Abschiedsbrief überbringen ließ. Zwölf Tage währt ihre Trauer, da erreichen sie Nantasan (v. 11393 f.), den Aufenthaltsort der Artusgesellschaft. Von Artus und Ginover werden sie herzlich empfangen. Dass Gawein Gwigalois' Vater ist, erfährt nun auch die Tafelrunde. Gerne hätte der König Gwigalois bei sich behalten, doch auf das junge Herrscherpaar warten eigene Reichs-Angelegenheiten (v. 11482 f.). Gawein belehrt den scheidenden Sohn über einige Grundsätze ritterlicher Lebensführung. Dann trennen sich Vater und Sohn (v. 11595). Korntin gedeiht unter Gwigalois' Herrrschaft. Larie schenkt ihm einen Sohn, Lifort Gawanides (v. 11639), der ein bedeutender Ritter werden soll. Über seine *âventiure* (v. 11653) liegt eine französische Quelle vor, die ein kunstverständiger Mann wohl zu bearbeiten vermöchte (v. 11660–11663). Der Erzähler sieht sich, angefeindet durch Ritter mit schlechter Gesinnung, gegenwärtig nicht in der Lage, die Geschichte des Gwigalois-Sohnes angemessen zu beschreiben. Schon das vorliegende *mære* (v. 11692) sei in mancher Hinsicht lückenhaft. Das liege daran, dass es auf den mündlichen Bericht des Knappen zurückgehe. Der Erzähler will sich nun einer neuen Aufgabe zuwenden. Gwigalois und Larie lebten glücklich bis an ihr Ende. Im Jenseits wurde ihnen der angemessene Lohn zuteil, den Gott auch Erzähler und Publikum gewähre. Hiermit schließt *daz buoch* (v. 11708).

2. Gwigalois bricht im Kreis der Artusritter *ze Britanje hin* (v. 11293) auf. Das Reiseziel sollte also Karidol sein. Doch wie etwa im ‚Parzival', wo der mobile Hof, der die Reiseherrschaft mittelalterlicher Regenten kennzeichnet, gelegentlich in der Nähe des Protagonisten auftaucht, trifft auch Gwigalois – für den Leser etwas unvor-

bereitet – in Nantasan auf den arthurischen Tross. Mergell (1955, S. 147) dachte bei diesem Ort an ein Versehen Wirnts, der den ‚Parzival'-Vers *aldâ si Nantes sâhen* (144, 8) missverstanden hätte. In jedem Fall scheint Wirnt mit Nantasan die von Chrétien etablierte arthurische Festland-Dependence in Nantes (‚Erec et Enide' v. 6553) zu meinen, wiewohl diese von Anatolien aus kaum in den vom Erzähler veranschlagten zwölf Tagen zu erreichen gewesen wäre. Dass die arthurische Instanz einem frisch gekrönten Mitglied der Tafelrunde sozusagen ihr Gütesiegel verleiht, kannte Wirnt von Ulrich von Zazikhoven, wo Artus dem jungen Herrscher Lanzelet einen Anstandsbesuch in Dodone abstattet (vgl. Mertens 1981, S. 21).

Auch Gawein, der seine erzieherischen Aufgaben zuvor nicht recht hat wahrnehmen können, bekommt noch einmal Gelegenheit zur Entfaltung einer höfischen Lebenslehre (v. 11518–11542). Sie ist allerdings von derart allgemeiner Natur, dass sie nicht nur phänomenologische Entsprechungen in anderen Erzählwerken aufweist (vgl. Hartmanns ‚Gregorius' v. 244–258), sondern auch direkt in eine Fassung der didaktischen ‚Disticha Catonis', den sog. ‚Amorbacher Cato' aus dem gleichnamigen Benediktinerkloster, übernommen wurde (vgl. Harmening 1970; Schiewer 2005, S. 80 f.). Das bestätigt zwar den grundsätzlich lehrhaften Ansatz, den Wirnt im Prolog entfaltet hatte (Schiewer 2005, S. 81). Vor allem aber ist die höfische Tugendlehre an sich ein selbstbezüglicher Traditionsindikator. Nichts von dem, was Gawein äußert, dürfte Gwigalois unerhört vorkommen. Fast alles hat der junge Herrscher zuvor bereits mehr oder weniger ausführlich praktiziert (Gastfreundschaft, Freigebigkeit, Hilfsbereitschaft, Gottesfurcht; ähnlich Schröder 1986, S. 272; Fuchs 1997, S. 211). Die solchermaßen textimmanent nahezu funktionslose Rede behauptet damit vor allem eine genealogische Kontinuität, die auf der Ebene der Erzählung immer wieder in Vergessenheit geriet. Die Belehrung ist also nicht weniger als ein narrativer Vaterschaftsnachweis.

Der letzte Auftritt der bis zum Gnorisma (dem Siegelring, mit dem Gwigalois den Vater nach Korntin lockte) gänzlich in Vergessenheit geratenen Mutter, erfolgt wiederum nur indirekt. Nachdem Gaweins Schuldbekenntnis anlässlich der Hochzeit zu Korntin schon wenig Hoffnung auf ein Wiedersehen weckte, reicht Wirnt nun den literarischen Totenschein Flories nach. Für einen Moment herrscht außer Betroffenheit auch ein bisschen Verwirrung. Hatte Florie gegenüber Gwigalois bei dessen Abschied erklärt, sein Vater sei tot, geht aus ihrem an Gatten und Sohn gerichteten Abschiedsbrief das Gegenteil hervor. Die vom Boten referierte Todesursache – verzehrender Kummer um Gatte und Sohn – lässt den beiden jedenfalls wenig Raum, sich unschuldig zu fühlen. „Vater und Sohn [...] stehen da wie begossene Pudel." (Schröder 1986, S. 276). Der Weg der beiden Männer zum Artushof steht also unter dem düsteren Stern eines Ablebens, das so „unmotiviert" (Miklautsch 1991, S. 93) daherkommt, dass man es für wahr halten möchte. Flories Tod hat in der Forschung denn auch vor allem Kopfschütteln ausgelöst. Nutzt ein auf Ordnung und Vollständigkeit bedachter Wirnt etwa das lange Finale, um „längst überflüssig gewordene Figuren von der Bühne abtreten zu lassen" (Schröder 1986, S. 272)?

Besser täte man daran, den Traditionsbezug dieses Abtretens in den Blick zu nehmen. Hier fällt der Blick einmal mehr auf den ‚Parzival'. „Wirnt versucht nach dem Muster Herzeloydes mit Florie eine Figur zu gestalten, die völlig in ihrer Gatten- und Sohnesliebe aufgeht." (Miklautsch 1991, S. 93). Da sich Wirnt nicht einmal im Ansatz bemühte, aus Florie eine Figur eigenen Rechts zu modellieren, sollte man sich auch keine Gedanken darüber machen, ob sie „die Tiefe und Dramatik der Herzeloydefigur" erreicht (Miklautsch 1991, S. 93). Anders als auf die selbstbewusst handelnde Mutter Parzivals, die sich mit aller Gewalt (und gegen das ritterliche Fairplay) Gahmuret als Gatten zu sichern und nachher ihren Sohn auf abstruse Weise an sich zu binden hoffte, fällt auf die von ihrem Onkel verheiratete Florie gerade in ihrer Reduktion auf Mutterliebe und Gattentreue nicht der geringste Schatten. Ihre „Seligsprechung" (Miklautsch 1991, S. 92) aus dem Munde des Boten geht völlig in Ordnung.

Überhaupt hebt Wirnt am Schluss noch einmal seine Traditionsbindung hervor, wenn er einen Ausblick auf die folgende Generation wagt. So verfuhr auch Ulrich im ‚Lanzelet' (v. 9367–9387), blieb dabei aber den Namen des Sprösslings schuldig. Im ‚Parzival' ist die Genealogie dann auch durch Namen gesichert (823, 27–826, 38). „In beiden Romanen spielen Sippe bzw. Familienverband eine bedeutende Rolle: Lanzelet und Parzival suchen nach ihrem Namen und ihrer Herkunft." (Schiewer 1993, S. 148). Mit *Lifort Gâwânides* wird, sozusagen unter Umgehung des Vaters Gwigalois, der „starke Gawan-Abkömmling" (Seelbach / Seelbach, S. 315 z. St.) in den Blick genommen. Bei den hervorgehobenen Qualitäten des Abkömmlings (v. 11640–11652) fehlen indes „die Minnethematik und das Charisma des Heilsbringers, das das typische Merkmal seines Vaters ist." (Schiewer 1993, S. 147). Es ist schwer vorstellbar, dass Wirnt in dem vorrangig „starken" Enkel hinreichend Potenzial zur Überbietung der voraufgehenden Generationen erkannte. Sein auf dessen Tugenden als rastlos-ehrgeizige Kampfmaschine reduzierter Lobpreis wirkt etwas ratlos. Vielleicht kann man die Beteuerung des Erzählers, er *belîbe der âventiure bî* (v. 11668) und würde sie eher, fände er den Mut dazu, nochmal ganz auseinander nehmen und die Reime neu *lîmen* (11673), doch als ernst gemeinte Absage Wirnts an das Romanprojekt ‚Lifort Gawanides' verstehen.

Über die im Epilog reich sprudelnden Quellenagaben hatten wir uns bereits eingangs ein Bild verschafft (vgl. S. 8–12). Der Erzähler erklärt einerseits, dass eine schriftliche französische Vorlage für die (ungeschriebene) Geschichte des Gwigalois-Sohnes existiere, anderseits rechtfertigt er die Brüchigkeit des (geschriebenen!) ‚Wigalois' mit deren mündlicher Übermittlung. Die Forschung handelt sich unnötige Probleme ein, wenn sie zwar den Knappenbericht als wahr akzeptiert, dagegen an der Existenz einer Vorlage für die Fortsetzung, die in der Romania spurlos verschwunden sein muss, zweifelt. Wirnts Spiel mit der Autorität des Geschriebenen und der Wahrhaftigkeit des ritterlichen Wortes steht in bester Wolfram-Tradition. Mündlichkeit und Schriftlichkeit sind zwei Joker, die abhängig vom Zusammenhang ausgespielt werden können.

3. Das „Milchgesicht" (Haug) Gwigalois, das vor nicht einmal einem halben Jahr in seine erste ritterliche Aventiure ausgezogen war, kehrt als verheirateter Mann und erfolgreicher Herrscher in Begleitung seiner Frau an den Artushof zurück. Dort, wo sich die Schaulustigen um das Paar drängen, zeigen die ewig jungen Ritter des Königs zur Begrüßung eines der Ihren, was sie eben vermögen – Buhurt und Reiterparaden –, während die Damen in ausgelassenem Lärmen (v. 11446) das Füllhorn der Courtoisie über ihnen ausschütten. Larie schwebt in ihrer auf einem Elefanten fixierten Gondel ein, schon das sorgt für einige Aufmerksamkeit. Da herrschte *kurzewîle vil* (v. 11401), wie der Erzähler beteuert. Doch es ist selbst ihm nicht möglich, Gwigalois länger als sieben Tage in diesem „Märchenwald" (Schröder 1986, S. 272) zu halten. Dessen *unmuoze* (v. 11488) ist, zum Leidwe-

sen der Gesellschaft (v. 11484 f.), stärker als die *kurzwîle*. Artus kann das kaum fassen. Dass Gwigalois sich *sô gâhes* (v. 11494), also doch Hals über Kopf wieder verabschiedet, ist ihm *inneclîche leit* (v. 11495). Indem Wirnt die *unmuoze* des jungen Regenten fast entschuldigend anführt, entwertet er das königliche Bedauern durchaus nicht zur Floskel. Er macht dadurch aber die Kluft zwischen den Standpunkten umso spürbarer. Der unausgesetzten arthurischen *kurzwîle*, dem Verharren des idealen Zentrums in seiner Statik, steht für einen Moment das dynamische, von anstehenden Aufgaben getriebene Herrscherpaar gegenüber, was der Erzähler mit der „in diesem Milieu unpassenden Begründung" (Schröder 1986, S. 272) kommentiert: *si hêten ze tuonne vil / dâ heime in ir lande* (v. 11482 f.). Wie solches Tun aussieht, führt Wirnt kurz darauf vor, als er den in sein Reich heimgekehrten Gwigalois eine Wüstung vor den Toren Korntins „zur endgültigen Festigung und zum sichtbaren Ausweis seiner Landesherrschaft" (Kaiser 1975, S. 433) rekultivieren lässt. Man wird also – wie bisher – gut daran tun, die *unmuoze* des Jungkönigs nicht als Verbeugung Wirnts vor einem neuen Aktionismus und, damit einhergehend, als grundsätzliche Infragestellung des arthurischen Königtums zu werten. Wieder dürfte der Verfasser eine integrierende Lösung angestrebt haben.

Wie bei allen intertextuellen Verweisen im ‚Wigalois' ist auch hier nicht gleich zu klären, inwiefern die aufgerufene Referenzgröße akzeptiert oder verworfen wird. Entscheidet man sich aus Mangel an klaren Gesten der Verwerfung für Akzeptanz, wirft dies Fragen zum poetologischen Konzept auf. Gelegentlich ist denn auch moniert worden, Wirnt habe die Referenzgrößen durch schlichtes Unverständnis entwertet (so Schröder 1986, S. 272). Fehle dem Artushof seine traditionelle Funktion „als Anzeiger des jeweiligen Zustands, in dem der Held sich befindet", verkümmere der Besuch des Helden ebenda „zur bloßen Episode" (Heinzle 1973, S. 271). Vom arthurischen Schema her ist das konsequent beurteilt, und man kann anhand solcher Momente wohl erahnen, was Wirnt seinem Publikum zumutete, stellt er doch in der Schlussszene faktisch „zwei gleichberechtigte Könige" einander gegenüber (Gottzmann 1979, S. 135). Indem Wirnt die Herrschaft Korntin derart aufwertet, scheint er – in gattungsgeschichtlicher Sicht – das Artusreich tatsächlich herabzusetzen.

Wenn er das nicht beabsichtigte, dann wohl vor allem deshalb, weil ihm dessen mythischer Charakter durchaus bewusst war, das

Reich des mythischen Herrschers also, wie konkret es Wirnt auch gestaltet haben mag, gegenüber dieser Welt (und einem Reich wie Korntin) exemt erscheint. Die Bezugsgröße Artushof ist daher vor allem „moralische Instanz" (Kaiser 1975, S. 413). Der Hof selegiert die besten Menschen, „die für die höchsten Aufgaben bestimmt sind." (Gottzmann 1979, S. 135). Diese Aufgaben werden auch im ‚Wigalois' am Artushof einem Artusritter gestellt und werden auch im ‚Wigalois' von einem Artusritter auf dem Weg arthurischer Aventiure unter ständiger Rückbindung an den Artushof, der durch die überstellten Beutestücke am Aventiureweg seines Abgesandten partizipiert, gelöst. Mit der Lösung der Aufgabe geht für den Protagonisten freilich eine Art Entzauberung der Artus-Welt einher. Dem Herrscher von Korntin, der – anders als der mythische König – auf den Fortbestand seiner Sippe durch Fortpflanzung bedacht sein muss, stellen sich anders geartete Aufgaben. Hier läutet der Geist der Aventiure nicht zum Essen, sondern setzt harte, auch blutige Arbeit vor den Lohn.

Ein solches Konzept kann nicht auf Missverständnissen der Tradition beruhen. Allenfalls suspendiert es die traditionelle arthurische Hermeneutik durch eine Konkretisation jener Form adliger Herrschaft, die wohl auch Chrétien und Hartmann von Aue propagierten, erweitert hier noch um den Aspekt des Gottesbezuges und der geistlichen Verpflichtung eines Regenten gegenüber seinen Untertanen. Gwigalois kämpft am Ende seines Weges nicht wie Erec in einem okkupierten höfischen Lustort, sondern vor den Toren einer als real vorgestellten Stadt – und der Kampf und sein Ausgang fordern von ihm als Herrscher eine adäquate, der Lebenswelt eines adligen Publikums um 1220 letzten Endes nicht unvertraute Realpolitik. Wirnts ‚Wigalois' unterfüttert hier die Aufforderung *den volge wir!* (v. 29) mit jenen Beispielen, die etwa Hartmanns Publikum sich selbst zurechtlegen musste.

📖 Bodo Mergell: Nantasan in Wirnts ‚Wigalois' in: PBB/H 77 (1955), S. 147; Dieter Harmening: Neue Beiträge zum deutschen Cato, in: ZfdPh 89 (1970), S. 346–368, bes. S. 360 f.; Gottzmann 1979, S. 131–135; Schiewer 1993, S. 146–149; Jaeger 2000, S. 322–325; Schiewer 2005; Wennerhold 2005, S. 111.

5. Aufbau

Die folgenden Überlegungen zum Aufbau des ‚Wigalois' greifen noch einmal das mehrfach schon angeklungene Thema der Makrostruktur des Romans auf. Damit zugleich aufgerufen ist die Frage, inwiefern sich Wirnt an dem Chrétiens und Hartmanns Romane strukturierenden Doppelweg-Modell orientierte (A.), inwiefern er innerhalb der Wege zur Technik der Aventiuren-Doppelung griff (B.) und inwiefern er die Vorgaben der Tradition durch eine mögliche Kontamination mit anderen Modellen reformulierte (C.).

Hugo Kuhns Diktum, dass die „niedere Artusepik" den „klar programmatische[n] Aufbau" der Romane Hartmanns und Wolframs nicht zeige, allenfalls im ‚Lanzelet' „etwas ähnliches" ‚spuke' (Kuhn 1969, S. 170), hat die Forschung zur Suche nach dem Doppelweg als sinnstiftender Organisationsform auch des ‚Wigalois' stimuliert. Sie hat diese Queste mit solcher Leidenschaft betrieben, dass zuletzt immer wieder die Rede von der unnötigen Fixierung auf eben dieses Doppelweg-Modell aufkam, die den Blick für andere Aspekte des Werkes geradezu verstelle (vgl. Honemann 1994, S. 350; Eming 1999, S. 139). Der Einwand wäre bedenkens- und sogar beherzigenswert, verbänden sich mit ihm konkrete Vorschläge zur Aufdeckung ähnlich komplexer Textphänomene mit ähnlich weitreichenden interpretatorischen Konsequenzen. Das aber kann, soweit ich sehe, bisher kein Strukturalismus-Kritiker ernsthaft in Anspruch nehmen.

A. Bei unbefangener Betrachtung des Aufbaus von Wirnts Roman ergibt sich das folgende, relativ transparente Bild. Der ‚Wigalois' bringt zunächst die obligatorische Vorgeschichte der Eltern des Helden, sodann Jugend und Bewährung des Ritters in einer ersten Aventiurereihe, die in Roimunt kulminiert. Hier eröffnet sich eine zweite Reihe, deren Höhepunkt die Niederringung Roaz' zu Glois darstellt und die in Krönung und Hochzeit ausklingt. Es schließt sich eine Episode an, in der Gwigalois seine Herrschertugenden bei veränderter Aufgabenstellung in Gegenwart seines Vaters und weiterer Artusritter unter Beweis stellt. Das ist, trotz aller Einwände im Detail, formal ein zweiteiliger Bauplan, wie ihn etwa auch die Romane Chrétiens und Hartmanns aufweisen. Gerahmt erscheint der Zweiteiler durch die Vorgeschichte und den Schlussteil.

Mit dem Aufweis einer zweiteiligen Großstruktur ist freilich nicht zwingend eine an die Zweiteiligkeit gebundene Sinnstruktur freigelegt. Es bleibt zu bedenken, dass das „Prinzip der Doppelung“ generell bereits seine „geschichtliche Stunde im 12. Jahrhundert besaß“, sich also Zweiteiligkeit und Doppelweg im „Verhältnis von Ober- und Unterbegriff“ zu einander stellen (Fromm 1989, S. 125). Michael Curschmann hat in Anküpfung an Hugo Kuhn das Prinzip der Wiederholung als Dominante etwa der Brautwerbungsepen dargelegt (vgl. Curschmann 1964, S. 127–129), während Hans Fromm die Zweiteiligkeit auch der Antikenromane betonte. Lag die epische Organisationsform „Doppelung“ um 1220 sozusagen am Wege, könnte auch der ‚Wigalois‘, streng genommen, bei formaler Zweiteiligkeit einem anderen Bauprinzip als dem des arthurischen Doppelweges gehorchen. Die Frage ist als Standort-Frage des Romans nach Hartmann und Wolfram von einiger Bedeutung. Mit ihr verknüpft sich das von Hugo Kuhn und Walter Haug herausgearbeitete didaktische Konzept des Artusromans. Es ist daher unvermeidlich, den Komplex noch einmal auszurollen.

Hatte Kuhn die Dichter des „niederen Artusromans“ als blind gegenüber dem sinntragenden mythosanalogen Strukturmodell Chrétiens bzw. Hartmanns angesprochen und ihre Baupläne als mehr oder weniger konfus, arbeitete Wolfgang Mitgau (im Anschluss an Saran 1896) erstmals einen kohärenten Aufbau des ‚Wigalois‘ heraus:

Prolog (v. 1–144)
I. Vorgeschichte (v. 145–1883)
  a) Geschichte der Eltern (v. 145–1219)
  b) Kindheit und Jugend (v. 1220–1883)
II. Haupthandlung I (v. 1884–3972)
    Einschub: Die Roimunt-Episode (v. 3973–4491)
III. Haupthandlung II (v. 4492–7904)
IV. Schlussteil (v. 7905–11685)
  a) Hochzeit und Krönung (v. 7905–9799)
  b) Feldzug gegen Lion (v. 9800–11685)
Epilog (v. 11686–11708)

Die vierteilige Handlung weise strukturell die hartmannsche Zweiteilung der Haupthandlung auf, sei aber im Kern „eine völlig andere" (Mitgau 1963, S. 327). Sie werde vor allem durch eine „Zielstrebigkeit" auf die Lösung der am Artushof formulierten Aufgabe hin zusammengehalten. In diesem Punkt unterscheide sich Wirnts Roman von den Romanen Hartmanns. Im ‚Erec' wie im ‚Iwein' sei der zweite, auf die Krise und den „Ausschluss aus der Gesellschaft" (S. 327) folgende Aventiureweg im Prinzip richtungslos. Diese Orientierungslosigkeit kennzeichne den neuen Status des Helden so lange, bis eine Re-Sozialisierung die soziale Ächtung wieder aufhebe. Der Artushof ist damit nicht nur Ausgangs-, sondern auch Zielpunkt des Weges. Sich des Hofes, das heißt: sich der an ihm versammelten Gesellschaft würdig zu erweisen und diese Würdigkeit coram publico in einer abschließenden Aventiure zu bestätigen, ist arthurisches Axiom. In diesem Sinne gilt für das arthurische Individuum: Nulla salus extra Camelot.

Für den Aufbau eines Artusromans hartmannscher Prägung sind demnach zäsurierende Krise und vorübergehende Orientierungslosigkeit des Helden während seines zweiten Aventiureweges konstitutiv. Die von den Epikern gestaltete langwierige Suche nach dem Zielpunkt ist als ein symbolischer Weg aufgefasst, der dem Publikum nach dem „Fall" die notwendigen Mühen jener erstrebenswerten Re-Integration in die Schar der Besten sinnenfällig macht. Durch eine scheinbar richtungslose Bewegung des Helden ergäbe sich eine intransparente Aneinanderreihung von Episoden, „die so unabhängig von einander sind, dass man sie vertauschen könnte" (Mitgau 1963, S. 328).

B. Dies aber war nun der Befund, den Mitgau für den ersten Aventiureweg („Haupthandlung I") des ‚Wigalois' erhoben hatte. Ein solcher Befund stellte den Roman freilich weit ab von Chrétien und Hartmann. Die hatten das Prinzip der Aventiuren-Doppelung innerhalb der Aventiurewege im Artusroman etabliert. Bestimmte Szenen seien etwa durch korrespondierende Motive oder Strukturen eng aufeinander bezogen, wobei die Wiederholung mitunter als Korrektur der voraufgegangenen Szene gemeint sei. Damit spiegelte sich die Großstruktur eines Werkes in der Struktur des Aventiureweges – und damit wäre der ‚Wigalois' auch in der Struktur der „Haupthandlung I" an einem sinntragenden Gestaltungsprinzip des Artusromans vorbei konzipiert worden. Allerdings hat Joachim Heinzle versucht, auch in der ersten Reihe „das Prinzip der Doppelung mit abschließendem Bestätigungsabenteuer" herauszuarbeiten (Heinzle 1973, S. 264).

> In der Zusammenfassung Markus Wennerholds ergibt sich nach Heinzle folgendes Modell: „Der erste und dritte Kampf (Beschaffung des Nachtlagers, Raub des Hündchens für Nereja) beziehe sich je auf die Reise mit der Botin Nereja und ende jeweils tödlich, der zweite und vierte Kampf (Befreiung der Jungfrau, Verteidigung des Schönheitspreises für Elamie) diene jeweils der Hilfe für eine Dame, der Besiegte werde beide Male an den Artushof gesandt; der fünfte Kampf (gegen Schaffilun [...]) habe bestätigende Funktion" (Wennerhold 2005, S. 82).

Heinzle gewinnt so, und zwar in beiden Aventiurereihen, zwei Doppelkampfgruppen mit jeweils anschließendem Bestätigungsabenteuer. Insgesamt sei der ‚Wigalois' bis ins Detail „nach strengen Kompositionsprinzipien angeordnet" (Heinzle 1973, S. 266) – und das war, gerade in Abgrenzung von einer die Komposition missbilligenden Forschung, ein die Diskussion beförderndes Urteil. Auf kleinere Unstimmigkeiten wie den von Heinzle (1973, S. 263 Anm. 12) explizit marginalisierten Truchsess-Kampf ist bereits oben eingegangen worden (S. 73 f.). Grundsätzlichere Kritik an einer zu forcierten Herausarbeitung von Doppelungen wurde zuletzt von Ringeler (2000, S. 208 f.) und, ihm beipflichtend, von Wennerhold (2005, S. 81–83) vorgetragen. Formal möge eine Doppelung bestehen, doch sei sie im ‚Wigalois' ihres Grundgedankens, der wiederholenden Korrektur, jedenfalls verlustig gegangen. „Um eine dem ‚Iwein' vergleichbare Wertediskussion durch Korrekturaventiuren handelt es sich auf keinen Fall." (Ringeler 2000, S. 209). Das Prinzip der Szenen-Doppelung wäre demnach in Wirnts Roman kaum mehr als formalistisch zu nennen. Steht es dem Gedanken an den in allen Situationen gleichermaßen vollkommenen Helden nicht geradezu diametral entgegen?

Umso auffälliger muss da erscheinen, was schon Mitgau für den zweiten Weg des Helden („Haupthandlung II") konstatierte: „Hier besitzen die Aventiuren nicht mehr die gleiche Unabhängigkeit wie vorher, sondern knüpfen aneinander an und ergänzen einander. [...] Die Aventiuren in ihrer Abfolge sind der Weg des Helden." (Mitgau 1963, S. 329). Hier nun hätte Wirnt – erneut gegenläufig zu Hartmann – eine dem Publikum einsichtige, die Steine verklammernde Bauweise gewählt, gerade so, als wollte er das Zielgerichtete des zweiten Weges seines Helden (unter intertextuellem Verweis auf die Vorgänger) besonders hervorheben. Das nährt den Verdacht, dass Wirnt einmal mehr „deren ästhetisch-innovatorische Vorgaben [...] souverän ignoriert" (Schiewer 2005, S. 68). Kann man indes sagen, er „dekomplexiere" das Aufgerufene (Schiewer 2005, S. 71)?

Die Symbolstruktur des ‚Erec', ‚Iwein' und auch ‚Parzival' postulierte letzten Endes eine Ästhetik der Heilsgewissheit. Krise und Orientierungslosigkeit des Individuums wurden nicht aufgerufen, ohne die Gegenmittel verfügbar zu halten. Die Diskussion um Wertkonkurrenzen erfolgte im geschützten Raum der Fiktion. Den freien Fall ins Chaos der Asozialität hat kein Autor um 1200 seinem Helden und damit seinem Publikum zugemutet. Es muss eine Grundsatzentscheidung Wirnts gewesen sein, die innere Struktur der beiden Aventiurewege seines Helden auszutauschen. Man wird, um seine Motivation zu ertasten, bei dem Stichwort „Heilsgewissheit" einzusetzen haben.

C. Am Ende des zweiten Aventiureweges Gwigalois' steht, vielleicht in einer bisher nie dagewesenen Art und Weise, ein politischer, militärischer und sozialer Triumphzug. Die Textanalyse hat das, wie ich denke, hinlänglich gezeigt. Hochzeit und Krönung des Helden kannten auch Hartmann und Ulrich, doch den Ausgriff in ein mehrere, auch konfessionell heterogene Herrschaftsbeiche umspannendes integratives Königtum ist Wirnts eigene Erfindung. Da der ‚Wigalois' glücklich endet, muss Wirnt den hier gestalteten, im Kern ja zweiteiligen Weg als Weg zum Glück erachtet haben. Und insofern sich der zweite Aventiureweg des Helden keinesfalls als heilbringender Schlingerkurs entpuppt, sondern geradlinig auf den Roaz-Kampf zuläuft, wird man den Begriff „Doppelwegsstruktur" im Sinne Chrétiens bzw. Hartmanns für den ‚Wigalois' ad acta zu legen haben. Wirnt wäre demnach der erste Artus-Epiker, der sich unter Wahrung hergebrachter „Zweiteiligkeit" demonstrativ vom „Doppelweg"-Modell distanzierte (vgl. Haug 1980, S. 209 f.; Mertens 1981, S. 19–21), ihm wahrscheinlich sogar absichtsvoll „Konkurrenz gemacht hat" (Haug 1991, S. 343). Ist die Krisenlosigkeit seines Protagonisten als Verlust arthurischer Heilsgewissheit zu werten? Und wenn das zuträfe: Welche Ziele riefe Wirnt am Beispiel seines Helden aus? Welches Heil stellte er seinem Publikum in Aussicht? Schließlich: Hat Wirnt für seine abweichenden Darstellungsabsichten ein anderes, genuin literarisches Strukturmuster gefunden?

Bereits im Prolog hatte Wirnt klar gemacht, dass der Weg zur *êre* über das Vorbild derer führte, von denen einerseits die Gesellschaft das Beste zu berichten wisse, die aber anderseits *nâch gotes lône dienen hie* (v. 28), womit sie sich *dort* (v. 31) das ewige Leben verdienten. Das damit formulierte Programm adliger Existenz im verbindlichen Dienst an Gott *und* der Welt war, zumindest für Wirnts Auffassung, in der Tradition großepischen Erzählens genuin weltlicher Stoffe offenbar konkurrenzlos. Ein krisengeschüttelter Parzival, dessen Religiosität sich in schrittweiser Annäherung an eine Arkangesellschaft herausbildete, kam als Vorbild für den Adel nicht in Frage. Wirnt forderte ein klares Bekenntnis des säkularen Waffenträgers zu Gott, und er gestaltete es gerade in den beiden Szenen des zweiten Teils, in denen der Glaube an die Stelle des arthurischen Handlungsoptimismus tritt: in der Gefangenschaft bei Ruel, als Gott seinem Streiter die Fesseln abstreift, und auf der Brücke vor Glois, als der Höchste die Gewalten satanischer Un-Natur suspendieren muss, um seinen Streiter zu erretten.

Das Eingreifen des Transzendenten in den Raum fiktionalen Erzählens ist im Rahmen des mittelalterlichen Gattungsgefüges anderen Genera vorbehalten. Klaus Grubmüller hat daher, wie vor ihm schon Wehrli (1969) und Cormeau (1977, S. 65), auf die Nähe des ,Wigalois' zur Heiligenlegende hingewiesen. „Aus ihr scheint mir die Bauform des in einer Linie aufsteigenden Weges gewonnen" (Grubmüller 1986, S. 236 Anm.). Volker Mertens, auf den Grubmüller sich beruft, sprach hier von einer „Einbahnstruktur", von einem „Modell von Erringung und Bewährung ohne Krise", wie Wirnt es bereits im ,Lanzelet' Ulrichs von Zazikhofen hätte vorfinden können (Mertens 1981, S. 19; schematisch dargestellt: S. 20). Nach allem, was oben an Referenzen herausgearbeitet werden konnte, hat Wirnt den ,Lanzelet' gründlich gekannt. Dennoch wird man konzedieren müssen, dass Wirnt dessen „Einbahnstruktur" durch seine Absicht, adliger Lebensweise ein Beispiel konsequenter christlicher Rückbindung zu bieten, zumindest über das „Erzählprinzip" der Legende annähert (vgl. Seelbach / Seelbach, S. 282). Auf eine Formel gebracht: Wirnt setzt dem Doppelweg eine zäsurierte „Einbahnstruktur", der Krise die Krisenlosigkeit, dem suchenden Weg des sozial desintegrierten Individuums den ungebrochenen Aufstieg eines Heilsbringers zum Rex iustus et christianus entgegen.

📖 Mitgau 1963; Kuhn 1969; Heinzle 1973; Cormeau 1977; Mertens 1981, S. 19–23; Grubmüller 1985; Fromm 1989; Ringeler 2000, S. 208–211; Wennerhold 2005, S. 81–83.

6. Erzählstil

Wirnt hat, indem er die normgebende Beispielfigur des „Ritters in der rechten Spur“ erfand, grundlegend Neues in die Geschichte des höfischen Romans eingebracht. Das Bild eines fundierten Kennners der Literatur seiner Zeit, das uns in den bisherigen Untersuchungsabschnitten auf Schritt und Tritt, in einfachen intertextuellen Verweisen wie in der Adaptation oder Verwerfung komplexer Strukturen entgegengetreten ist, lässt uns nach seiner Handhabung weiterer Traditionselemente der höfischen Dichtung fragen, insbesondere des Erzählstils. Hier interessieren vor allem seine systematische Auffassung vom Verhältnis Autor-Erzähler (6.1.), die Technik seiner Beschreibungen (6.2.), der erzählerische Umgang mit Raum und Zeit (6.3.), schließlich das narrative Potential des viel diskutierten Motivs vom Glücksrad (6.4.).

6.1. Der kommentierende Erzähler

Mehrfach war bisher vom Erzähler als der Instanz, die durch Wirnts Roman führt, die Rede. Wir nehmen hier eine grundlegende Unterscheidung des Verfassers eines fiktionalen epischen Textes und des Erzählers, der die Leser durch diesen Text geleitet, als Instanzen, die systematisch verschiedenen Ebenen zugehören, vor. Der Erzähler ist demnach, vereinfacht gesprochen, eine Figur von Gnaden des Autors wie die übrigen Figuren auch.

Anhaltende Reflexion der Nicht-Identität von Autor und Erzähler ließ die Autoren um 1200 „ihre“ Erzähler in unterschiedlich starker Ausprägung subjektives Profil gewinnen. Lange hat die Forschung aus dem Umstand, dass Hartmann seinen Erzähler gelegentlich ‚Hartmann‘ nennt (‚Erec‘ v. 7493; ‚Iwein‘ v. 2982, v. 7027), geschlossen, ‚Hartmann‘ sei Hartmann. Doch der Erzähler ‚Hartmann‘ tritt, wie Monika Unzeitig jetzt herausarbeitete, immer nur am „Ort der Selbstreflexion des Erzählers" auf, meistens „im Kontext von Produktion und Rezeption" (Unzeitig 2004, S. 78), wo er etwa im Dialog mit dem Publikum die Illusion einer interaktiven Werk-Entstehung schafft. Verbleibt Hartmanns Erzähler damit noch in der von ihm beanspruchten Domäne, mischt sich der Erzähler in Wolframs von Eschenbach ‚Parzival' gleichsam unter die Figuren: Mal feige, mal dreist, mal Gemütsmensch, mal Räsonnierer, kommentiert er das von „ihm" erzählte Geschehen. Das Publikum erfährt so manches über ‚Wolframs' Privatleben, hat teil an seinen Sorgen, kann ihn aber auch verlachen und sich ihm überlegen fühlen. Wolfram setzte also das narratologische Problem narrativ um, indem er seinen Erzähler als individuelle Kunstfigur über das Maß des bisher Dagewesenen hinaus profilierte.

Nach allem bisher Ermittelten steht nicht zu erwarten, dass Wirnt, der so nachdrücklich auf seine Prätexte verweist, seine Erzählerfigur unreflektiert einsetzte, wie das die ältere Forschung meist stillschweigend voraussetzte. Max Wehrli ging noch wie selbstverständlich überall dort, wo der Erzähler kommentiert, vom Autor aus, der sich „lehrhaft, gemütvoll-fromm und etwas hausbacken" artikulierte (1969, S. 240). Für Bernd Naumann äußerte sich gar ein „alternder, von der Welt enttäuschter Sonderling", „ein sensibler Mensch in beengten Verhältnissen", der „seine als grausam, kalt und ungerecht empfundene Gegenwart an einer idealen Vergangenheit" maß (Naumann 1971, S. 72). Der begrifflichen wie systematischen Unschärfe suchte eine Studie von Elisabeth Lienert (1997) zu begegnen, die erstmals gezielt alle Erzählerkommentare im ‚Wigalois' auswertete. Doch auch Lienert kam zu dem Ergebnis, dass Erzähler und Autor bei Wirnt eigentlich „nur theoretisch, im konkreten Einzelfall" jedoch „bisweilen kaum zu trennen" seien (1997, S. 266; kritisch Wennerhold 2005, S. 111–114).

A. Zunächst zu den Apostrophen des Erzählers ‚Wirnt'. Wir hatten sie eingangs dieser Darstellung als Selbstnennungen des Autors, als sein dreifach platziertes „Logo" hervorgehoben, und in diesem Kontext war es unerheblich, ob der Autor Wirnt oder der Erzähler ‚Wirnt' sprach. Am Schluss der Fischerepisode nun tritt der Erzähler ‚Wirnt' namentlich erstmals deutlicher hervor (vgl. Brandstetter 1970, S. 144; Jaeger 2000, S. 210 f.). Eben waren die dubiosen Fischersleut mit großen Gütern bedacht worden (v. 5746–5752), so dass man erwarten könnte, der Erzähler räsonniere, sozusagen gegen den vom Autor erzählten Stoff, über soziale und höhere Gerechtigkeit. Die Erwartung wird noch verstärkt durch das Auftreten des „schwachen Verstands" (*kranker sin*, v. 5754), der sich fragend an ‚Wirnt' wendet. Könne jemand, so ganz ohne Besitz, in dieser Welt zu Ansehen gelangen? ‚Wirnt' antwortet seinem *sin*, dies sei in der Tat denkbar. Der *sin* beharrt darauf, dass *lîp unde muot* ohne *guot* nichts einbrächten (v. 5760–5762). ‚Wirnt' verweist nun siegessicher darauf, dass er bei den Menschen mit seiner *kunst* mehr Beifall ernten werde als ein ungehobelter Reicher. Ehe es freilich zur Erprobung der Thesen und damit zur Dissoziation von Künstler und Verstand kommen kann, lenkt ‚Wirnts' *sin* ein. Er wolle, durch solche Wertschätzung überzeugt, ‚Wirnt' auch weiterhin begleiten. Der gibt sich erleichtert und entscheidet, listig zum Publikum sich wendend, den Streit im Sinne seiner These: *die rede ir mich nicht liegen lât!* (v. 5781).

Es steckt eine ganze Menge Hartmann in diesem Abschnitt: der Autor Hartmann, der im ‚Gregorius' eine – im Ergebnis offene – Debatte um *guot* und *muot* angezettelt hatte (v. 606–626), aber auch der Erzähler ‚Hartmann', der im ‚Iwein' mit *vrou Minne* (v. 2971–3028) eine ähnliche Kontroverse ausgetragen hatte (vgl. Seelbach / Seelbach, S. 300 z. St.). Wirnt lanciert ‚Wirnt' „im Kontext von Produktion und Rezeption" (Unzeitig 2004, S. 78), lässt ihn seine Bitte um angemessene Entlohnung vortragen. Doch mit dem abschließenden Scherz, der das Publikum auf die Seite des Erzählers ziehen soll, ironisiert ‚Wirnt' Wirnts Status: während der Erzähler es sich leisten kann, sich allein für seinen *muot* feiern zu lassen, ist der Autor ohne *guot* arm dran. Die Aufforderung ans Publikum „Straft meine Worte bitte nicht Lügen!" kann sich daher eigentlich nur der allein auf sein Ansehen bedachte ‚Wirnt' leisten. Wirnt treibt hier ein raffiniertes Spiel mit einem potentiellen realen Publikum, das sich nun aussuchen kann, ob es dem bedürfnislosen Künstler Anerkennung oder dem auf *guot* bedachten *sin* mit klingender Münze gibt. Gibt es Wirnt Geld, straft es ‚Wirnt' Lügen. Gibt es ihm kein Geld, straft es die Kunst. – Vor dem Hintergrund solcher Raffinesse dürfte deutlich sein, dass Wirnt sich, wenn auch in bescheidenerem Ausmaß, um die Ausgestaltung einer Erzähler-Rolle ‚Wirnt' im Stile Hartmanns bemühte.

B. Dies wird vor allem in jenen Reflexionen des Erzählers, die das Erzählen selbst betreffen, manifest. „Von Anfang an ist das Schreiben beziehungsweise Erzählen im ,Wigalois' mit Reflexion der Erzählkunst und der narrativen Problematik verknüpft" (Jaeger 2000, S. 207). Es gibt, jenseits der ,Wirnt'-Apostrophen, zahlreiche kleinere Passagen, die den Status des Erzählten als Fiktion und das Verhältnis des Erzählers zur Fiktion, seine Möglichkeiten, seine Weigerungen oder sein Scheitern ihr gegenüber betreffen. Einmal beteuert ,Wirnt', es seien fünfzig prächtig herausgeputzte Jungfrauen am Hof zu Roimunt zugegen gewesen; er wolle indes nur über jene zwanzig sprechen, die ihm überregional konkurrenzlos erschienen (v. 4106–4118). Hier will ,Wirnt' für seine Entscheidung, dreißig ihm von Wirnt zugeschobene Hofdamen übergangen zu haben, vom Publikum belobigt werden. Ein hübscher Passus ist auch der, in dem der Erzähler bedauert, in Ermangelung entsprechender Erfahrung nichts Angemessenes über die Güte der Damen und den Effekt, den sie auf die Tüchtigkeit der Tüchtigen ausübte, aussagen zu können (v. 7562–7580). Er schreibe darüber *mit vremder hant* (v. 7573), und hätte er entsprechende Erfahrung, hätte er gewiss Zutreffenderes geschrieben (v. 7579 f.). Will man das nicht autobiographisch verwerten (so Seelbach / Seelbach, S. 305), bleibt nur das „erzählerbiographische" Verstehen, mit dem sich der unerfahrene ,Wirnt' dann einträchtig neben den linkischen ,Wolfram' setzte.

C. Wirnt kann ,Wirnt' in der Regel erzählen lassen, ohne dass es zu Rückfragen des Erzählers etwa im Falle auseinandertretender Kohärenzerwartungen käme. „Die Erzählinstanz weiß über die Innen- und Außenwelt des Personals in der von ihm geschaffenen fiktiven Welt zu berichten, ebenso kennt er den ,göttlichen Plan', nach dem sich der Lebens- und *âventiure*-Weg des Gwigalois gestaltet" (Jaeger 2000, S. 205). Allerdings muss der Erzähler dem Publikum in zweifelhaften Passagen gelegentlich aufhelfen. Eine solche ist die, in der die böse Fischersfrau, fasziniert von der Schönheit des nackten Helden, Gwigalois zu trinken gibt: *wan si dem kucte sîn leben, / dem si den tôt ê wolde geben* (v. 5467 f.). Dies sei, wie ,Wirnt' versichert, eine Wirkung der Minne, die schon vielen hartherzigen Frauen *guot gemüete* (v. 5472) verliehen habe. Ohnehin, so fügt er an, sei das Leben erst durch die Frauen lebenswert; Gott selber habe es so bestimmt. Und – wieder so ein ironischer Scherz zum Abschluss –: denjenigen, der ihnen alle Wünsche erfüllte, machten sie *ofte* glücklich (v. 5478). ,Wirnt' hat also Humor, was deswegen erwähnt sei, weil man Wirnt –

wohl unter dem Eindruck der den ,Wigalois' durchziehenden Zeitklagen – just diesen bisher kaum zugebilligt hat.

D. In seinen Zeitklagen tritt der Erzähler zweifellos am häufigsten hervor. Dabei verwendet er das im höfischen Roman etablierte Stilmittel der Kontrastierung von Einst und Jetzt, die „Laudatio temporis acti". Vieles von dem, was in der vorzeitigen Textwelt passiert, wäre in der Gegenwart undenkbar – und umgekehrt. Dafür nur drei Bespiele: 1. Früher (*bî den zîten*: v. 2146) galt der einmal geleistete Eid noch etwas, und wer ihn brach, wurde von der Gesellschaft wie ein Aussätziger behandelt: *des wær ouch noch der werlte nôt* (v. 2158). 2. Eine Jungfrau konnte *bî den selben zîten* (v. 2358) in der Textwelt noch unbegleitet reiten – traut sich heute eine verheiratete Dame aus dem Haus und reitet dann noch allein über Feld, liegt sofort das Schlimmste nahe (v. 2378–2381). 3. Seinerzeit konnte man etwa, wie Gwigalois, das Pferd eines Erschlagenen anbinden, ohne dass es gleich gestohlen worden wäre (v. 2319 f.). Heutzutage fledderte man einen unvergrabenen Leichnam umgehend: *daz was ab do wider dem sit* (v. 2324). Anders als dem Erzähler des ,Iwein', der sich trotz aller Vorzüge der Vergangenheit nicht in die Textwelt versetzt wissen möchte (vgl. ,Iwein' v. 49–58), böte die erzählte Welt des ,Wigalois' also zumindest dort, wo sie besser war, dem Erzähler ,Wirnt' Unterschlupf.

E. Es fällt auf, dass sich die meisten Klagen des Erzählers auf den aktuellen Zustand des Ritterstandes beziehen. Dieser Zustand wird, im Kontrast mit einer nobleren Textwelt, als defizitär gekennzeichnet. Drei Beispiele auch dafür: 1. Wäre in der Textwelt Leichenfledderei betrieben worden, hätte das umgehend die soziale Ächtung solcher Raub-Ritter, konkret: ihren Ausschluss von Turnieren, nach sich gezogen (v. 2325–2329). 2. Der ganze Ritterstand gerät in Unordnung: Parvenüs drängten empor, Jünglinge, die früher allenfalls zum Knappen getaugt hätten, wollen heute Ritter werden, was allein zum Schaden der Anständigen gereiche (v. 2333–2336). 3. Dagegen der Ritter Hojir von Mansfeld!

im was dâ heime unmære
sich ze verligen einen tac,
wan mit gemache niemen mac
grôze êre erwerben.
von rehte sol er verderben

der dâ heime sich verlît
und sich vlîzet zaller zît
daz sînem lîbe sanfte sî,
wan bœse gemach ist êren vrî. (v. 2871–2879).

Die Analyse von Zeitkritik im Artusroman sollte generell mit dem Verdacht operieren, dass es sich vor allem um „literarische" Ritterstands-Kritik handelt. Der ‚Wigalois' ist hier keine Ausnahme. Ein signifikantes Beispiel ist die aus der Person des edlen Sachsen Hojir entwickelte Kritik. Hartmann hatte darauf, sie exemplarisch vorzuführen, zwei Romane verwendet. Erec und Iwein müssen auf beschwerlichem Wege das rechte Maß zwischen *gemach* und *êre* finden. Hojir, der durch den gestohlenen Schönheitspreis eben noch so unhöfisch auftrat, ist in dieser Hinsicht bereits über jeden Zweifel erhaben. Wieder gewinnt man den Eindruck, Wirnt habe die Heilsgewissheit arthurischen Erzählens verloren, oder er suche sein Heil absichtsvoll anderswo. Die Ritter-Kritik seines Erzählers ist also nicht nur „literarische" Kritik, sondern im *gemach-êre*-Passus Literaturkritik.

F. Als ein Hauptproblem des ‚Wigalois' gilt eine überbordende Lehrwütigkeit seines Erzählers. Man hat den Roman daher in die Nähe der didaktischen Literatur (‚Freidank', Thomasin von Zerklære) gerückt (etwa Gürttler 1976, S. 181; Thomas 2005, S. 129 f.), ist allerdings uneins, ob der Erzähler darauf aus ist, in seinen Einlassungen eine kohärente Lebenslehre zu entwerfen. Gewiss redet er gegenüber dem Publikum vom Belehren, und er fragt auch: *wer mac den guot gelêren / der ein valschez herze treit?* (v. 118 f.; vgl. Schiewer 2005, S. 72), doch geht das auf die Hörer-Disposition, eben das *valsche herz*, das für die Inhalte des Gedichts erst noch zu konditionieren ist, und bemüht den Prolog-Topos „verlorene Arbeit". Im Erzählverlauf tritt viel Lehrhaftes zutage, aber das hat ein anderes Gewicht als die Ermahnung *nu volget mir: ez wirt iu guot* (v. 123).

Als Transporter adliger Verhaltenskonzepte bleibt der Roman in einem recht engen Bezirk. Mit einigen Ratschlägen vermittelt der Erzähler prudentielles Verhalten. So erklärt er (anlässlich der Fischersleut, die Gwigalois' Rüstung zu erbeuten bestrebt sind!), dass er selbst in *tougen dingen* (v. 5507) stets darauf achte, unbeobachtet zu agieren, da es ihm sonst zum Schaden gereichen könne – eine vor dem Hintergrund mittelalterlicher Bewertung von Öffentlichkeit und Nichtöffentlichkeit bemerkenswerte Aufforderung zur *discretio* öffentlichkeitstauglicher und -untauglicher Angelegenheiten, die punktuell notwendige Asozialität zum Dienst an der Sozialgemeinschaft erhebt.[1] Das meiste aber, was ‚Wirnt' zu vermitten weiß, ist sententiös verknappt und wird als einem *biderben man* (v. 2030, 2091 u. ö.) angemessen eingeführt. Wer die Dinge nicht ändern könne, solle sich ins Unvermeidliche schicken (v. 2031–2034); wer keine Zuversicht in glückliches Gelingen habe, müsse verzagen (v. 2775–2778); wer seine Not dem Falschen klage, erfahre keinen Trost und sei ein Narr (v. 2779–2782); ein kleiner Mann könne einen größeren überwinden, setze er nur seinen Verstand ein (v. 7347–7350). Ein fester Blick verrate den Standhaften, ein Abirren der Augen hingegen den Treulosen (v. 4244–4269) – das sei die Erfahrung des Erzählers (v. 4359), und genau so machten es *diu reinen wîp* noch heute (v. 4244): sie spähten festen Blickes *durch des mannes ougen* (v. 4247) und erkennten so, ob ihr *vriunt* im Herzen Falschheit trage. Vergehen wider die *triuwe* tadelt der Erzähler generell, das gilt für beide Geschlechter und ohne emanzipatorischen Anspruch. *Triuwe* heißt ja für eine Frau auch, alle Gebote ihres Mannes widerspruchslos zu befolgen, wie sich an Japhite zeige, die niemals ein Unterlassungsgebot Roaz' missachtet hätte: *daz wær ouch noch guot wîbes sit* (v. 7494). Handelte jede Frau so, *sô belibe ir minne stæte* (v. 7497). Hier bricht Wirnt die lange Diskussion, die im ‚Erec' geführt worden war, auf eine griffige Sentenz herunter. – Über Gaweins Tugendlehre (v. 11521–11552) hatten wir uns bereits ein Bild gemacht (S. 123). Als Figurenrede kann der lehrhafte Passus hier außer Acht bleiben.

Die Forschung hat das Lehrhafte vor allem unter dem Aspekt seiner strikten Bezogenheit auf den Handlungsgang beachtet. Elisabeth Lienert sah in den belehrenden Erzählerkommentaren einen über die Erzählung hinausgehenden „Überschuss". Die Kommentare seien „nicht auf die Erzählung zu beziehen, sondern nur als Wendung an das Publikum zu verstehen" (Lienert 1997, S. 274). Das ist, eingestandenermaßen, ein diagnostizierter Mangel. Mit der Diagnose, ‚Wirnt' entwickele Lehrhaftes nicht aus dem Text, sondern assoziiere es ihm

---

[1] Dazu Rüdiger Brandt: Enklaven – Exklaven. Zur literarischen Darstellung von Öffentlichkeit und Nichtöffentlichkeit im Mittelalter, München 1993, bes. S. 240–275.

allenfalls, um punktuell, dafür aber unmittelbar auf das Publikum einzuwirken, drängelt sich zugleich ein völlig anderes Konzept von Lehre aus dem Hintergrund: die Beispielhaftigkeit der Handlung, die der Artusroman als ganzer im Prozess des Erzählens darlegt und die ein Erzähler – nennen wir ihn ‚Hartmann' – verstärkend kommentiert. In dem Moment aber, in dem der Erzähler ‚Wirnt' nicht mehr als V-Mann des Autors die Erzählung gegenüber dem Publikum vermittelt, sondern allgemein belehrend die Stimme erhebt, verliert er – so der implizite Vorwurf – seine literarische Dignität. ‚Wirnt' degeneriere, seines eigenen fiktionalen Status nicht mehr bewusst, zu Wirnt.

G. So kam es, dass Wirnt / ‚Wirnt' noch in der neueren Forschung vielfach als „Prediger" apostrophiert wurden. Für Schiewer ist es Wirnt, der den Artusroman „benutzt […], um zu predigen" (Schiewer 1993, S. 156; vgl. Schiewer 2005, S. 72), für Lienert immerhin ‚Wirnt', der als „Prediger" gleichsam eine Mutation des erklärenden, belehrenden Erzählers Hartmanns darstellt (Lienert 1997, S. 272). Ich halte den Begriff für nicht vollends glücklich. Er lässt sich vor allem vom Verfahren, die Erzählung als Ausgangspunkt allgemeiner moralischer Exkurse zu nehmen, rechtfertigen, was im Übrigen – wie Schiewer am besten weiß – kein Spezifikum mittelalterlicher Predigt wäre. Anderseits wird die Romanhandlung an keiner Stelle mit klassischen christlichen Auslegungskonzepten konfrontiert. Der ‚Wigalois' enthält, orientiert man sich am Einsatz des Erzählers, keine verborgene Lehre. Keine Verhüllung muss durch das Verfahren der Allegorese aufgedeckt werden. Selbst die halbbiblisch-typologischen Kommentare, die Gwigalois als erlösenden Gott-Vater (nicht etwa: als zweiten Christus!) auf den Schild zu heben scheinen (vgl. v. 3982–4004), assoziieren, auf den Vorgang mehr als auf die Person fixiert, bloß Vergleichbarkeit. Es ist ganz bezeichnend, dass Wirnt gerade hier die Öffentlichkeit von Roimunt, nicht aber den Erzähler vorschiebt, dem nur zu konstatieren bleibt: *diu rede dûhte den rîter guot* (v. 4005). Sollen doch die Roimunder sowas sagen, soll doch Gwigalois ihnen nicht widersprechen! ‚Wirnt' belehrt, stets vom Handeln seiner Figuren inspiriert, über tugendhaftes Verhalten. Der „Prediger", der einen verborgenen Sinn freischälte, gehört nicht zum Repertoire seiner Rollen.

Damit wäre abschließend noch einmal nach dem Profil des Erzählers zu fragen. Dass Wirnt sich der Rollenhaftigkeit ‚Wirnts' bewusst war, steht außer Frage. Er benutzt ihn einmal sogar, um das

Problem der Entlohnung des Künstlers einigermaßen dezent vorzutragen. Sein Erzähler ist also als Dichter, der auf materielle Zuwendung angewiesen ist (und das zugleich bestreitet!), vorstellbar. Vom Ritterstand hat er eine hohe Meinung, allerdings sieht er deutlich, dass auch die ritterliche Gemeinschaft nur durch Grundwerte wie *triuwe* und *stæte* ihr Fortbestehen sichern kann. Der Zustand der Ritter hängt nicht unwesentlich von ihrer Hinwendung zu preiswürdigen Damen ab, die ihre Herzen zu tugendhaftem Handeln entzünden. Obwohl er über keine Erfahrungen verfügt, weiß der Erzähler, dass Frauen durchaus fordernd auftreten können. Sie machen Männer glücklich, haben aber – wie jene – einen Anspruch auf die Einhaltung der *triuwe*, was prüfend zu ermitteln ihnen zugesprochen wird.

Insgesamt hat es nicht den Anschein, als sei ‚Wirnt' darauf aus, wie ‚Wolfram' *schildes ambet* als seinen *art* zu reklamieren (‚Parzival' 115, 11), so wenig er anderseits eine geistliche Kompetenz für sich in Anspruch nimmt. Wohl erstrebt er die intellektuelle und moralische Führung des Publikums, seine Unterhaltung aber gewiss weniger als seine Belehrung und Erbauung. ‚Wirnt' hat Humor, aber er macht keine Witze. Zynismus liegt seinem im Grunde handlungsoptimistischen Erzählen fern. Er bekämpft alles Mangelhafte und vertraut auf Gott, dessen Kirche die Heilsmittel zur Verfügung stellt. ‚Wirnt' reklamiert als Erzähler eine Verbindlichkeit, die der hibbelige Katalysator ‚Wolfram' im Grunde von sich wies. So unterstützt er seinen Herren Wirnt in allem Wesentlichen nach Kräften. Ihr Artusroman funktioniert nicht über das Konzept identifikatorischer Rezeption einer Erzählung, die ihre Fiktionalität ausstellt, sondern über explizite Vermittlung von Werten, die die Fiktion um eben dieser Wertevermittlung willen als verbindlich erscheinen lässt.

📖 Latzke 1906; Wehrli 1969, S. 239 f.; Brandstetter 1970, S. 139–144; Naumann 1971, S. 71 f.; Cormeau 1977, S. 234–237; Lienert 1991, S. 5–7; Schiewer 1993, S. 155 f.; Lienert 1997; Jaeger 2000, S. 198–215; Unzeitig 2004; Wennerhold 2005, S. 111–114.

6.2. Die Beschreibungen

Die Beschreibungen von Personen, Bauwerken, Landschaften und Kleidungsstücken nehmen im ‚Wigalois' viel Raum ein. Wahrscheinlich ist Wirnt der beschreibungsfreudigste Epiker des frühen 13. Jahrhunderts. Unter „Beschreibung“ subsumiert man jene Abschnitte, in denen der Erzähler gleichsam die Horizontale der Erzählung für einen vertikalen, den Handlungsgang unterbrechenden Einschub verlässt, wobei das Kriterium der Unverbundenheit mit dem Handlungsgang nicht ganz unproblematisch ist; z.B. dann, wenn etwa eine Kleiderschilderung gleichsam als Vorbotin des weiteren Geschehens fungiert. Das mittelalterliche Publikum hat solche Unterbrechungen, im Gegensatz zur Forschung, offenbar geschätzt (einige abfällige Worte der Forschung versammelt Jaeger 2000, S. 206). In den Handschriften sind sie – mit Ausnahme der konsequent tilgenden Schweriner Papierhandschrift vom Ende des 15. Jahrhunderts (vgl. Fasbender 2009, S. 91–94) – durchweg in vollem Umfang erhalten.

Eine Zusammenstellung aller Beschreibungen im ‚Wigalois‘ ist teils ihrer Kürze, teils ihrer mitunter unscharfen Ränder wegen, unmöglich. Alles, was irgendwie mit Kleidung zu tun hat, hat Elke Brüggen in ihrer verdienstvollen, leider aber stellenregisterlosen Monographie (1989) zusammengestellt. Ich greife aus diesem instruktiven Buch einige Beispiele heraus und übertrage sie in unseren Zusammenhang, um die Funktion der Gewandbeschreibungen im ‚Wigalois‘ etwas besser zu verstehen. „Funktion“ signalisiert bereits, dass wir inzwischen davon abgekommen sind, Kleiderschilderungen in Romanen unter dem verächtlichen, nichts außer einer ahistorischen Ästhetik belegenden Stichwort „Schneiderstrophen“ zu buchen. Sicherlich bremsen Schilderungen dieser Art eine auf den raschen Gang der Handlung fixierte Rezeptionshaltung aus. Aber wir müssen uns eingestehen, dass die für den Adel verfertigte Literatur großen Anklang fand: vielleicht nicht allein wegen, ganz gewiss aber trotz ihrer Auskünfte zu aktuellen, meist aus Frankreich stammenden Bekleidungs-Trends. Damit wären bereits drei Aspekte der Kleiderschilderung im höfischen Roman angerissen. 1. Gewandbeschreibungen informierten das adlige Publikum über aktuelle Mode, setzten vielleicht sogar selber Trends. 2. Mit Gewandbeschreibungen verriet der Dichter seine diesbezüglichen Sach-Kenntnisse. 3. Gewandbeschreibungen dienten, über den Kompetenz-Nachweis hinaus, in besonderem Maße zum Aufweis dichterischer Kunstfertigkeit, eiferte in ihnen doch der Wort-Schneider dem Schneider nach oder schickte sich gar an, ihn zu übertrumpfen. Einmal bei der Produktionsthematik, konnte Wirnt seinen Erzähler zum Einsatz bringen und auf das „Gemachte“ der Fiktion hinweisen.

1. Zunächst zu Aktualität und Informationsgehalt der Gewandbeschreibungen. Ich greife mit ‚Mi-parti' und Tasselmantel zwei modische Details heraus. Das sogenannte ‚Mi-parti' ist ein von der Kostümgeschichte aus der Heraldik übernommener Terminus technicus für „die vertikale, horizontale oder diagonale farbige Zweiteilung eines Kleidungsstückes" (Brüggen 1989, S. 65). Es wird im ‚Wigalois' an mehreren Stellen beschrieben. Gwigalois' Mutter Florie trägt ein solches, in der Mitte geteiltes seidenes Obergewand

von zwein samîten
gesniten vil gelîche,
eben unde rîche;
der eine was grüene alsam ein gras,
der ander rôter varwe was,
mit golde wol gezieret (v. 747–752)

Nur wenig sinnenfälliger als der (vielleicht durch die Goldfäden etwas gemilderte) Zusammenstoß der Komplementärfarben ist das rotgelbe, ebenfalls aus Seidenstoffen genähte Mi-parti der Jungfrauen auf Glois:

vil guotiu kleider hêtens an
von bunt und von samîte,
an ietwederre sîte
geteilet gel unde rot (v. 7300–7303)

Die Anfänge dieser Mode lassen sich bis ins 11. Jahrhundert zurückverfolgen (vgl. Bumke 1992, S. 182). Ihr Ausgangspunkt ist Frankreich, woher mein zweites Beispiel stammt, das seinen Importcharakter im Lehnwort „Tassel" offenbart. Mit „Tassel", das in Frankreich seit der zweiten Hälfte des 12. Jahrhunderts gut bezeugt ist, werden die beiden auf einem Mantel in Schulterhöhe fixierten Scheiben bezeichnet, an denen die den Mantel über der Brust zusammenhaltende Tasselschnur befestigt war. An diesem notwendigen Requisit haben sich die Modeschöpfer seit dem 12. Jahrhundert ausgetobt, haben die Tasseln als raffinierte Geschmeide inszeniert, haben aber auch „Material, Breite, Länge und Lage" der Schnur vielfach variiert (Brüggen 1989, S. 84). „Der Tasselmantel ist im höfischen Roman fast ausnahmslos als Kleidungsstück der höfischen Dame bezeugt." (Brüggen 1989, S. 84). Auch der ‚Wigalois' kennt den Tasselmantel, wiederum an Florie, deren Edelstein-Tasseln mit der Kunstfertigkeit der Orientalen gefertigt worden waren:

> *ouch wâren diu tassel*
> *beidiu rôt unde gel,*
> *ergraben harte kleine*
> *ûz einem edeln steine*
> *mit heidenischem liste:*
> *der was ein âmatiste,*
> *das ander was ein jâchant* (v. 819–825).

2. Mi-parti und Tassel sind zu dem Zeitpunkt, als Wirnt seine Damen mit ihnen ziert, als Realien gut bezeugt. Einigermaßen sicher ist das Mi-parti schon im Frankreich des 11. Jahrhunderts in bildlichen Darstellungen nachweisbar; Tasseln und Tasselschnur dringen im ausgehenden 12. Jahrhundert rasch vor und drängen die „Nusche", die traditionell den Mantel der Dame zusammenhaltende Spange, allmählich zurück. So spricht die Datenlage zunächst nur dafür, dass Wirnt sich um 1220 um eine kunstfertige Darstellung beliebter Accessoires bemühte.

Hält man dem Befund freilich die zeitgenössische deutsche Romanliteratur entgegen, ergibt sich ein anderes Bild. Für das Mi-parti stellte Elke Brüggen etwa fest: „Im 13. Jahrhundert haben Wirnt von Gravenberc und Konrad von Würzburg solche in zwei farbige Hälften geteilten Gewänder beschrieben" (Brüggen 1989, S. 65), wobei der Würzburger bereits tief in die zweite Jahrhunderthälfte zu setzen ist. Entsprechende Schilderungen bei Wirnts Vorgängern Hartmann (‚Erec' v. 1954–1958) und Wolfram (‚Parzival' 235, 8–14), die immer wieder für das Mi-parti gebucht wurden (vgl. Bumke 1992, S. 182), betrachtet Brüggen skeptisch: „strenggenommen sprechen sie nur von einer Teilung des Gewandes in verschiedene Stoffe." (Brüggen 1989, S. 67). Nicht wesentlich anders sieht es mit dem Tasselmantel aus. „In Deutschland setzen literarische Bezeugungen des Tasselmantels mit dem Beginn des 13. Jahrhunderts ein" (Brüggen 1989, S. 84). Die ersten Zeugen hierfür sind Wirnts Zeitgenosse Gottfried von Straßburg, der Isoldes Hand vorbildlich-höfisch an der Tasselschnur ruhen lässt (‚Tristan' v. 10921–10943), und wiederum der Grafenberger, dem dann Heinrich von dem Türlin (‚Crône' v. 8218 ff.) folgen wird. – Fazit: Wirnt lässt seinen Erzähler auf der Höhe der Zeit schneidern, und nähme man den höfischen Roman als Quelle höfischen Modebewusstsein ernst, dürfte Wirnt von seinem Publikum geradezu als Trendsetter angesehen worden sein.

3. Wirnt hat nicht nur beschrieben, sein Erzähler hat auch das Beschreiben zum Gegenstand der Reflexion erhoben. Das könnte, wie ich inzwischen glaube, durchaus mit der Aktualität seiner Modenschau zu tun haben. Anlass ist ihm die oben bereits durch Mi-parti und Tasseln als vergleichsweise modern aufgefallene Gewandbeschreibung Flories. An ihrem Ende bricht der Erzähler aus der Fiktion aus und versichert, dass alles, was er *ûf si mac geladen / von sîden und von borten / und von gezierde, mit worten* (v. 860–862), dem Publikum nicht zum Schaden gereiche. Niemand solle es deswegen *nîden* (v. 856), *daz wær ein michel tôrheit* (v. 858). Man hat den Passus zunächst gar nicht verstanden, dann als indirekte Entschuldigung für notwendige Weitschweifigkeit, später als Kommentar Wirnts zum ‚Making of' der Kunstfigur Florie (vgl. Seelbach / Seelbach, S. 290), zuletzt als „poetologische ‚Lesehilfe' (Leseanleitung)". „Die Stelle […] dokumentiert, dass auch innerhalb der Erzählerkommentare Fiktionalitätsräume eröffnet werden." (Jaeger 2000, S. 206). Nun handelt es sich um eine recht kurze Beschreibung (5 Verse), und es ist zudem eine der ersten Gewandbeschreibungen im ‚Wigalois', der wesentlich ausführlichere folgen werden. Ich hatte den Kommentar des Erzählers auch immer als Fiktionalitätssignal verstanden, allerdings vor allem gegenüber einem weiblichen Publikum, das sich nicht wegen der Beschreibung an sich empörte (*nîden*), sondern sich aufgrund der hohen Qualität des mehrfarbigen Schapels mit Goldfäden und Seide schlichtweg hintangesetzt fühlte (*nîden*). Hatte man gar einen neuen Trend auf dem Schapel-Markt verpasst? Der Erzähler weiß generös zu beruhigen: ‚Meine Damen, das sind nur Worte'. Und das gilt so auch für alle folgenden Schilderungen.

🕮 Brüggen 1989; Bumke 1992, S. 172–210; Jaeger 2000.

6.3. Der Umgang mit Raum und Zeit

Wirnts Erzähler bietet seinem Publikum nicht nur eine topaktuelle Modenschau, er versorgt es auch mit präzisen Angaben zu Raum und Zeit. Wenn eine Figur irgendwo aufbricht oder ankommt, läuft er ihr mit Kalender, Sonnenuhr und Maßband hinterher und misst die Wegstrecke in Tagen, Wochen, Monaten oder Jahren. Er setzt genaue Termine an und benennt, wie im Falle des Hoftages zu Korntin, gängige Fristen (v. 8682 f.). Dadurch entsteht der Eindruck einer Strukturierung des Geschehens vermittels real messbarer Zeit. Man hat dem Erzähler nachgemessen und zumindest für die Haupthandlung ein Zahlengebäude rekonstruiert, das eine gewisse Plausibilität in Anspruch zu nehmen vermag: Gwigalois ist neunzehn oder zwanzig, als er an den Artushof reitet (9 Tage), bleibt dann einige Zeit dort und wird an einem Pfingstfest zum Ritter geschlagen. Die Feier dauert vierzehn Tage. Zur Sonnenwende, dem Fest Johannes des Täufers (das ist der 24.6.; Pfingsten muss hier in den Juni datiert werden!), löst sich die Versammlung auf, da trägt Nereja ihre Bitte um Hilfe vor. Hier beginnt die Zeit der Aventiure. In genau einer Woche arbeitet Gwigalois alle Aventiuren beider Wege ab. Am achten Tage ruht er, am neunten trifft Larie in Korntin ein (es wäre jetzt der 3. Juli!). Es vergehen sechs Wochen bis zum Krönungsfest (14.8.), das wiederum zwölf Tage dauert (26.8.). Weitere zwölf Tage braucht man zur Zurüstung für die Schlacht um Namur (7.9.), die sich sechs Wochen hinzieht (19.10.). In zwölf Tagen ist der Artushof erreicht (v. 11393) (31.10.), und es ist wohl schon frostig und trübe draußen, als das Königspaar – es wäre jetzt Anfang November (7.11.) – Nantes wieder verlässt.

Im ‚Wigalois' fällt kein Schnee. Wirnt braucht ihn nicht, wie Wolfram ihn für die Blutstropfen im ‚Parzival' braucht, aber er entgeht ihm auch aufgrund seiner Zeiteinteilung, die aus der Haupthandlung ein Sommermärchen mit herbstlichem Nachspiel macht. Natürlich lässt Wirnt es nicht regnen, und es lastet auch keine Hitze über dem hochsommerlichen Geschehen. Es geschieht nichts, was nicht dann, wenn man den realen Kalender des Jahres 1220 zugrunde legte, ebenfalls geschehen könnte. Ende Juni können Gwigalois und Nereja im Freien campieren, die Fischersleut können im Juli ungehindert fischen, auch die Belagerung Namurs versackt nicht im Schlamm. Selbst dann, wenn man die Angaben Wirnts moderat korrigierte und etwa die Spanne von Pfingsten bis Sonnwend auf drei Wochen hochdiskutierte (vgl. Mitgau 1963, S. 333), änderte sich an dem mit dem Kalender hinterlegten Klima nicht viel. Bei Wirnt vergeht keine Jahresfrist wie im ‚Iwein', bei Wirnt reift auch kein junger Ritter über Jahre heran wie im ‚Parzival'. In einem Roman, der sich in so vieler Hinsicht vor dem Traditionshintergrund eigenwillig entfaltet, wird man womöglich auch über eine spezifische Chronologie nachzudenken haben. Dass die genauen Zahlenangaben „natürlich nicht wörtlich zu nehmen" seien, ist jedenfalls ebenso von außen an den Text herangetragen wie die Behauptung, die Angaben beruhten „auf Zahlensymbolik" (Mitgau 1963, S. 333).

Es ist vor diesem Hintergrund interessant, dass der ‚Wigalois' jetzt in einer Monographie zu den Raum- und Zeitstrukturen mittelalterlicher Erzählungen Berücksichtigung findet. Sie setzt, nachdem die Forschung in der Tat sehr lange vor allem metrifiziert hat, bei dem wichtigen Phänomen der erzählten Zeit an. Beobachtungen am Text sollen eine „tendenziell zeitaufhebende Gestaltungsart der Vormoderne" belegen (Störmer-Caysa 2007, S. 88 Anm.). Die ‚Aventiurezeit' (Mihail Bachtin) werde vor allem subjektiv wahrgenommen. Wie viel Zeit verstreiche, hänge allein an der Wahrnehmung der Figuren. Es obliege dem Erzähler, der betrachte, „was in der fiktionalen Welt vorgeht", das Geschehen jenseits der subjektiven Wahrnehmung durch „objektiv formulierte Zeitangabe[n]" zu koordinieren (Störmer-Caysa 2007, S. 87). Stelle er freilich einen allen Figuren gemeinsamen Kalender auf, liege es immer noch in deren Ermessen, sich daran zu halten. „In mittelalterlichen Erzählungen geht, auch außerhalb der Aventiuren, keine unsichtbare Uhr, an der alle Figuren sich orientieren würden; es gibt nur Eckdaten für einen Kalender, auf den sich jedoch nur Figuren beziehen können, die davon wissen, vorausgesetzt, dass sie es wollen." (Störmer-Caysa 2007, S. 88).

Für die spezifische Zeitvorstellung der Vormoderne wird nun aus dem ‚Wigalois' allein die Vorgeschichte ausgewählt. Das ist mit Blick auf das, was wir oben ermittelt haben, durchaus sinnvoll. Gawein habe auf dem Weg in Jorams Reich zwölf Tage, auf seiner Flucht zurück an den Artushof hingegen ein halbes Jahr benötigt. „Gawein braucht lange, um aus diesem Land ins Vertraute zu gelangen, und darin liegt auch eine Aussage über das Verhältnis zu Florie: Er lässt sich durch den unerwartet langwierigen Weg nicht irremachen, obgleich er sich ihr gegenüber zu Fristen verpflichtet hat, die er auch in optimistischster Planung nicht zu halten im Stande gewesen wäre." (Störmer-Caysa 2007, S. 86 f.). Der Weg von Florie fort ist nun in der Tat nach Auffassung des Erzählers länger als der Weg ins Joramreich. Dass er ein schwerer Weg ist, wenn man ihn wie Gawein als Lügner einschlägt, mag subjektiv zutreffen (der berühmte Weg zum Zigarettenholen ist ähnlich lang). Ganz „objektiv" aber verhindert das magische Requisit, der (doch wohl unbedacht! vgl. Stange 2006, S. 131 f.) zurückgelassene Gürtel Jorams, dass Gawein den Weg findet. Ob er sich irremachen lässt oder nicht, erfahren wir nicht aus dem Text. Sicher ist, dass er sich erst wesentlich später an die Fristen, zu denen er sich verpflichtet haben soll, erinnert. Mit dem Gürtel wird zwar die Erwartung der Figur getäuscht, nicht aber der Kalender suspendiert. Auch ein gefühlt langes halbes Jahr ist ein halbes Jahr. Aber Gawein, der einfach nur weg will, fühlt das wohl nicht. Wirnt hingegen tut das einzig Moralische: Er lässt den Untreuen für das Publikum ein wenig zappeln, ehe der sich wieder als gesellschaftsfähig erweisen darf.

Die erzählerische Auffassung von Raum und Zeit im ‚Wigalois' orientiert sich also durchaus am Kalender und an der Normaluhr. Dem Publikum wird kein erzählerisches Zeitmaschinen-Erlebnis zugemutet. In der großen nächtlichen Bergungsszene meint man, die Zeit ganz langsam – viel zu langsam – verrinnen zu sehen, als fielen erzählte Zeit und Erzählzeit plötzlich zusammen (vgl. oben S. 90 f.). Wirnt beharrt seinen Zuhörern gegenüber vielleicht umso mehr auf raumzeitlicher Plausibilität, als er umgekehrt auf die temporäre Suspendierung von Uhr und Kalender in den Anderwelten abhebt. Diese Suspendierung bleibt allerdings, wie im Falle Gaweins, mit der Anderwelt assoziiert. Dabei arbeitet der Erzähler gegen die Desorientierung seiner Figuren geradezu an, indem er sie für das Publikum in messbare Werte überführt. Eine weiterreichende Aufhebung eines plausiblen Raum-Zeit-Gefüges, wie sie sich in den richtungslosen Etappen eines Iwein oder Parzival bereits andeutet, widerspräche Wirnts Erzählkonzept gründlich.

Der Doppelweg als Heilsweg mit eigener Heilszeit ist aufgehoben. An seine Stelle tritt im ‚Wigalois' ein Streben nach objektivierbarer Zeit. Man kann das womöglich, wie angedeutet, mit der neuartigen Aventiurewelt in Verbindung bringen. Die Ungeheuer der Roaz-Welt bringen Gwigalois gerade nicht aus dem Takt, sondern streben präzise wie Figuren einer Geisterbahn auf den Helden zu, die genauso präzise an ihm abtropfen, ohne ihm eine unerwartete Verweildauer abzunötigen. Die Entfesselung der Aventiurewelt läuft an der kurzen Leine eines Erzählers, der sie vorführt, um ihre generelle Überwindbarkeit, und das heißt: den Triumph des Kalenders und der Uhr, zu postulieren.

📖 Mitgau 1963, S. 331–333; Störmer-Caysa 2007, S. 85–89.

6.4. Das Rad als Leitmotiv?

An insgesamt sechs Stellen, die sich über den gesamten Text verteilen, wendet sich der Erzähler dem Motiv des Rades zu (Wüstemann 2006, S. 61: „fünf" Stellen). Es sind dies 1. Das Rad in König Jorams Palast (v. 1036–1052); 2. Das Rad als Gwigalois' *wâfen* und Helmzimier (v. 1824–1869), über das sich 3. zunächst Graf Hojir (v. 3104–3109) und 4. später Beleare äußert (v. 5560–5562); 5. Das Schwertrad vor Glois (v. 6773–6786); 6. Das Rad auf dem Banner Gaweins im Feldzug gegen Lion (v. 11064–11066). Die Stellen sind von unterschiedlicher Länge und Qualität. Beleares Kommentar (4.) und die Erwähnung des Banners (6.) sind ausgesprochen knapp, ausführlicher die beiden Passus (1., 5.), die Räder als Bestandteile von Kunstwerken bzw. Automaten vorstellen. In der Substanz lassen sich die explizit heraldischen (2.–4., 6.) von den nicht-heraldischen Rad-Beschreibungen (1., 5.) abheben. Die Forschung hat sich intensiv mit beiden Typen auseinandergesetzt. Sie hat in mehreren Anläufen (Skowronek 1964; Lohbeck 1988; Cormeau 1995; Eming 1999; Wüstemann 2006) herauszufinden gesucht, ob das Rad im ‚Wigalois' nicht nur innerhalb der Textwelt ein Symbol sei, sondern über die Handlung hinaus auf ein bestimmtes, von Wirnt planvoll vermitteltes Konzept verweise.

1. Die erste Rad-Schilderung des ‚Wigalois' stellt eine Art Glücks-Automaten vor. Am Hof König Jorams dreht sich, von einem Geistlichen aus rotem Gold gegossen, das Rad der Fortuna, *des gelückes rat* (v. 1047), an dem sich *bilde* (v. 1042), nämlich Abbilder von Menschen, befinden. Sinken die einen herab, steigen die anderen auf. König Joram hat das Rad in Auftrag gegeben und gut sichtbar (*enmitten ûf den sal*: v. 1040) platziert. „Es bedeutete, dass dem Hausherrn / nie-

mals etwas fehlschlug, / denn das Glück folgte ihm stets auf dem Fuß." (Seelbach/Seelbach z. St.). Zumeist wird dieser Passus so verstanden, als fasse Wirnt das umlaufende Rad gerade nicht als Zeichen für „den unaufhaltsamen Wechsel des Glücks" auf, sondern als „Symbol seiner Beständigkeit" (Haug 1992, S. 263; ähnlich Eming 1999, S. 154 f.). Wirnt habe hier die Vorstellung der Frau Sælde, des hypostasierten Glücks, aufgegriffen, und ihr das Rad der antiken Fortuna als Inbegriff der *felicitas* zugeordnet.

Die Forschung sah sich damit vor dem Dilemma, entweder Wirnt oder sich selbst Unverständnis der Fortuna-Idee vorwerfen zu müssen. Sie hat deswegen den bildungs- und zeitgeschichtlichen Hintergrund von Wirnts Adaptation ausgeleuchtet (zusammenfassend: Lohbeck 1988, S. 66–71). Mindestens zweierlei Fortuna-Vorstellungen waren demnach im Hochmittelalter bekannt: zum einen die römische *fortuna utraque*-Vorstellung vom guten und bösen Glück, wie sie etwa noch in Petrarcas ‚De remediis utriusque fortunae' (1353/1366) diskutiert wird; zum andern die Vorstellung einer *fortuna caesarea*, eines herrscherlichen Glücks (auch *fortuna stabilis* oder *fortuna imperatoris*), das sich vom Regenten gleichsam bändigen lasse. Ein „Schlüsseldokument" dieser Vorstellung sei das die ‚Carmina Burana'-Handschrift (um 1230) eröffnende Bild des Glücksrades (Abb.: Wüstemann 2006, S. 125). Der zuoberst auf einem massiven Thron verweilende König scheine sich dem Wandel des Glücks entzogen zu haben, ja: auf eine auffällige Weise sei er der in der Mitte des Rades sitzenden, sozusagen entthronten Fortuna auch optisch angenähert. Zwar seien „Mensch und Fortuna noch nicht zu einer Person verschmolzen. Doch hat sich das personifizierte Glück dem König bereits deutlich anverwandelt." (Wüstemann 2006, S. 124). Die staufischen Herrscher nun, insbesondere Friedrich II., hätten die Beherrschung, also die Arettierung des umlaufenden Rades, geradezu in ihre Regierungserklärung aufgenommen (zu den Hintergründen: Wüstemann 2006, S. 118–127). Diese Vorstellung von der durch den Herrscher stillgestellten *rota fortunae* habe Wirnt im ‚Wigalois' adaptiert. Zwar sehe man in Jorams Palast das Rad, als laufe es um, doch „bezeichne" das Symbol im Gegenteil das gebändigte, dauerhafte Glück des Königs. So jedenfalls scheint es der Erzähler zu verstehen.

Natürlich ist der Forschung nicht entgangen, dass Joram in seinem Bemühen, die Thronfolge zu sichern und den besten Artusritter an seinen Hof zu lotsen, allenfalls einen Teilerfolg verzeichnet. Zwar kommt der beste Ritter, zwar wird ein Sohn gezeugt, doch verliert Joram bald darauf die Nichte und das Joram-Reich den Erben. Kann der Erzähler da ernsthaft behaupten, *daz dem wirte nie / an deheinem dinge missegie / wan daz gelücke volget im ie* (v. 1050–1052)? Als Rückblick des sozusagen mit dem Publikum den Palast betretenden Erzählers auf eine bessere Zeit, in der das Symbol noch Geltung besaß, wird man das nicht buchen können, und die nahe Zukunft bringt vor allem Leid über das Reich des *wirtes*. Man hat daher den Zusammenhang zwischen dem Rad-Kommentar und dem weiteren Handlungsverlauf heruntergespielt. Dass ausgerechnet Joram das Rad besitze, sei „ohne Bedeutung. Von ihm wird nicht wieder die Rede sein." (Eming 1999, S. 155). Anderseits wird man weder weitreichende „Defizienzen des Joramschen Reiches" über „Verweisstrukturen" postulieren (Lohbeck 1988, S. 76), noch seine Herrschaft als „gekennzeichnet durch Beständigkeit" (Fuchs 1997, S. 204) auffassen können. Nimmt man Text und Symbol gleichermaßen ernst, scheinen sie nicht zusammenzupassen.

Zuletzt sind sehr weitreichende Überlegungen zu Wirnts pro-staufischem Standpunkt und möglichem Auftraggeber an Jorams Glücksrad aufgehängt worden (Wüstemann 2006). Das war möglich aufgrund der Prämisse, ein „literarisches Produkt" könne „als durch politische und sozialhistorische Umstände determiniert betrachtet werden." (Fuchs 1997, S. 103). Im vorliegenden Fall müsste sich die politische Determiniertheit dahingehend auf die Textkohärenz niedergeschlagen haben, dass sie für ihr Credo handlungslogische Brüche akzeptierte, wenn nicht gar evozierte. Da bei einem solchen Ansatz generell die Gefahr lauert, in die „Luftschlossfalle" zu tappen, insofern man „zwar hinlänglich konkrete historische Faktoren namhaft machen kann, deren Verknüpfung mit Befunden der Textexegese aber nur auf der Ebene abstrakter Spekulation möglich ist" (Heinzle 1997, S. 84), sei als Beitrag zur Textexegese der folgende Versuch eingebracht, die ‚Wigalois'-Verse 1050–1052 anders, und zwar: bezogen auf eine konventionelle Vorstellung vom wandelbaren Glück, zu lesen. Man müsste nur einmal v. 1052 so verstehen, als beziehe der Erzähler ihn nicht auf den *wirt* (*im*), sondern auf die gescheiterten *dinge*: Etappen herrscherlichen Daseins und Handelns, die zwar Teil- oder Misserfolge darstellten, den *wirt* aber nicht geradewegs *missegên* ließen, da ihnen stets das *gelücke* nachfolgte. Joram vergewisserte sich demnach anhand des Rades, dass Glück wie Unglück nicht beständig sind, sondern das eine beständig auf das andere folgte. Das umlaufende Rad bannte geradezu das unbeständige Glück in einen Kreislauf. Man könnte demnach wie folgt übersetzen: Das Rad signalisierte, „dass den Hausherrn / keine Angelegenheit ins Verderben führte, / weil ihr das Glück stets nachfolgte." Fortuna wäre damit gerade nicht eine die Herrschaft verunmöglichende, sondern letzten Endes bestätigende Instanz. So ähnlich könnte sich Joram dieses Symbol zurechtgelegt haben.

Man hat bei Jorams Glücksrad meist auf andere „literarische" Installationen wie den Zwitscherbaum im ‚Straßburger Alexander' als herrscherlichen Repräsentationsobjekten verwiesen. Wirnt hat solch Aufsehen erregende Objekte sicher gekannt. Vielleicht kannte er aber auch Fresken wie die um 1400 im Palas von Schloss Lichtenberg im Vintschgau aufgetragenen. Sie bilden das Glücksrad in genau der Form, wie sie der ‚Wigalois' beschreibt, im höfischen Ambiente ab (Abb.: Fontana 1990, S. 625). Sie bezeugen, dass die beständig-unbeständige Fortuna auch beim realen Tiroler Adel salonfähig war. – Eine sehr lange Debatte über Wirnts Unverständnis, das Rad als „blindes Motiv" (Cormeau), Sinnbild staufischer Glücks-Interpretation (Wüstemann) oder einfache „Umbesetzung" (Eming) könnte damit zu den Akten gelegt werden.

2. In vier knappen Passagen erscheint das umlaufende Rad im heraldischen Kontext. In der ersten wird Gwigalois, der sich bereit macht, Nereja zu folgen, ein schwarzer Schild gebracht, auf dem *ein rat von rôtem golde* prangt. Das Rad befindet sich bereits auf dem Schild, doch es erscheint Gwigalois gerade passend (vgl. v. 1830 f.). Nun setzt Gawein seinem Sohn einen Helm mit umlaufendem Rad als Zimier auf, und Gwigalois erinnert sich explizit an seine Herkunft und den Joram-Palast. Im harmonischen Zusammenspiel von Vater- und Mutter-Reich wird hier Genealogie explizit heraldisch fixiert (vgl. Wüstemann 2006, S. 64). Während Graf Hojir etwas ratlos erklärt, viele Ritter führten heutzutage das Rad im Schilde (v. 3104–3109), bestätigt Beleare umlaufende Helmzimier und Goldrad auf schwarzem Grund als Alleinstellungsmerkmale des vermissten Ritters (v. 5553–5571). Ein letztes Mal wird das Wappen noch bemüht, als es der Vater, nun wiederum in genealogischer Anbindung, vor Namur ins Feld führt.

Die Geschichte der literarischen Heraldik setzt um 1200 in Deutschland ein. Chrétien kennt noch keine Wappen, in Hartmanns ‚Iwein' fehlen sie ebenfalls, so dass Wolfram mit zehn bzw. elf Wappen in ‚Parzival' und ‚Willehalm' noch als „Pionier in Sachen ‚Heraldik'" (Hartmann 2002, S. 172) gelten kann. Der ‚Parzival' ist „der erste deutsche Roman, in dem explizit die Vererbbarkeit eines Emblems und seine Funktion als exklusiver Familienausweis thematisiert werden." (Hartmann 2002, S. 165). Außer in der Funktion der „Sichtbarmachung des genealogischen Netzwerkes" lanciert Wolfram aber auch Wappen in poetischer wie in poetologischer Absicht: als explizite (oder implizite!) Versinnbildlichung des Wesens ihrer Träger und, etwaige Kontraste ausnutzend, zur Erstellung der für ihn spezifischen „Mehrdeutigkeit und Vielschichtigkeit seiner Erzählungen" (Hartmann 2002, S. 169).

Wirnt folgt seinem „leitesterne" Wolfram auch in Grundfragen der Heraldik. Seine Verteilung der *wâfen* wirkt allerdings ebenso zufällig. Nicht alle prominenten Waffenträger erhalten ihr Wappen. Der ewige Ritter Schaffilun etwa geht leer aus. Hojir von Mansfeld führt im Kampf mit Gwigalois den *Tôt / gemâlet vil griulîche* (v. 2998 f.), was allenthalben Entsetzen hervorruft. Weniger Besorgnis als Verachtung des Helden zieht der Schild des Zwergenritters Karrioz auf sich, in dem ein lebensechtes *Machmêt*-Figürchen auf einer Säule hockt (v. 6567–6574). Roaz' Schild schließlich ziert auf seinen ausdrücklichen Wunsch, wie es heißt (v. 7364), ein *tracken vreislîch* (v. 7366), der ihn mit dem *wurm* Pfetan parallelisiert, den Gwigalois kurz zuvor erlegt hatte.[2] Andere, durchaus weniger wichtige Figuren erhalten dagegen regelrechte Wappen-Ensembles. So führt der Truchsess von Roimunt *ein schüzzel von golde* auf dem Helm, die ihn als Truchsess ausweist (v. 3902–3905), sodann das leopardenähnliche Tier als allgemeines *wâfen ze Roimunt* (v. 3915), schließlich einen – vom Erzähler nicht kommentierten – Rehbock auf dem grünen Waffenrock (v. 3893 f.). Wirnt kennt also das gesamte Spektrum möglicher heraldischer Signale, die teils soziale bzw. ständische, teils religiöse Bindun-

[2] Vgl. v. 7384 f. Eine Parallelisierung mit dem „primeval dragon of chaos", der „Roaz' particular form of idol worship as a perverse devotion to demonic forces, more specifically, to the devil himself" ausdrücke (Henderson 1986b, S. 105 f.), ist weniger deutlich.

gen ebenso ausdrücken wie persönliche Devisen (Hojirs „Ich töte euch alle"). Das gibt noch keinen dezidierten Hinweis auf die Semantik des Rades. Allerdings lässt sich schön zeigen, dass Wirnt es gegenüber seiner Vorlage konsequent ausgebaut hat. In der einzigen Erwähnung von Fortunas Rad (*roe*) im ‚Bel Inconnu' heißt es sententiös: „Erzwungne Liebe ist Gleisnerei, und selten ist Bestand dabei. Darum soll man lieben in der Zeit, eh' das Glücksrad dreht ins Leid." (v. 2168–2171; Übersetzung: Olef-Krafft 1995, S. 79).

Im ‚Wigalois' (und der gesamten mittelalterlichen und nachmittelalterlichen ‚Wigalois'-Rezeption) avanciert das Rad zum stehenden Attribut des Helden, *dâ man in bî erkande* (v. 1831). Es ist aber durchaus im Blick zu halten, dass Gwigalois das Wappen mit Schild und Helm anlässlich seiner plötzlichen Ausfahrt gleichsam von außen aufgenötigt bekommt. Eine Wahl des Motivs, eine ihm zugrunde liegende Devise, findet nicht statt. Sie gegen den Text im Vorfeld der Wappnung anzunehmen, verbietet sich. Bemerkenswert ist nun, wie der Jüngling mit dem Rade umgeht. Am Anfang steht seine emotionale Aneignung: Gwigalois *minnet* seine Helmzimier (v. 1864), *als in des sîn herze bat* (v. 1868), im Gedenken an seine Herkunft. Die Rückbindung an den Ort seiner Kindheit erfolgt ganz explizit, so dass zumindest Gwigalois der Meinung ist, eben jenes Rad zu führen, dessen beständigen Wechsel er als Knabe mit großen Augen bestaunt hatte. Im Laufe der Erzählung wird er freilich über die Implikationen seiner individualisierenden Wappendeutung aufgeklärt: zunächst vom Grafen Hojir, der das umlaufende Rad als Wappen des Artusritters schlechthin identifiziert, sodann von Beleare, die diese Lesart bestätigt.[3] Gwigalois gibt nun, sozusagen unter dem Druck der Fakten, seine eigene Interpretation zumindest vorübergehend auf. Der Erzähler versichert beim Abschied von Beleare, Gwigalois trage das Rad, *daz man dâ bî kunde / sehen unde wizzen daz / er zer tavelrunde saz* (v. 6163–6165; vgl. Wüstemann 2006, S. 65). Im Lion-Finale freilich trägt Gawein das Rad seines Sohnes, das auf einmal – inmitten lauter

[3] Die ansprechenden Überlegungen von Seelbach / Seelbach, S. 300, die einen „goldenen Kreis" als Tafelrunde-Ring um „das eigentliche Wappen" vermuten, lösen das heraldische Problem sehr anschaulich, nicht aber Hojirs Problem mit dem Rad in v. 3107 ff., das nicht als Alleinstellungsmerkmal tauge.

Artusritter! – wieder als heraldisches Alleinstellungsmerkmal fungieren kann.

Ist es vorstellbar, dass Wirnt bei der „Zurechtrückung“ der Wappendeutung erst das Erzählpersonal, dann sogar ‚Wirnt‘ vorschiebt, um einen weiteren Trick Wolframs zu adaptieren? Der hatte im ‚Willehalm‘ den Erzähler erklären lassen, der Stern auf dem Banner und Helm des Markgrafen sei gerade nicht mit dem Stern von Bethlehem zu verwechseln; dieser führe zum Leben, jener geradewegs in den Tod (‚Willehalm‘ 369, 20 f.). Durch die Assoziation mit dem Stern des Friedensfürsten lenkte ‚Wolfram‘ sein Publikum genau in die Richtung, in der er es nicht haben zu wollen vorgibt (vgl. Hartmann 2002, S. 170). Indem Hojir, Beleare und schließlich auch ‚Wirnt‘ auf der Tafelrunde-Deutung beharren, bringen sie das Publikum entweder ganz von der Fortuna-Assoziation ab – oder verankern sie dort immer weiter. Schließlich könnte die Hörerschaft die Identifizierung von Rad und Runde als kalkulierten „Denkanstoß“ auf den Weg bekommen haben (Kern 1990, S. 80) – eine Art zweiten Anstrichs, eine Überblendung, die arthurisches Handeln künftighin unter einem notwendigen *Sælde*-Firnis erscheinen lässt.

3. Die Rad-Konstruktion, die Roaz auf der Brücke vor Glois installierte, um ungebetene Gäste zu schreddern, ist zunächst einmal ein fantastischer, ausgesprochen effizienter Automat aus dem Labor des Bösen, allenfalls mittelbar ein „Produkt der *superbia*“ (Lohbeck 1988, S. 81). Als den Handlungsgang beeinflussende bzw. hemmende Installation ist das Roaz-Rad kein Symbol wie das Joram-Rad, nicht einmal ein mutiertes oder degeneriertes Symbol, sondern ein Motiv, das Gwigalois nach dem Sturz des Bösen nicht umdeutet, sondern rückbaut. Zuvor hatte allein Gottes Einsatz zum Wohle des Helden eine vorübergehende Suspendierung der Un-Natur-Gesetze bewirkt. Dass Gwigalois nun das Rad demontieren lässt, wird man freilich nicht als dem *stæten* „Charakter des Helden“ entsprechende Ver-*stæt*-igung des Glücks(-rades) verstehen können (Wüstemann 2006, S. 67). Nicht alles, was sich im ‚Wigalois‘ dreht, ist das Rad der Fortuna.

Die Fortuna-Vorstellung stand, wie zu sehen war, am Eingang des Romans: im Palast König Jorams, wo sie – die hier erprobte Deutung vorausgesetzt – weniger als staufische *fortuna caesarea*-Idee den Stillstand herrscherlichen Glücks, sondern womöglich nicht mehr als dessen beständigen Wandel, oder besser: wandelbare Beständigkeit symbolisierte. Gwigalois eignete sich bei seiner Wappnung das Motiv des umlaufenden Rades zu, doch ganz ausdrücklich in Rückbindung an den Oheim und mit sentimentalem Pathos, nicht aber in einem heraldischen Deutungs-Akt, der den Träger künftig als programmatisch Glückhaften auswiese. Graf Hojir und Beleare erkannten in dem Rad nur das Signum des Artus-Kreises; eine Lesart des Wappens, der Gwigalois nicht widersprach und die der Erzähler bestätigte. Das umlaufende Schwertrad vor Glois kann nur von Gott ausgetrickst werden, Gwigalois bleibt seine finale Dekonstruktion. Aus dieser Konstellation ist, sofern man bestimmte Erwartungen an die Textkohärenz nicht aufgeben möchte, keine homogene Symbolik des Rades im ‚Wigalois' abzuleiten.

Im Grunde dekonstruiert der Erzählverlauf des ‚Wigalois' die ihn eröffnende Fortuna-Vorstellung geradezu. Fortuna hat offenkundig keine handlungstreibende Gewalt. Weder für Personen, noch für Ereignisse liefert sie einen Deutungsrahmen. Gwigalois ist, nach eigener wie nach fremder Deutung, kein Glückskind, und das Glück, das er schließlich in Korntin verstetigt, ist das Glück eines auf harter Arbeit und umsichtiger Politik gründenden Gottesstaates. Dass sein Erfolg „genealogisch garantiert" sei (Müller 2007, S. 52), wird man kaum sagen können, zumal Joram auch nicht, wie gelegentlich zu lesen ist, der „Großvater" des Helden ist (Denruyter 1998, S. 129; Müller 2007, S. 51, 145). Die Handlungsethik, für die der Protagonist steht, lässt den Fortuna-Aspekt geradezu obsolet erscheinen. Warum aber hat Wirnt dann das „unpassende" Rad einführt?

Vielleicht hat der Autor auch hier eine Wolfram-Anleihe getätigt. Gahmuret, Parzivals ruhelos umherziehender Vater, trägt auf eigenen Wunsch den Anker im Wappen. Er hat ihn gegen den schwarzen Panther seines Vaters Gandin eingetauscht, um damit einerseits sein Recken-Leben zu markieren und zugleich seine Bereitschaft zur Niederlassung zu signalisieren (99, 13–15). Als er sich niederzulassen meint, wähnt er sich in der Lage, sein altes Wappen annehmen und den Anker drangeben zu können: *den trag und nem nu swer den wil* (99, 16). Doch Wolfram lässt den Ruhelosen nur vorübergehend vor Anker gehen. Gahmuret, der an sich *werdekeit genuoc* hatte (101, 21), bricht, obwohl verheiratet, wieder ins Ungewisse auf. Erneut treten damit heraldische Devise und tatsächliche Lebensführung des Recken auseinander. Wenn Wolfram in anderen Fällen Wappen dazu nutzt, das „Wesen ihrer Träger“ zu versinnbildlichen und die „innere Haltung von Einzelpersonen“ anzuzeigen (Hartmann 2002, S. 167), gestaltet er im Falle Gahmurets dessen Wappen geradezu als Kontrapunkt zu seinem ‚Wesen‘. Gahmuret bleibt, auch über sein Ankern bei Herzeloyde hinaus, der Ewig-Suchende. Wirnts Wolfram-Anleihe bestünde demnach darin, seinen Helden sich nolens volens, in aller Unschuld und am Beginn seines Weges, ein Wappen erwählen zu lassen, dessen Symbolik sich geradezu kontradiktorisch zu seinem im weiteren Verlauf erzählten Schicksal verhielte. Für den Rezipienten ergibt sich daraus ein im Erzählverlauf immer wieder forcierter Dissens, den es zu übersetzen gilt: Gwigalois ist mitnichten ein Glücksritter, sondern ein auf eigene Kraft und Gottes Führung vertrauender, sein Glück beständig schmiedender Streiter.

🕮 Marianne Skowronek: Fortuna und Frau Welt. Zwei allegorische Doppelgängerinnen des Mittelalters, Diss. Berlin 1964; Lohbeck 1988; Kern 1990, S. 79 f.; Cormeau 1995; Fuchs 1997, S. 204 f.; Joachim Heinzle: Literarische Interessenbildung im Mittelalter, in: Mittelalterliche Literatur im Lebenszusammenhang, hg. von Eckart C. Lutz, Freiburg/S. 1997 (Scrinium Friburgense 8), S. 79–93; Eming 1999, S. 154–156; Hartmann 2002; Wüstemann 2006.

7. Die wunderbare Welt des ‚Wigalois'

Mit der Erkenntnis, dass der arthurische Doppelweg als Strukturmaßnahme und Sinnkonzept im ‚Wigalois' nicht zur Geltung gebracht werden sollte, begab sich die Forschung auf die Suche nach vergleichbar komplexen Alternativen arthurischen Erzählens. Hierbei rückte die Frage nach einem möglicherweise innovativen Konzept einer „neuartigen Aventiurewelt" in den Vordergrund. Sie gehört seit Max Wehrlis eher beiläufigen Anmerkungen zu den Schwelbränden der ‚Wigalois'-Philologie. Wehrli hatte einen „Sinn für das Wunderbare der Stimmung, für das Helldunkel und eine gewisse Raumtiefe, in denen sich das Abenteuer abspielt", ausmachen können. „Wie noch nie in deutscher Dichtung bisher tritt oft die Atmosphäre, die Tageszeit, Licht und Schatten, ein räumlicher Hintergrund der Szene in Erscheinung." (Wehrli 1969, S. 227). Walter Haug hat die Frage, ob hier nicht mehr als „Sinn für Stimmung" vorliege, entschieden bejaht (vgl. Haug 1980; Haug 1992). „Das Atmosphärische, das man immer wieder [...] bewundert hat, ist mehr als Stimmung. Die stimmungsmäßigen Zwischentöne meinen eine neue Qualität der Aventiurenwelt, sie bringen ihre Zwiegesichtigkeit zum Ausdruck, sie zeigen ein Ineinandergreifen von Himmlischem und Höllischem an, das nicht über einen Stufenweg ausfaltbar und auflösbar ist" (Haug 1980, S. 212; Haug 1992, S. 264). Eine poetische Form, die vom arthurischen Nacheinander von Gewinn, Verlust und Wiedergewinn abrücke „und folglich die Welt als eine Verflechtung von Lichtem und Dunklem erscheinen lässt, wird letztlich nur mehr eine fantastische Szenerie bieten können", „eine metamorphe Wirklichkeit" (Haug 1980, S. 212; Haug 1992, S. 264). Die Ambivalenz der Erscheinungen ersetzt die Krise des Helden.

In der Überprüfung der haugschen Theoriebildung ist die Untersuchung der Aventiurewelt, insbesondere des allenthalben waltenden „Wunderbaren" und „Phantastischen", zuletzt noch einmal forciert worden (Eming 1999; Dietl 2003), ohne dass indes ein Konsens gefunden worden wäre. Im Kern ging es darum, inwieweit Wirnt die neue Aventiurewelt als Konzept programmatisch gegen die Welt eines ‚Iwein' oder ‚Parzival' stellte. Dabei hat man mehr oder weniger reflektiert den Konnex zwischen Handlungsgang, Held und Umwelt zum Maßstab erhoben. Die wunderbare Welt des ‚Wigalois' hätte demnach nur dann konzeptuellen Charakter, wenn sich ihre Erscheinungen letzten Endes doch funktional rückbinden und auf eine „Botschaft" des Verfassers hin transparent machen ließen. Für Jutta Eming (1999) blieb Gwigalois ein Handelnder, dem Wirnt über den gesamten Textverlauf eine mehr oder weniger diffuse Masse an Wundererscheinungen verschiedener Couleur zu Gebote stellte. Demgegenüber hob Cora Dietl auf die planvolle Zuteilung zauberhafter Requisiten an Gwigalois ab, in denen sich eine Lenkung der Handlung „von oben" als Gegenentwurf zum Handlungsoptimismus des klassischen Artusromans offenbare (vgl. Dietl 2003, S. 311).

Beide Ansätze, die wunderbare Aventiurewelt zu verstehen, verstehen deren Erscheinungen letzten Endes als Motive. Sie verweisen so auf die hergebrachten Kontroversen um den Grad der Autonomie ritterlich-adliger Lebensgestaltung. Eine quasi impressionistische Erzählweise, in der sich geradezu eine neue Art der Weltauffassung emaniert, scheint dagegen Stephan Fuchs im Auge gehabt zu haben, als er der neuen Aventiurewelt bescheinigte, sich „mit Lust am Fabulieren zu verselbständigen." Wirnt bediente sich „der Requisiten des Horrorfilms, schaurig-schöner Bilder, die ein emotionales Miterleben des Hörers zu intendieren scheinen." (Fuchs 1997, S. 169). Das Wunderbare werde dabei, so Volker Mertens, „massiv zur Erzeugung von Interesse eingesetzt." (Mertens 1998, S. 183). Doch dieses Interesse müsste, sozusagen in Verweigerung einer Sinnvorgabe, auf die „erzählerische[n] Phantasmen", also letzten Endes auf das Interessierende selbst, gerichtet sein.

Es gilt demnach, mehrere Möglichkeiten im Auge zu behalten. Einmal ein „duales System", in dem entweder die Ratio des Helden oder die göttliche Vorsehung dem Guten zum Triumph über die eskalierende Wunderwelt verhilft; zum andern einen Triumph des von aller Funktion befreiten Fabulierens, das bei den Hörern Effekte zu erzielen beabsichtigt und sie, wie den Helden selbst, staunend durch eine absolute, auf ihre Eigenwertigkeit verweisende Aventiurewelt wandeln lässt.

Wehrli 1969, S. 226–229; Haug 1980; Haug 1992, S. 261–264; Fuchs 1997; Eming 1999; Dietl 2003, S. 305; Wennerhold 2005, S. 127.

7.1. Orte und Zeiten

Grundsätzlich ist Wirnts Darstellung von Raum und Zeit von seinem Bemühen um Transparenz und Plausibilität geprägt. Seine Räume und Wege lassen sich nachmessen, seine Zeiten nach Tag und Stunde berechnen. Innerhalb der Aventiurewelt herrscht eine metrifizierbare Ordnung. Der Gegenstandsbereich wurde daher oben im Zusammenhang des Erzählstils ausgemessen (S. 148 f.). Wenden wir uns ihm jetzt erneut zu, dann nicht mehr, um Wirnts Auffassung von erzähltem Raum und erzählter Zeit nachzurechnen und deren Status zu ermitteln. Wir fragen nunmehr nach der Qualität des wirntschen Raum-Zeit-Gefüges, das heißt, seiner Prägung durch mythische und literarische Traditionen. Von besonderem Interesse sind hier die Auffassung des Artushofes (A.), des Waldes (B.), des Joram-Reiches (C.), des Weges (D.) und der Nacht (E.).

A. Indem Wirnt das Geschehen am Artushof anheben lässt, setzt er ein intertextuelles Signal. Der Hof in Karidol mitsamt seiner entspannten Gesellschaft aus Damen und Rittern, der von einem Wasserlauf durchzogene, von einem Jagdwald begrenzte Lustort auf der grünen Wiese, die geräumige, von vielen *vürsten* (v. 191) dauerhaft bewohnte Anlage mit all ihrem Komfort, dem Marmor, den Laubengängen, den Volieren: Die ganze Pracht und Behaglichkeit der königlichen Residenz sind, wie der Erzähler durch seine Berufungen (v. 176, 199) beteuert, arthurisches Traditionsgut. Sie werden von Wirnt insgesamt als solches aufgerufen. Wasser, Wald und Wiese sind hier landschaftsmalerische Ornamente, gemeinsam konstituieren sie den locus amoenus arthuricus.

B. Wirnt verlegt sehr weite Strecken des ersten Aventiureweges in die freie Natur, insbesondere in den Wald. Das erste Nachtlager schlagen Nereja und Gwigalois – wie Erec und Enite – auf einer Wiese unmittelbar am Waldesrand auf (v. 2023 f.). Tief aus dem Unterholz tönt – wie im ‚Erec' – das Wehgeschrei der bedrängten Jungfrau aus dem Artus-Gefolge. Gwigalois eilt auf seinem Pferd (v. 2109) *durch dorne und durch gedrenge* hinzu, *wol eine mîle* strebt er ins Waldesinnere (v. 2062 f.). Anders der ‚Bel Inconnu', wo die beiden Riesen nicht im tiefen Waldinneren lagern, sondern die kleine Reisegruppe ihr Feuer in nächster Nähe gewahrt. Dort haben sie sich bereits so recht behaglich eingerichtet. Der eine hat sich eben über die zappelnde Jungfrau geschoben, während der andere den Bratspieß über dem Feuer dreht. Helie kann zudem mit dem Sündenregister der beiden aufwarten, die bereits den ganzen Landstrich brennend und mordend durchzogen hatten. Doch in dem Maße, in dem sich die Riesen im ‚Bel Inconnu' zu einer weithin bekannten Landplage auswachsen, die auch vor den Wohnstätten der Menschen nicht Halt macht, verlieren sie – ebenso wie die Zentralmacht Artushof – an mythischem Potential. Sie schrumpfen zu groß gewachsenen Gewaltverbrechern. Bei Wirnt hingegen kommt es zum direkten Zusammenstoß des Helden mit zwei unvermutet aus dem Dunkel hervortretenden Gestalten. Als elementare Bedrohung weisen sie sich nicht durch ihre Vorgeschichte, sondern durch das aus, was sie tun, und damit gehören sie denn auch tief ins Dickicht des Waldes.

Jutta Eming hat die Funktion der Szene im ‚Bel Inconnu' so gedeutet, „dass der Held mit den Riesen sexuelle Wünsche bekämpft, die sich ihm als monströs und destruktiv darstellen, und dies auch deshalb, weil sie mit aggressiven Phantasien einhergehen: Erniedrigung, Unterwerfung und schließlich Vergewaltigung, Akten, die auf der ‚bewussten', also der Ebene der höfischen Werte, stigmatisiert sind." „Die Riesen versuchen, was dem Helden versagt ist, sie leben ihren sexuellen Trieb aus. Wie angstbesetzt dies ist, zeigt sich darin, dass der sexuelle Akt als Vergewaltigung und der erregte Mann als Riese imaginiert ist." (Eming 1999, S. 73). Eine solche Analyse schiene mir, wenn überhaupt, eher für den ‚Wigalois' relevant zu sein, wo es freilich zwischen dem Helden und Nereja so gar nicht knistert. Im ‚Bel Inconnu' sind mir zu viele Greueltaten mit der Landplage assoziiert, die dem Helden zu begehen oder zu versagen der Erzähler keinen Anlass hätte.

Etwas später läuft Nereja in einem *vinstern tan* (v. 2225) das Hündchen zu, dessen im ‚Bel Inconnu' behauptete Jagdtauglichkeit man eigentlich bezweifeln muss. Wir sahen bereits, wie Wirnt die Szene weitgehend umgestaltete und wie er den schmucken Jägersmann mit Gamaschen, den ihm der ‚Bel Inconnu' präsentiert hatte, durch einen mit einem Knüttel zugerüsteten Hünen mit schwarzem Kraushaar und abstrusem Blumenhut ersetzte. Seine verbale Roheit gegenüber Nereja und seine prompte Kampfbereitschaft charakterisieren ihn als unhöfisches Wald-Subjekt, mit dem Gwigalois kurzen Prozess machen wird.

Der Wald ist in der erzählenden Literatur des Mittelalters Symbolraum. Allgemein erscheint er als „der Ort, wo alles möglich wird, wo es völlig normal ist, Wesen zu begegnen, die von der Vernunft und der Logik abgelehnt werden" (Boiadjiev 2003, S. 87). Als vor dem Hintergrund des höfischen Romans literarisierter Wald ist er ein Ort der Asozialität, konzeptionell Gegenwelt zur höfischen Sphäre. Dem Waldmenschen, dem Kalogreant im ‚Iwein' begegnet, muss er die Grundlagen seiner ritterlichen Existenz auseinandersetzen (v. 527–542). Durch den Wald irrt der wahnsinnige Iwein, als er dem Hof am fernsten steht. Parzival verbringt sehr wahrscheinlich die meiste Zeit seines Weges abseits des Hofes im Wald. Dass im Wald die Räuber seien, kann im ‚Nibelungenlied' König Gunther seiner Schwester vorbeten, als sie nach den Mördern Siegfrieds fragt (Str. 1045). „Der literarische Hof braucht also und gebraucht den literarischen Wald des Bösen als ein negatives Gegenbild seiner selbst, als ständigen und zugleich ständischen Nachweis der Gültigkeit und Verbindlichkeit höfischer Ideale" (Busse 1991, S. 116). Ganz so ist der Wald im ersten Aventiureteil des ‚Wigalois' ein „literarischer Wald des Bösen". Wirnt hat ihn, eindeutiger noch als die französische Tradition, auf das literarische Gegensatzpaar hin angelegt.

Umso bemerkenswerter erscheint der Wald des zweiten Aventiureteils. Gwigalois durchstreift ihn auf dem Weg nach Glois. Es ist kein anti-höfischer Wald mehr, in dem sich anti- oder semi-höfische Wesen eingerichtet haben. Glois umgibt ein Urwald, in dem Äste herabfallen, Stämme bersten, zusammenkrachen (v. 5005–5010) und umgestürzte *rônen* den Weg versperren (v. 6260 f.). In diesem Wald scheint die Begegnung mit Wesen, „die von der Vernunft und der Logik abgelehnt werden" (Boiadjiev 2003, S. 87), in der Tat naheliegend. Gegenbildlich zu den Riesen, die ihr Dasein im engen Bezug auf die Zivilisation fristeten, indem sie aktiv auf diese Zivilisation übergriffen, stellen Monstren wie Pfetan, Ruel, Karrioz und Marrien Hindernisse für denjenigen dar, der in ihren Lebensraum übergreift. Die verzauberte Lebenswelt von Korntin ist in ihrer Selbstbezüglichkeit ein statisches Biotop eigenen Rechts, das zwar von seinen Grundlagen, weniger aber von seinen Gestaltungsprinzipien her in Frage gestellt wird.

Einen mythischen Wald Breziljan (‚Iwein' v. 263, 925) hat sich Wirnt so wenig geborgt wie er sonst auf vorgeprägte Orte verzichtete. Kein Schastel marveille und keine Gralsburg stehen ihm zu Gebote.

Seine Topographie erfährt dadurch keine intertextuelle Bedeutungsaufladung, sondern muss vor den Raumkonzepten teils der höfischen Literatur (erster Weg), teils aus einer unmittelbaren Bildsprache (zweiter Weg) verstanden werden.

C. Unter dem Reich des Königs Joram versteht die Forschung in der Regel eine Anderwelt (vgl. Fuchs 1997, S. 204; Eming 1999, S. 151 f.). Dort wird allerdings nach höfischer Sitte gelebt, höfische Pracht entfaltet, höfisch getafelt und höfisch geliebt (eine andere Liebe sieht Eming 1999, S. 151 f.), so dass es prinzipiell an die umgebende Welt anschlussfähig erscheint. Schlüssel zu dieser Welt ist der Zaubergürtel, der allein erst deren Wahrnehmung und den Eintritt darein ermöglicht. Der Übergang in das *lant sô vreuden rîche* (v. 637) erfolgt durch ein vermittels *gevelle* (v. 606), *steinwende* (v. 607), *berc* (v. 634), *wazzer* (v. 651) und *walt* (v. 653) markiertes Grenzgebiet. Dieses Grenzgebiet entspricht in zahlreichen Details der Landschaft, durch die der verzauberte König Jorel Gwigalois nach Korntin führt: *michel gedrenge* (v. 4506), *walt* (v. 4510), *steinwende* (v. 4511) und *wilde graben* (v. 4513) führen auf eine Brücke über einen schier bodenlosen Abgrund zu. Auf der anderen Seite gewahrt Gwigalois ein ebenes, kultiviertes Land Korntin, in dem sogar Wein angebaut wird – ganz ähnlich hatte sich seinem Vater einst das auf einer Hochebene gelegene Joram-Reich mit seinen blühenden Bäumen, seinen Wiesen, seiner Vogelpracht und seinem kultivierten Hag (v. 653 f.) eröffnet.

Wirnt hat, wie oben festgestellt, vermieden, das Joramreich als Anderwelt anzusprechen. Korntin nun trägt mit seinen turnierenden Seelen, dem Waldweib Ruel, dem Drachen Pfetan, Karrioz und Marrien, dem Pechnebel und der Brückensperre wesentlich deutlicher Züge eines verzauberten, unter einem Bann stehenden Reiches. Aber Korntin ist auch die Herrschaft, die Gwigalois bald schon regieren wird: Mittelpunkt seines christlichen Friedensreiches, aus dem das Inventar des Schreckens umgehend verschwinden wird. Eine irreversible Anderwelt-Topographie kennt der ‚Wigalois' also nicht. Seine Orte sind weitgehend disponibler, an den Menschen gebundener Raum. Bereits Saran hat diese reversible Landschaftsarchitektur beobachtet, als er zunächst die Unwirtlichkeit von Gwigalois' Weg nach Korntin feststellte und dann verblüfft anmerkte: „die sämmtlichen gäste kommen dorthin, ohne dass sie mit dem weg schwierigkeiten hätten" (Saran 1896, S. 389). Vor allem markiert Wirnt die Anderwelt, indem er den Schwellenübertritt selbst durch eine standardisierte, durch Felswand, Wald und schmalen Weg über den Abgrund sich selbst erklärende Schwellenlandschaft hervorhebt.

D. Wege, auch schmale Wege und Pfade, sind Zeichen der Kultivierung. Im höfischen Roman, wo sie in vergleichsweise großer Zahl zur Verfügung stehen, markieren sie den kultivierten Reiseweg der höfischen Protagonisten. Es störte die Fiktion unwesentlich, wären an ihren Rändern in gleichmäßigen Abständen Sitzbänke und Abfalleimer postiert. Die Helden reisen, als wäre dem so. Erzählte Wegscheiden markieren Stationen der Entscheidungsfindung, erzählte Ab-Wege dagegen führen meist direkt in unhöfische, a-soziale Lebensräume.

Auch die Welt des ‚Wigalois' durchzieht ein beachtliches Wegenetz. Die Residenz Karidol, das Joram-Reich, Roimunt, Jeraphin und Glois verbinden Fernstraßen. Was sonst an Wegen beritten werden kann, rollt sich gleichsam vor dem Helden aus. Allerdings gibt es an einigen Stellen durch das „Rahmenmotiv der verlorenen und wiedergefundenen Straße" (Kern 1990, S. 77) markierte Abweichungen. Zwei Passagen seien hier exemplarisch herausgehoben. In der ersten verliert Gwigalois die Straße nicht aus Unachtsamkeit, sondern folgt dem schönen Tier, das ihn vom Weg auf *ein engez pfat, daz was niht breit* lockt (v. 4493). Das Gefolge folgt ihm nun nicht weiter: es *segent im nâch / und antwurt in in gotes pflege* (v. 4490 f.). Gwigalois wird vom verzauberten Jorel nach Korntin geführt, wo er in das Turnier der toten Ritter gerät. Nie zuvor, kommentiert der Erzähler, kam er *in solhe vreise / von sô grôzer hitze* (v. 4574 f.).

In der zweiten Episode soll Gwigalois nach seinem Abschied von Moral und Beleare über eine ausgebaute Straße nach Glois gelangen. Da ihm aber so viel im Kopf herumgeht, passiert es, *daz / er die strâze übersach* (v. 6254 f.). Auf einem schmalen Steig dringt er immer tiefer in den Wald, wo umgeworfene Bäume ihm das Fortkommen erschweren, bis er schließlich an einen unpassierbaren Strom gelangt, wo er kurz darauf von Ruel überwältigt wird und nur durch Gottes zweimaliges Eingreifen sein Leben behält. Peter Kern hat für diesen gefährlichen Um-Weg des Helden folgende Etappen notiert: „*strâze* (nach Glois) – *stîc* – *walt* – *stîc* – *strâze* (nach Glois)." (Kern 1990, S. 82 Anm. 16). Angesichts solch penibler Routenplanung Wirnts überraschte es, wäre die Ruel-Episode die „überflüssigste" (Schröder 1986,

S. 235) von allen. Peter Kern sah in Gwigalois' Abirren geradezu einen Schlüssel zum Verständnis des Romans: „Der ‚überflüssige' Umweg ist zur programmatischen Aussage geworden." (Kern 1990, S. 78). Auf dem erzählten Abweg macht der perfekte Ritter die Bekanntschaft Gottes: sei es, dass er unmittelbar mit dessen Erlösungslehre konfrontiert wird, oder sei es, dass er durch dessen Eingreifen selbst erlöst wird. In beiden Fällen ist der Boden, auf den der Ab-Weg führt, in klassisch arthurischer Auffassung ein fremdes Terrain, auf dem der qualifizierte Held – und hier läge eine Innovation Wirnts – durch die Begegnung mit dem Höchsten eine entscheidende Zusatzqualifikation erwirbt.

E. Ab-wegige Begegnungen dieser Art machen aus Gwigalois noch keinen Gott-Sucher. Seine Sorge, den rechten Weg zu verfehlen, wird durch die einbrechende Dunkelheit nicht gemildert. Tatsächlich gerät er, nachdem er eben mit Gottes Hilfe durch das Rad vor Glois geschlüpft war, in pechschwarzer Nacht ein weiteres Mal auf einen Abweg (v. 6929 f.). Nur wenige Schritte, nicht einmal eine Reim-Spanne (vgl. v. 6930 f.) neben dem *wec*, lauert der allein durch seine Glutaugen und seinen Feuerkessel wahrnehmbare Zentaur. Wieder muss Gwigalois im Dunkeln eine Aventiure bestehen.

Nox a nocendo dicta, etymologisierte Isidor von Sevilla: Nacht heißt sie, weil sie schadet. Zunächst schadet sie den Augen (*oculis noceat*), weil der Mensch in ihr die Orientierung verliert. Weiterhin schadet sie den Menschen, weil sie alle Anstrengungen vergeblich sein lässt: Im Dunkel ist kein Arbeiten. Wohl aber wird im Dunkel getäuscht und gestohlen, und so schadet die Nacht den Menschen noch mehr. Schließlich werden in der Nacht, wie der Gelehrte Hrabanus Maurus darlegte, alle Werke der Unzucht und Schamlosigkeit, auch der heimliche Götzendienst, vollzogen – womit die Nacht den Menschen wiederum schadet. In einer auf dem biblischen Gegensatz von Licht und Finsternis aufgebauten Wahrnehmung der Welt ist die durch die Abwesenheit des Lichtes definierte Nacht bis tief in die Neuzeit ein Negativum. Dieser Bewertung schließt sich die höfische Literatur weitgehend an. Im ‚Tristan' kommt es nachts zum verbotenen Stelldichein, wird König Marke bei Nacht hinters Licht geführt. Die anrüchige Vereinigung der Liebenden, die das Tagelied zelebriert, findet ihr jähes, jedoch notwendiges Ende mit dem Sonnenaufgang.

Der höfische Roman schickt seine Helden nicht ohne Not ins Dunkel. Wenn er das tut, dann führt deren Weg zumeist durch den Wald, jenen „Topos der Unruhe und Angst“, der als nächtlicher Wald zum „Topos des Nichtseins, des Todes, aus dem es keinen Weg zurück gibt“ potenziert erscheint (Boiadjiev 2003, S. 86 f.). „In diesem von der menschlichen Alltagswelt separierten Raum sammeln sich die Ängste der Vergangenheit, verkörpert im Memorial der Bäume und der Nacht.“ (Boiadjiev 2003, S. 89). Wer hier einmal eingedrungen ist, kämpft, wie Yder, verzweifelt um den rechten Weg (‚Roman d'Yder‘, v. 3568 ff.). Chrétien und Hartmann lassen es bei Finsternis und Kälte über der Tochter des Grafen vom Schwarzen Dorn auch noch regnen (‚Iwein‘ v. 5782 f.): ein Zeichen vielleicht dafür, dass die solchermaßen „versachlichte“ Nacht für sie nichts Schlimmeres bereithalten soll als Reise-Ungemach, von der ein Gebet zu Gott sie denn auch erlösen wird (v. 5791–5794).

In keinem anderen höfischen Roman ist die Nacht derart zur Aventiure-Zeit geworden wie im ‚Wigalois‘. Nacht war es, als Gwigalois die Riesen überwältigte; Nacht war es, als er den Kampf mit Pfetan aufnahm (v. 5003); Nacht war es, als er daraufhin seine schwerste Krise durchlebte; der Waffengang mit Karrioz dauerte bis in die Dunkelheit (v. 6693); im Dunkel der Nacht durchquerte er, getröstet allein durch den Mond als „einzigen Lichtblick der Hoffnung“ (Boiadjiev 2003, S. 88), das Schwertrad; bei Nacht überwindet er den nachtaktiven Zentauren (vgl. v. 7031–7033), bei Nacht bezwingt er die Torwächter vor Glois (v. 7245), und eine nur von Kerzenschein (v. 7306) und gelegentlichem Blitzen (v. 7284) durchzuckte Finsternis wird schließlich auch über dem Zweikampf mit Roaz liegen. Nimmt man den Eintritt nach Korntin und die Ruel-Episode im Dickicht hinzu, stellt man fest, dass sich nahezu die gesamte zweite Aventiurereihe zur Un-Zeit auf zivilisationsfeindlichem Terrain entfaltet.

Wirnt hat die nicht enden wollende Nacht mit vielen spezifischen Details ausgestattet, hat sie mit Mond und Sternen, Licht und Dunkel, Wolken und Nebel, Stimmen und Schweigen gesättigt, so dass man meinte, das Erzählte verselbständige sich hier gleichsam mit einer „Lust am Fabulieren“ (Fuchs 1997, S. 169). Gewiss erreicht Wirnt durch die Detailsättigung eine stärkere Verdinglichung der abstrakten Bedrohung „Nacht“. Aber er erzeugte selbst dann, wenn er es auch noch regnen ließe, im Gegensatz zu Hartmann (‚Iwein‘ v. 5782 f.) keinen Wetterbericht. Der angereicherte Symbolraum ‚nächtlicher Wald‘ hat aufgehört, anti-arthurischer nächtlicher Wald zu sein, so wie der

Abweg nicht mehr ins arthurische Unheil führte, sondern Blicke auf eine spezifisch gwigaloisische Soteriologie freigab. Wirnt hat, so scheint es, den arthurischen Chiffren Weg, Wald und Nacht eine kosmische Dimension, eine archaische, prä-arthurische Determiniertheit, (zurück-) gegeben. Die arthurischen Chiffren sind dechiffriert und die arthurisch determinierte Topographie als „espace personnel" aufgrund der krisenlosen Existenz des Helden frei geworden, etwas anderes – oder eben: sich selbst zu bedeuten. Wirnts nächtlicher Wald „existiert". In ihm wachsen wieder Bäume, knattert die Fledermaus und ruft das Käuzchen, und er ist frei geworden, wieder elementare Bedrohung zu sein für jeden, der sich in ihn begibt.

📖 Horst Wenzel: *Ze hove* und *ze holze – offenlîch* und *tougen*. Zur Darstellung und Deutung des Unhöfischen in der höfischen Epik und im Nibelungenlied, in: Höfische Literatur – Hofgesellschaft – Höfische Lebensformen um 1200, hg. von Gert Kaier u. Jan-Dirk Müller, Düsseldorf 1986, S. 277–299; Kern 1990, S. 78 f.; Wilhelm Busse: ‚Im Wald, da sind die Räuber ...', in: Der Wald in Mittelalter und Renaissance, hg. von Josef Semmler, Düsseldorf 1991, S. 113–129; Eming 1999; Tzotcho Boiadjiev: Die Nacht im Mittelalter, Würzburg 2003; Störmer-Caysa 2007, S. 107–110; Hildegard E. Keller: Wald, Wälder. Streifzüge durch einen Topos, in: Burgen – Länder – Orte, hg. von Ulrich Müller u. Werner Wunderlich. Konstanz 2008 (Mittelalter-Mythen 5), S. 927–941.

7.2. Wesen und Unwesen

Zu den beunruhigendsten Phänomenen des ‚Wigalois' zählt die gelegentlich mindestens ambivalente Schilderung von Personen und Lebewesen. Walter Haug hat es pointiert zusammengefasst: „Die Gegensätze von Gut und Böse, von Hell und Dunkel beginnen eigentümlich zu schillern. Im Negativen scheint etwas Positives zu stecken, im Dämonisch-Gefährlichen gibt es etwas Lichthaftes." (Haug 1992, S. 264). Vor dem Hintergrund der arthurischen Gattungsfolie und ihrem personalisierenden Erzählen leuchtet diese Bewertung unmittelbar ein. Krise und Wandel eines Protagonisten bedürfen, um als innere Prozesse nachvollziehbar zu werden, einer krisenfesten Außenwelt – bedürfen konstanter Paramenter für eine konzeptuell notwendige Wertediskussion. Doch gerade so, wie die Topographie sich im ‚Wigalois' aus ihrer Funktionalisierung als Seelenlandschaft verabschiedet hat, scheinen auch etliche ihrer Bewohner ihre arthurischen Aufgaben als therapeutische Domestiken des Helden niedergelegt zu haben. Die Dinge, und die Lebewesen mit ihnen, „verlieren [...] ihre feste Form." (Haug 1992, S. 264).

„Verlieren" heißt, recht verstanden, nicht schon „verloren haben". So bevölkert den ‚Wigalois' in manchen Etappen zwar allerlei kompakt Formatiertes, das sich auf eine griffige Formel bringen ließe. Die Riesen, die die Jungfrau entführt hatten, sind böse, der Drache Pfetan ist böse, der Zentaur Marrien auch. Bald danach aber beginnen selbst in der Korntin-Aventiure die Zwiegesichtigkeiten. Ich erinnere hier nur an das, was oben bereits in der Textanalyse herausgearbeitet worden war.

A. Ruel ist, nimmt man ihr Körperkonzept als Parameter, eine unhöfische Erscheinung mit abstoßender Hülle, so dass sie der Erzähler nicht als Minnedame empfiehlt. Ihr Handeln gegenüber Gwigalois wird damit begründet, dass sie den ersten Besten den Tod ihres Gatten Feroz entgelten lassen wollte (v. 6362).
B. Karrioz ist, nimmt man sein Körperkonzept als Parameter, eine nur bedingt höfische Erscheinung, kleinwüchsig und mit einem Löwenfell über der Rüstung, das auf seine Jagderfolge hinweist (v. 6610 f.). Seine Gesinnung dagegen ist ritterlich: *nâch ganzem strîte ranc ie sîn sin* (v. 6644). Allerdings hängt er dem falschen Glauben an (v. 6575).
C. Roaz ist, nimmt man sein Körperkonzept als Parameter, eine durchaus höfische Erscheinung: groß gewachsen, gut gebaut, steckt er in einer luxuriösen Rüstung; ein Mann, der fair mit dem ritterlichen Gegner umspringt und den seine tugendhafte Frau aufrichtig liebt und bewundert. Allerdings führt er, vom Teufel selbst unterstützt, als Usurpator eine Gewaltherrschaft voller Misstrauen und Unterdrückung.
D. Lion schließlich ist, nimmt man auch sein Körperkonzept als Parameter, eine durchaus höfische Erscheinung: ein stattlicher Ritter und angesehener Landesherr, der sich freilich an einer verheirateten Frau vergreift, deren Mann erschlägt und der für seinen persönlichen Übergriff mit dem eigenen Leben und der Lebensqualität seines Herrschaftsgebietes teuer bezahlen muss.

In allen Fällen lässt sich ein Auseinandertreten wenigstens zweier Parameter beobachten. Über Körperkonzepte oder kulturelle Codes scheinen sich die Figuren bestimmten Diskursen zuordnen zu lassen: die hässliche Waldfrau, der hinterlistige Zwerg, der gewaltbereite Riese, der edle (oder böse) Landesherr. Nun ist die Waldfrau zwar hässlich, aber auch blind verzweifelt und voller Angst, der Zwerg voller Kraft, aber auch voll ritterlicher Gesinnung, der Hüne gewaltbereit, aber weiß Gott kein Verwandter der blindwütigen Waldriesen. Deutete nicht der Erzähler immer wieder darauf, dass es sich um eine *tiuvelin* (v. 6379), einen *tievels trût* (v. 6577) oder einen Protegee des *tiuvels* (v. 7325–7327) handelte, bereitete deren diskursive Zuordnung weitaus größere Schwierigkeiten.

Stefanie Schmitt hat die Ambivalenz in der Bewertung gerade der gegenweltlichen Gegner im ‚Wigalois' „über den kulturellen Code des Ritters gestaltet" gesehen (Schmitt 2007, S. 372). So werde der Zwerg Karrioz zwar als Ritter präsentiert, aber über das Körperkonzept des behaarten Zwergen, der sich mit einem Löwenfell schmückt, trete seine Defizienz sogleich kontrastiv hervor. Dies gelte ebenso für Roaz, den seine Riesenhaftigkeit wie seine aus fremdartigen Materialien gewirkte Rüstung als unvollkommenen Ritter verrate. „Wichtiger als der Körper selbst ist beim Ritter seine kulturell bestimmte Außenseite." (Schmitt 2007, S. 379). Im Gegensatz dazu zeige sich, dass Frauen am Konzept der höfischen Minnedame über ihren Körper definiert werden, wobei Ruel als Opfer eines solchen Körperkultes preisgegeben werde.

Der von Schmitt beobachtete Körper-Diskurs verschärft die von Wirnt aufgeworfenen Probleme geradezu. Er bringt die Figuren zweifellos auf den Punkt, aber es ist doch wohl der Punkt, von dem ausgehend Wirnt etwas Neues erstrebte. Wirnt scheint gerade nicht Bedeutung über die klassischen Konstituenten determinieren zu wollen. Vielmehr relativiert er unablässig die markanten Chiffrierungen durch die in der Tat eigentümliche Dissoziierung von Körper und – nennen wir es ruhig einmal so – Charakter. Nicht die „kulturell bestimmte Außenseite" (Schmitt 2007, S. 379) in Korrelation zu einem standardisierten Körperkonzept hilft bei einer Verortung der Figuren. Eher schon sind es die kulturell bestimmten Verhaltenskonzepte, die den Eindruck evozieren, dass im Negativen „etwas Positives" stecke und „im Dämonisch-Gefährlichen [...] etwas Lichthaftes" aufscheine (Haug 1992, S. 264). Umgekehrt gilt das, etwa im Falle Lions oder Hojirs von Mansfelt, in gleicher Weise.

Man kann ein solches Verfahren womöglich mit Wirnts Wolfram-Rezeption in Verbindung bringen. Den Figuren wird erzählerisch Recht gesprochen nach ihrer Gesinnung und Gesittung, nicht allein nach ihrem Sein. Stünden sie wie manche Heiden im ‚Willehalm' nicht einfach auf der falschen Seite, entbehrte ihre Auslöschung beinahe der ideologischen Grundlage. Sicher ging Wirnt diesen Weg nur in Ansätzen. Aber er konnte ihn gehen, weil sein nie hinterfragter Protagonist keiner flächigen Gegnerschaft mehr bedurfte. Wirnts Paradoxon ist, dass er die zum Untergang bestimmte Gegenwelt mitunter differenzierter gestaltete als seinen Heilsbringer.

Wehrli 1969, S. 235 f.; Haug 1980, S. 211 f.; Haug 1992; Schmitt 2007.

7.3. Magische Requisiten

Das Vorkommen magischer Requisiten in einem mittelalterlichen Erzähltext ist nichts Ungewöhnliches. In der Regel werden sie innerhalb der Textwelt wie selbstverständlich akzeptiert. Sie sind, wie Siegfrieds Tarnmantel im ‚Nibelungenlied' (Str. 97, 3), Elemente einer fiktionalen Welt. Die Frage, inwieweit in ihnen das Weltbild des mittelalterlichen Menschen zum Ausdruck gelangte, liefe an ihnen vorbei. Gelegentlich wird allerdings innerhalb einer Textwelt auch ein magisches Requisit verworfen. Dann tritt zumeist eine grundlegende Unterscheidung von weißer und schwarzer Magie in den Vordergrund. Nicht das Faktum des Supranaturalen an sich wird dabei problematisiert; ausschlaggebend ist die Verwendungsabsicht zum Guten oder zum Bösen. Man könnte also annehmen, dass gerade dort, wo – wie im höfischen Roman – keine Auseinandersetzung über den Primat Gottes oder des Teufels geführt wird, auch magische Requisiten eher zu Bausteinen eines ethischen als eines religiösen Diskurses verarbeitet erscheinen.

Die Romane Hartmanns oder Wolframs verzichteten weitgehend auf magische Requisiten. Ein signifikant erhöhtes Aufkommen war dagegen im ‚Lanzelet' zu beobachten, der als „der vermutlich erste deutschsprachige Artusroman" gilt, „in dem magische Requisiten wie der Zaubermantel und der Ehrenstein begegnen." (Daiber 1999, S. 146). Mindestens den Tugendstein dürfte Wirnt aus Ulrichs Roman übernommen haben; vom viel diskutierten Gürtel als Objekt der Tugendprobe (wie der Mantel) war bereits ausführlich die Rede. An beiden Fällen zeigt sich, dass magische Elemente im ‚Wigalois' keineswegs auf bestimmte Lebenswelten bezogen erscheinen. Nicht nur am Artushof und in der Anderwelt, auch im genuin christlichen Bezirk – etwa beim Abschied des Helden aus Roimunt – kommen magische Hilfsmittel wie selbstverständlich zum Einsatz.

Wirnt hat sich kaum darum bemüht, die Heilsmittel und ihren Einsatz mit elementaren christlichen Anschauungen zu harmonisieren. Zunächst verwendet der an einen Adligen erinnernde (v. 4401 f.) Hofgeistliche, der explizit gegen jeden donatistischen Vorwurf in Schutz genommen wird (v. 4399 f.) und dessen Dignität sich sozusagen in seiner Garderobe manifestiert (v. 4403–4412), bei der Einsegung des Ritters (v. 4417 f.) eine gut gefüllte Reliquien-Kapsel (v. 4393 f.), die dann aber – gegen die aufgebaute Erwartung – verschlossen bleibt. Weder erhält Gwigalois eine Reliquie, noch wird der Wert der Heiltümer anders als über ihre bloße Menge definiert. Nicht anders steht es mit dem Brief zur Schadensabwehr, den der Geistliche an Gwigalois' Schwert befestigt (v. 4426 f.), wobei nicht die seit dem 10. Jahrhundert gut bezeugte (vgl. Bumke 1992, S. 402) Segnung der Waffe, sondern deren Verschriftung befremdet, insofern sie den dogmatisch unverbrüchlichen göttlichen Beistand materiell substituieren soll. Das Brot schließlich, das Leben schenkt und dauerhaft zu erhalten vermag, erhält Gwigalois nicht in Form einer Hostie vom Priester, sondern als Gewürzbrot im Seidentäschchen seiner Freundin (v. 4470–4478). Vollends christlichem Boden entwachsen ist die Wunderblüte, die König Jorel dem Helden zur Abwehr von Pfetans Pesthauch vom Baume bricht (v. 4744–4746). Und auch mit der magischen Lanze, die aus indischem Stahl gefertigt wurde (v. 4754–4758), kehrt Wirnt nicht auf heilsgeschichtliches Terrain zurück: Die Analogie zur ‚sacra hastea', die Christi Seitenwunde stach, sticht weniger hervor als die Materialidentität mit dem Helm des Roaz (vgl. v. 6082 f.). Im Grundsätzlichen kann man also Jutta Eming beipflichten, wenn sie konstatiert: „Die Wunderdinge, die Gwigalois benutzt, lassen sich zwar noch einigermaßen nach magischer und christlicher Provenienz unterscheiden. In ihrer Funktion jedoch sind magisch-zauberische und religiöse Mittel nicht mehr auseinanderzuhalten." (Eming 1999, S. 213). Man müsste sich nur darüber verständigen, dass „magisch" und „christlich/religiös" auch nach christlichem Verständnis keine Gegensätze darstellen, hier also allenfalls entweder nach der Herkunft der Requisiten, oder nach dogmatischer Akkuratesse bei ihrem Einsatz zu urteilen wäre.

Wo es den Anschein hat, als beruhe die magische Wirkung der Requisiten auf dem, was ihnen vom Erzähler zugestanden wird, muss man sich Sorgen um ihre Funktionsfähigkeit und mithin um das

Leben des Helden machen. Cora Dietl hat genauer hingesehen und festgestellt, dass sich zum Beispiel der Schutzbrief „weder auf den Drachen noch auf das Schwertrad, den tödlichen Nebel oder das Zentaurenungeheuer" ausgewirkt habe (Dietl 2003, S. 303). Das muss er zwar nicht, da er als Waffensegen vor allem das Schwert vor Schadenzauber (v. 4429), das heißt: davor, dass es durch feindliche Beschwörungen stumpfgezaubert wird, bewahren soll. Aber es ist trotzdem richtig beobachtet, dass die magischen Requisiten eben nicht nach einem vorgewussten Automatismus wirken. Indem Wirnt magische Requisiten zum Einsatz bringt, weckt er also Erwartungen, die im Erzählverlauf nicht eingelöst werden.

Man kann dies nun, wie zuletzt geschehen, als Tribut des Didaktikers an eine höhere Macht bzw. höhere Mächte buchen, die vor jedem Einsatz von Magica ihr Placet geben oder verweigern: „Dass das Kreuzeszeichen, dass der Brief wirkt, steht gänzlich in der Macht Gottes, der in jedem Fall einzeln entscheiden kann, ob er die erhoffte Wirkung von Kreuzeszeichen und Brief auch tatsächlich eintreten lässt." (Dietl 2003, S. 304). Zauber und Gegenzauber stünden demnach „nur scheinbar in der Macht des Menschen, sind aber nicht mit innerweltlichen Kategorien zu erklären, sondern nur durch Verweis auf eine außerweltliche Macht, die [...] die Regie über dieses wie über den Menschen selbst führt." (Dietl 2003, S. 304). Da eine solche Hierarchisierung indes an keiner Stelle explizit vorgenommen wird, scheint sie mir zumindest nicht als Indikator für eine Lehre Wirnts vom rechten Einsatz der Magica geeignet. Allenfalls wird man von einer recht unbedarften Staffelung ausgehen, die vor allem erzähltechnischen Aspekten geschuldet ist und der gemäß sich fallweise entscheidet, ob ein Problem des Helden Chefsache oder noch mit magischen Requisiten zu bewältigen ist. Das aber bedeutet, dass die Magie in Wirnts Roman kein Eigenleben führt. Weder belebt Wirnt entsprechende Vorstellungen, noch organisiert er den Text mithilfe ihrer Regie-Assistenz. Um wieder ein wirntsches Paradoxon zu notieren, sei angefügt, dass die erhöhte Präsenz des Magischen im ,Wigalois' faktisch mit dessen Relativierung einhergeht.

📖 Borgnet 1994b; Stephan Maksymiuk: The Court Magician in Medieval German Romance, Frankfurt/M. u. a. 1996 (Mikrokosmos 44), S. 119–129; Buschinger 1999; Eming 1999; Dietl 2003.

7.4. Die Frauen

Wirnts Erzähler ehrt, wie wir oben sahen, die Frauen. Darin steht er Wolframs Erzähler nichts nach. Dass er sie ausschließlich nach ihrer Wirkung auf den Mann beurteilt, lässt seine Beteuerung, über keine einschlägigen Erfahrungen zu verfügen (v. 7576–7580), in gewisser Weise glaubhaft erscheinen. Jedenfalls will er gehört haben (v. 7568), dass ihr bloßer Anblick das Herz des wankenden Kriegers entzünde und ihre *grôziu schœne* den Mann zur körperlichen und geistigen Leistungssteigerung ansporne (v. 7565–7567). Freilich gehe mancher Kämpe aus verzehrender Liebe zu ihnen in den Tod (v. 7581). Ihr „Effekt" ist also ambivalent: Schöne Frauen *vüegent jâmer unde nôt, / herzeliebe und herzeleit* (v. 7582 f.).

Obwohl der Erzähler beteuert, es lasse sich gewiss Differenzierteres über die Frauen sagen, belässt es der Autor dabei. Die Frauen im ‚Wigalois' sind schön und spornen dadurch Männer zu Taten an, die entweder zum Guten führen oder ins Unglück; im letzteren Fall zeitigen sie *jâmer unde nôt* für die ganze Gesellschaft (v. 7582). Solche Unglücksfälle kennt der ‚Wigalois' einige: Roaz etwa kann der schönen Japhite wegen, die er eifersüchtig bewacht, vom Kampf nicht lassen; Lion wird um der Schönheit Liameres wegen, die er exklusiv genießen möchte (v. 9977 f.), Herrschaft und Leben verlieren, und letzten Endes führt auch Gaweins Unfähigkeit, seine schöne Frau zu halten, ins Verderben. Der rechte „Gebrauch" der Frauen entscheidet also. Sie sind, so scheint es, kaum mehr als die Hefe einer männlichen Kriegerwelt: Brünhilds, Kriemhilds, Kudruns Schwestern im Geiste.

Wie Seburg im ‚Eckenlied' oder Kriemhild sind sich Wirnts Frauen ihrer Reize und deren Wirkung vollauf bewusst. Stellenweise gleitet der prüde Wirnt nolens volens geradezu ins Pornographische ab. Beinahe mit Sorge um seinen Helden sieht es der Erzähler, dass die zuvor so spröde Nereja plötzlich eine lustvolle Auslieferung ihres Körpers an ihre Herrin Larie imaginiert – eben noch vermag sie sich bedauernd zu bremsen: *daz ich niht wære ein wîp* (v. 3819)! Durch erotisierende Beschreibungen des „Kampfpreises" Larie versucht sie, Gwigalois zu *wetzen*, wie es heißt (v. 3824). Nicht anders überlegen die Frauen auf Roimunt, wie sie sich durch entsprechende Garderobe für Gwigalois so attraktiv machen könnten, dass der für Larie das lebensgefährliche Abenteuer auf sich nehme (v. 4050–4061). Dass solch subtile Erotisierung beim Zwanzigjährigen nicht nur sporadisch verfängt, sondern ihm deren Macht über sich auch bewusst wird und bleibt, offenbart er freimütig in seinen Krisenmomenten (vgl. v. 5826–5828; v. 6423 f.). Eine elegante, wenn auch wenig emanzipatorische Position, die die Frauen auf einen Diskurs verwiese, wie er in der Heroik durchaus seinen Platz hätte, ansonsten aber hinter die höfischen Modelle Hartmanns oder gar Wolframs zurückfiele.

Hartmann hatte, stark vereinfacht, die Frau als Partnerin des Helden auf der gemeinsamen Suche nach der Balance von Liebe und Herrschaft entworfen: jenem Dutzendweg zum sozialen Heil, den seine Dutzendpaare zu finden sich (erfolgreich) abmühten. Wolframs individualisierender Erzählstil ließ dagegen Details in den Vordergrund treten, gab den Frauen im ‚Parzival' ihre Geschichte, gab ihnen ihre Eigentümlichkeiten, vermochte ihnen freilich auch keine Erlösung zu vermitteln. Im Vergleich der Oberflächen trifft also zu, dass die Frauen im ‚Wigalois' „einigermaßen blass" (Brunner 2002, S. 59) bleiben und die Beziehungskisten einfach „funktionieren", um „die strahlenden Ritterhelden nicht mit problematischen Liebesbeziehungen zu belasten." (Brunner 2002, S. 64). Freilich liegt einer solchen Einschätzung ein unreflektiert-modernistisches Konzept vom Mehrwert der Komplexität zugrunde, für das Einfachheit keinen Utopiecharakter mehr besitzt und dem eine krisenfeste Ehe „mit einer selbstverständlich schönen, reichen und vornehmen Dame" (Brunner 2002, S. 65) geradezu ein Greuel zu sein scheint. Hier wird noch immer implizit das Aufweisen von Lösungsstrategien über die Darstellung der Lösung gehoben. Wir müssen Wirnt aber wohl zubilligen, dass ihm im Rahmen seiner adligen Utopie wie seines Imitatio-Konzeptes an der Schilderung einer höfischen Zicke vom Format Orgeluses weniger gelegen sein musste als an der einer liebreizend-blassen Larie. Von jener konnte man lesen, von dieser etwas lernen.

Denn dass es von Wirnts schönen Frauen etwas zu lernen gibt, steht außer Frage. Zu oft wird auf ihre Vollkommenheit *an lîbe und an sinnen* referiert (v. 3817). Unter allen ungenannten Tugenden ist es die *triuwe*, die der Erzähler hervorhebt. Solche *triuwe* zeigt sich auf allen Ebenen einer Partnerschaft. Zunächst einmal bedeutet ehefrauliche *triuwe*, alle Weisungen des Mannes widerspruchslos zu befolgen: *daz wær ouch noch guot wîbes sit* (v. 7494) lobt der Erzähler die folgsame Japhite. Handelte jede Frau so, *sô belibe ir minne stæte* (v. 7497). Für Experimente wie in Hartmanns ‚Erec', wo Enite den Dressur-Wahn ihres Mannes ad absurdum führt, lässt das keinen Raum.

Doch bemüht sich Wirnt über den Aspekt der Abrichtung hinaus in Ansätzen um eine Spiritualisierung der *triuwe*, wie sie sich am eindrucksvollsten anlässlich der zahlreichen Klagen um gefallene Ehepartner darstellen ließ. Ingrid Hahn hat vier große Minneverlust-Klagen im ‚Wigalois' entdeckt (Hahn 1994, S. 51 f.; ich zähle eine Szene mehr, aber das bestätigt nur Hahns Entdeckung). Dass Flories Trauer um ihre verlorenen Männer (Vater und Sohn) das Lebenslicht erlöschen lässt (v. 11346 f.), mag man noch als ‚Parzival'-Reminiszenz buchen. Ihr stehen in nichts nach die *triuwe* der adligen Dame Beleare – allein von ihrer *triuwe* gegenüber Moral nämlich berichtet Wirnt! –, die darin kulminiert, dass sie angesichts der Verschleppung ihres Gatten durch den Drachen „klagend Hand an sich selbst" legt (v. 5158–5161), und die *triuwe* Liameres (fehlt bei Hahn 1994), der der Kummer über den Tod Amires das Herz bricht (v. 10127 ff.). Aber auch das unhöfische Waldweib Ruel klagt um seinen Mann Feroz (v. 6356); kaum vorstellbar, dass Wirnt in Ruels Klage das *triuwe*-Motiv wie im Satyrspiel komisch gebrochen wissen wollte (vgl. Hahn 1994, S. 52). All diesen Klagen liegt „das Pathos einer über den Tod hinaus dauernden Liebesbindung zugrunde" (Hahn 1994, S. 52).

„Einen Höhepunkt erfährt die Minneverlustklage in Trauer und Tod der Heidin Japhite, deren *ganze*, also vollkommene *triuwe* fünf Mal gerühmt wird." (Hahn 1994, S. 51). Wirnt hat sich für sie in besonderem Maße interessiert, hat ihre Klage bis in Einzelheiten den Klagen Enites, Sigunes oder Kriemhilds nachgebildet (vgl. Küsters 1991, S. 45 u. 71). In ihren Reaktionen vor allem spiegelt der Erzähler das Kampfgeschehen zwischen Roaz und Gwigalois (vgl. Eming 1999, S. 207). Ihr Ende nimmt breiten Raum ein, den Ingrid Hahn genauer strukturiert hat. Wieder spielt Wirnt seine Fähigkeit, Handlung sinnenfällig in Stationen einer Art liturgischen Sequenz zu zerlegen, aus. Der Klage Japhites um den verstorbenen Roaz, deren verschränkende Sprache eine unhintergehbare Unteilbarkeitserklärung bedeutet (*du wære mîn herze und mîn lîp, / ich dîn herze und dîn wîp: / Swaz ich wolde, daz dûht dich guot; / swaz du woldest, daz wolde ouch ich*: v. 7728 f.), folgt ihr eigenes Ableben (v. 7673 ff.), dem Ableben Japhites die Klage ihres Gefolges (v. 7778 ff.), der Klage des Gefolges schließen sich die Stellungnahme (v. 7874 ff.) und schließlich die Fürbitte des Erzählers an (v. 8017); alles mündet in einer pompösen Beisetzung (v. 8228 ff.). „Angeregt und bewegt vom Anliegen der Rettung der Heiden, wie es schon in Wolframs Belakane-Gestalt anklang, ringt der Autor um das Heil der von ihm hoch geschätzten heidnischen Frau." (Hahn 1994, S. 55). Dabei scheint ihn die hoch geschätzte Frau just im Moment der greifbaren Seelenrettung im Stich zu lassen, erklärt sie doch ihre Bereitschaft, dem toten Gatten umgehend als *geselle* zu folgen, und zwar *ze himel od zer helle, / swederhalp wir müezen sîn* (v. 7707 f.). Dagegen hilft die Tränen-Taufe der Treue, die der Erzähler sie sich selbst wie ein Sakrament spenden lässt, nur noch bedingt (*diu wâre triuwe ist gewesen / ir touf an ir ende*: v. 8023 f.). „Wirnt ist sich der Brisanz des hier Gewagten wohl kaum bewusst geworden." (Hahn 1994, S. 57). Warum sollte er das aber nicht? Wahre *triuwe* gegenüber dem Gatten noch im Tod eint die Frauen des ,Wigalois' über alle gesetzten Grenzen – des Standes wie des Glaubens – hinaus. Sie macht im Extremfall auch vor der christlichen Hölle nicht Halt und führt genau deswegen in den höfischen Himmel.

Triuwe als Voraussetzung für Verstetigung ist freilich keine spezifisch weibliche Tugend. Als Gwigalois sich nach einem Verweser für Herzogtum und Stadt Namur umsieht, fällt seine Wahl auf den getreuen Moral, der *stæte* gezeigt habe, die *niht niuwe* sei, sondern ihm von jeher eigne. Moral *hêt ouch sîne triuwe / an sîner vrouwen behalten ie; / des man in dô geniezen lie* (v. 11182–11184). Die manifeste *triuwe* Morals gegenüber Beleare – die zu keinem Zeitpunkt auf dem Spiel stand – prädestiniert den Grafen zur Einsetzung als Herzog in einem Krisengebiet. Promiskuität, so ist zu folgern, disqualifiziert den Adligen.

Im Grunde liegt dem von Wirnt vermittelten Frauen-Bild also keine Metaphysik zu Grunde, sondern eine Gebrauchsanweisung. Ob Frauen zum Segen oder zum Fluch des Mannes und damit der Gesellschaft werden, ist eine Frage männlicher Selbst-Disziplinierung im Umgang mit ihren Reizen. Wirnt fordert von seinen Ehefrauen Gehorsam (*triuwe*), von seinen Eheleuten wechselseitige *triuwe*, also Beständigkeit auch im Sinne unterlassener Promiskuität, ein. Sie zu erlernen und bis ins Extrem zu praktizieren sind Frauen offenkundig in der Lage. An „zitierfähigen Leitbildern" (Hahn 1994, S. 50) herrscht auch in dieser Hinsicht im ,Wigalois' kein Mangel.

🕮 Ingeborg Henderson: Die Frauendarstellung im nachklassischen Roman des Mittelalters, in: AbäG 14 (1979), S. 137–148; Hahn 1994; Loyola 1997; Brunner 2002; Classen 2007.

7.5. Das Wirken Gottes

Im Prolog hatte Wirnt ein neues Leitbild skizziert. Rittern, die *triuwe und êre* (v. 21) liebten und *nach gotes lône dienen hie* (v. 28), werde im Jenseits *ein êwiclîches leben* (v. 31) zuteil: *den volge wir* (v. 29)! Einen solchen Typus vorzustellen boten im Folgenden weder der Artushof noch das Reich König Jorams Anlass. Gott ist immerhin formelhaft präsent in seiner Schöpfung und im Hoffen und Dafürhalten der Menschen (vgl. v. 529, 888, 898, 970, 1000 usf.). Da dem heranwachsenden Gwigalois die Frömmigkeit nicht anerzogen wurde, führt auch er den Namen des Herren allenfalls floskelhaft (vgl. v. 1292 f., 1315). Als er eben im Begriff ist, sich durch Kampfeskraft (*manheit*: v. 1618) und Fortune (*gelücke*) am Artushof zu etablieren, liefert der Erzähler deshalb eine – gemessen am Erzählverlauf – wenigstens überraschende Begründung: Gwigalois *hêt vor ougen ie / got, der die sînen nie verlie* (v. 1620 f.). Man muss ihm das in Ermangelung jedweder Anhaltspunkte zu diesem Zeitpunkt einfach glauben – und darf es auch nicht vergessen, denn erneut lässt Wirnt über 1000 Verse verstreichen, ehe er sich Gwigalois auf den – nun freilich erforderlichen – Beistand des Höchsten im Kampf gegen Hojir besinnen lässt (v. 2919–2923). Voller Inbrunst betet Nereja für ihren Kämpfer (v. 3052–3064), voller Überzeugung feiert man auf Roimunt den Artusritter als Stellvertreter Gottes, der den Teufel *in der helle pfuol* (v. 3998) geworfen habe und wieder werfen werde. Das, so heißt es lapidar, *dûhte den rîter guot* (v. 4005). Nach der Begegnung mit Larie bestimmen dann „der christliche Aspekt des Vertrauens in Gott und der höfische Aspekt des Minnedienstes seine Taten“ (Heinzle 1973, S. 269).

Mag Gwigalois also auch von Anfang an unter dem Schutz des Höchsten stehen, so entdeckt er sich doch erst nach und nach als dessen Günstling. Dabei hilft ihm eine von seiner Sendung überzeugte Mitwelt durchaus. Für König Jorel ist, wie für sein Volk, der Ritter der von Gott gesandte Befreier (v. 4701 f.). Gwigalois verspricht ihm für einen guten Rat, wie er sich vor dem Atem des Drachens zu schützen vermöge, lebenslange Dankgebete (v. 4740 f.). Vor dem Drachenkampf bittet er den *keiser, herre got* (v. 5079) um Beistand, nach seiner Rettung dankt er ihm artig (v. 5992). Wieder beteuert der Erzähler die Rechtgläubigkeit des Helden: *er hêt in gotes gnâde ergeben / beidiu sêle unde leben* (v. 6199 f.). Die Probe darauf besteht Gwigalois auf dem

Abweg zur Wilden Frau, als Gott, dem nichts zu schwer ist (v. 6465–6483), auf das Gebet um Beistand (v. 6494–6504) hin die Fesseln des Todgeweihten löst (v. 6505–6507). Gwigalois „demonstriert das Vertrauen auf Gott fortan beinahe stereotyp im Gebet vor dem Kampf [...], das mit der Bitte um Hilfe zugleich die Zuversicht auf Gewährung mitformuliert" (Grubmüller 1985, S. 235). Solche „Stereotypie" durchbricht Wirnt insofern, als er Gwigalois im Waffengang mit Karrioz zunächst aus eigener Kraft reüssieren lässt, sodann Gott dem Ohnmächtigen durch das Schwertrad helfen lässt (v. 6904 f.), einen gestärkten Helden den Zentauren mit List bezwingen lässt – dass Gott geholfen habe, weiß allein der Erzähler (v. 7020 f.) –, während er ihn sich vor dem Kampf mit den Burgwächtern wieder göttlichen Beistands versichern lässt (v. 7115–7132). Vor dem Roaz-Kampf betet Gwigalois ein letztes Mal (v. 7219 f.). Im entscheidenden Zweikampf selbst lässt Wirnt dann wieder die Waffen sprechen. Die rechte Einordnung der Geschehnisse als Sieg Gottes über das Böse aber nimmt zunächst Japhite (v. 7714–7719), dann Graf Adan in einer langen paränetischen Rede (v. 8167–8222) vor.

Der ,Wigalois' weist, das ist fraglos, unter dem Aspekt des göttlichen Wirkens eine Zäsur auf. Auf Roimunt wird der arthurische Befreiungskämpfer zum miles christianus stilisiert. Fortan erledigt er seine Aufgabe in dem Bewusstsein, Gottes Beistands zu bedürfen. Bis Roimunt tritt die Frömmigkeit des Helden allerdings weder auf der Handlungsebene noch in Figurenrede hervor. Sie bleibt, wo sie aufscheint, Projektion des Erzählers, „von hinten" in Jugend und erste Aventiurereihe hineingedeutet. Hinter dieser scheinbaren Inkongruenz könnte sich indes ein neues Erzählkonzept verbergen. Gwigalois darf sich unter solcher Regie gleichsam entwickeln, indem er etwas sich selbst Verborgenes und dem Publikum gegenüber nur Angedeutetes auspackt, eine Anlage sich aneignet. Wer nicht, einem Prediger gleich, auf die Schockwirkung eines Saulus-Paulus-Wandels setzen möchte, kann, einem Epiker gleich, kaum geschickter verfahren. Das von Ingeborg Henderson herauspräparierte Damaskus-Erlebnis des Helden, seine vermeintliche Einsicht in die „Verfehlung", „Gott eine untergeordnete Rolle im höfischen Wertekanon zugewiesen zu haben" (Henderson 1980, S. 44), übersieht das kalkulierte Zusammenspiel von Handlung, Figurenrede und Erzählerkommentar. Gwigalois, der perfekteste aller arthurischen Nachwuchsritter, wird in Verfolgung seines zunächst säkularen Befreiungsauftrags in neuer Einschätzung der Umstände zum Streiter Gottes. Dass Wirnt bis zuletzt – und nach dem Sieg von Glois allemal – das Modell säkularen Rittertums durch eine christliche Orientierung nicht relativiert, sondern gestärkt sieht, könnte sein Publikum durchaus zu einem *dem volge wir* (v. 29) ermuntert haben.

📖 Henderson 1980; Grubmüller 1985; Kern 1990; Fuchs 1997, S. 141–163; Dietl 2003.

7.6. Eine „Ethik“ des ‚Wigalois‘ in Grundzügen

Die folgenden Überlegungen fokussieren vereinzelte Beobachtungen der Forschung zu der Frage, inwieweit Wirnt seinem Roman ein einigermaßen kohärentes, auf extratextuelle Geltung hin formuliertes Konzept adliger Lebensführung eingeschrieben habe. Von Rekonstruktion einer ‚Ethik‘ des ‚Wigalois‘ zu sprechen, griffe zu hoch. Selbst das Erstellen einer Skizze wird erschwert durch fehlende oder unzureichende Vorarbeiten. Absenz wie Defizienz solcher Vorarbeiten scheinen der im Nachhinein kaum anders als tragisch zu nennenden Debatte um das ‚ritterliche Tugendsystem‘, das Gustav Ehrismann 1919 in einer bahnbrechenden Studie rekonstruierte, geschuldet.

Die schwer zugängliche Arbeit von Rochels (1901) ist veraltet, die Studien Wildts (1953) und Ruffs (1990) sind nie im Druck erschienen. Gottzmanns Arbeiten (1979, 1988) beziehen ihre Maßstäbe aus einem allgemein christlich-mittelalterlichen Weltbild, dem zu entsprechen Wirnt nicht angetreten sein muss. So ließ die eben veröffentlichte Skizze Albrecht Classens (2007) zur „Gewalt“ im ‚Wigalois‘ das gemeinsame methodologische Defizit noch einmal deutlich hervortreten. Wenn der in Amerika lehrende Classen etwa erklärt, der Roman diskutierte die Frage „nach dem Wesen der Gewalt und ihrer Unterdrückung zum Wohlergehen aller Menschen“, und nur eine „konstruktive Überwindung bzw. die energische Opposition“ gegen Gewalt wiesen „den Weg in die Zukunft“ (Classen 2007, S. 433), gibt er zu erkennen, dass er aus der ‚Wigalois‘-Lektüre Hinweise für seine eigene Lebensführung erhofft. Zudem weiß er, was „Gewalt“ ist, dass er sie im Rahmen seines persönlichen „Zukunfts“-Entwurfs ablehnt und ihre „energische“ Ablehnung auch von seinen Zeitgenossen erwartet. Der Durchgang durch den Text zeigt dann, dass Gwigalois zwar mit Waffen gegen „Gewaltverbrecher“ kämpft (u. a. Riesen, ungastlicher Wirt, Ritter mit dem Hündchen), die Tö-

> tung seiner Gegner („Gewalttat"?) allerdings ablehnt oder zumindest bereut. Letzten Endes offenbart sich, was angesichts der Unreflektiertheit des Zugriffs zu erwarten war: „Gewalt" geht allein von den Widersachern des Helden aus, ihre „brutale Anwendung" muss zum Wohle der Gesellschaft „in ihre Schranken gewiesen werden" (S. 441).

Als zusätzliche Bürde erwies sich die traditionelle Lektüre des ‚Wigalois' vor dem Hintergrund des ethischen Diskurses der Romane Hartmanns bzw. deren neueren Lesarten. So gilt etwa für den ‚Iwein', dass sich der Weg des Protagonisten notwendig vom zufälligen, aventiurebedingten Kräftemessen hin zu einem dauerhaften Engagement zugunsten Schwächerer verlagere, was allein erst die Rehabilitation des Gefallenen in der Gesellschaft und vor den Augen seiner Frau bewirke. Ein solcher Prozess unterbleibt im ‚Wigalois' notwendig. Ein Einüben sozialen Handelns ist mit der gestellten Aufgabe gegeben und wird im Verlauf der ersten Aventiurereihe lediglich abgerufen, so dass man geradezu von einer „Dispensierung vom ethischen Diskurs" der Prätexte sprechen konnte: „Der ethische Diskurs des arthurischen, höfischen Romans ist ‚blind'" (Fuchs 1997, S. 216). Bereits Volker Mertens hatte notiert, es sei „müßig, nach der möglicherweise sozialen oder politischen Motivation der Abenteuer zu fragen", da Gwigalois ausschließlich „zum Beweis der militärischen Eignung", also vor Nereja (und dem Publikum), kämpfe (Mertens 1981, S. 21). Daraus ergebe sich, dass selbst „die zweimalige Hilfe für bedrängte Frauen [...] nicht als Einbindung in eine ethisch-soziale Zielsetzung zu sehen" sei, da auch sie nur für den eigenen Vorteil getätigt werde (Mertens 1981, S. 21). „Was der Held tut, tut er ganz wesentlich aus der immer gleichen Motivation – für sich." (Fuchs 1997, S. 140).

Es ist nun freilich kaum vorstellbar, dass Wirnt einen Helden vorzuführen beabsichtigte, der ohne soziale oder politische Motivation nur um des eigenen Vorteils willen handelte. Im Grunde liegt eine ähnliche Situation vor wie im Falle seiner Frömmigkeit. Gwigalois' erster Aventiureweg zielt vordergründig auf die Befreiung eines Landes und die Eroberung einer Braut, wird aber in der zweiten Etappe als Auftragsarbeit für höhere Mächte gedeutet. Was Gwigalois dabei an Taten zum Wohle anderer vollbringt, reduziert eine Fokussierung der Nereja-Kontroverse gewaltsam auf den individuellen Tauglichkeitsnachweis. Natürlich handelt Gwigalois trotzdem in nahezu allen Konstellationen wie einer, von dem ein Publikum mit Fug sagen könnte:

dem *volge wir* (v. 29)! Der „ethische Diskurs" des höfischen Romans ist bei Wirnt allenfalls insofern erblindet, als Gwigalois des Diskurses zum Zwecke seiner Individuation und Sozialisation nicht mehr bedarf.

Grundsätzlich besteht also, außer im „arthurischen Ethos", kein qualitativer Unterschied zwischen dem Sozialhandeln Erecs, Iweins oder Gwigalois'. Die Differenz ist aber insofern wichtig, als Wirnt es gar nicht darauf angelegt haben kann, an seinem Protagonisten falsches Handeln vorzuführen. Die unwandelbare Idealität des Helden lässt ihn nur „richtig" handeln. Das rückt die Demonstrationsfigur Gwigalois freilich in die Nähe der normativen zeitgenössischen Adelsdidaxe. Erste Schritte zu einer vorsichtigen Rückbindung unternahm jetzt Sybille Wüstemann, die die Anschauung der *stæte / unstæte* und *êre* bei Wirnt und in Thomasins nahezu gleichzeitigem ‚Welschem Gast' (1219) stichpunktartig verglich (vgl. Wüstemann 2006, S. 164–175, die sich indes ausgerechnet Ingrid Hahns Beitrag [1994] zur *triuwe / stæte* im ‚Wigalois' entgehen ließ). Womöglich ließe sich eine sehr weitreichende Übereinstimmung mit dem „Tugendsystem" des Didaktikers Thomasin erzielen. Ich deute das hier nur an.

Thomasins Tugendlehre ist dreiteilig (Ehrismann). An oberster Stelle steht das summum bonum, *daz ist unser herre got* (v. 5709–5718), an zweiter stehen *die tugende* (v. 5719–5726), das sind die christlichen Kardinaltugenden, an dritter *übel unde guot*, das sind die sechs Glücksgüter *adel*, *maht*, *gelust*, *name*, *rîchtuom* und *hêrschaft* (v. 5743–5780). Voraussetzung für den Einsatz der Tugenden ist die *staete*, „sie ist die grundlage aller tugenden", ihr gesellen sich noch die Schwester *mâze* und der Bruder *reht* und dessen *kint*, die *milte*, zu (Ehrismann 1970, S. 13 f.). *Stæte* hat bei Thomasin entsprechend vielfältigen Einsatz. Sie kann im traditionellen Minnekontext sowohl „Keuschheit und eheliche Treue der Frau" bezeichnen (v. 1455–1459) als auch „die libidinöse Standfestigkeit des Mannes" (v. 1252–1256) und die „beidseitige Treue" (v. 1585–1588) (Wüstemann 2006, S. 164) – alle Aspekte werden, wie oben gezeigt, auch im ‚Wigalois' abgedeckt (S. 177 f.). „Für Thomasin liegt das ideal im christlichen ritter, der frei ist von irdischer ruhmsucht, dessen aufgabe es ist, für Christus zu streiten und für Christi ehre gegen die, die sie erniedrigt haben, da sie sein land genommen." (Ehrismann 1970, S. 14). Auch hier lohnte ein eingehenderer Vergleich.

Wirnt lässt sich Gwigalois nach und nach, spätestens aber in Roimunt, seiner Aufgabe als Streiter Christi gegen die Unrechtsherrschaft des Teufels bewusst werden. Das Ziel seines Auftrags ist also von Anfang an die Wiederherstellung einer Gesellschaftsordnung. „Es wäre am Ende verfehlt, zu behaupten, der Held Gwigalois bringe mit seiner neuen Ordnung auch ein neues Ethos nach Korntin.“ (Fuchs 1997, S. 216). Das Neue wäre demnach in seinen Grundfesten das Alte: „Der ‚Wiederherstellung‘ des ‚idealen Staates‘ durch Gwigalois korrespondiert als durchgehendes Thema die Idee der ‚Wiederherstellung‘ der ‚alten Gesellschaftsordnung'“ (Kaiser 1975, S. 438). Hierher wäre etwa der Hinweis auf die Rechtsordnung Karls des Großen zu stellen. Dem wird man aber doch entgegenhalten müssen, dass die „alte Gesellschaftsordnung“ abgelöst erscheint durch ein weitgespanntes, auf Betreiben des Herrschers als christliche Glaubens- und Sozialgemeinschaft untrennbar verschmolzenes Imperium.

📖 Rochels 1901; Gustav Ehrismann: Die Grundlagen des ritterlichen Tugendsystems, in: ZfdA 56 (1919), S. 137–216 [wieder in: Ritterliches Tugendsystem, hg. von G. Eifler, Darmstadt 1970, S. 1–84]; Wildt 1953; Kaiser 1975; Ruff 1990, S. 143–155; Fuchs 1997; Classen 2007.

8. Rittertum und Landesherrschaft

Mit seiner Diskussion dessen, was gerechte Herrschaft ausmache, griff der Artusroman des 12. Jahrhunderts ein Thema von einiger gesellschaftlicher Virulenz auf. Dabei war ihm durch den Über-König Artus von Anfang an eine undiskutierbare Norm mitgegeben, vor deren Hintergrund sich ambitionierte, aber auch weniger vollkommene Herrschaftsmodelle kontrastiv ausfalten ließen. Chrétien hat das getan, Hartmann ist ihm gefolgt, Ulrich von Zazikhofen und Wolfram, sogar Gottfried hat den Herrschaftsdiskurs führen wollen. In dieser Hinsicht zumindest hat sich auch im ‚Wigalois' gegenüber den arthurischen Prätexten nichts geändert: „Ziel des Abenteuerweges ist letztlich die gerechte Landesherrschaft." (Mertens 1998, S. 185). Die Frage, ob und vor allem: auf welche Weise sich die vorgestellten fiktionalen Modelle von Landesherrschaft auf eine reale Gesellschaft des 12./13. Jahrhunderts hin lesen ließen, bleibt davon unberührt. Die grundsätzlichen Einwände Cormeaus (1977, S. 229–241) treffen hier eine Vorentscheidung hinsichtlich des Fiktionalitätsbewusstseins, die den hermeneutischen Prämissen nicht gerecht zu werden vermag.

Wirnt führt seinen Protagonisten durch verschiedene Reiche und bringt dabei verschiedene Modelle von Herrschaft zur Sprache. Er verbindet sie – wie bei seiner personalisierenden Erzählweise kaum anders zu erwarten – relativ eng mit der Instanz oder Person, die Herrschaft ausübt. Da die Personen bereits in verschiedenen Zusammenhängen im Blick standen, sollen im Folgenden vorrangig die Konzepte von Herrschaftsorganisation und -praxis als Beiträge zur Klärung der Frage, was „gerechte Landesherrschaft" bzw. wie sie auszuüben sei, fokussiert werden.

8.1. Artus

Der ‚Wigalois' nimmt seinen Ausgang am Hof des Königs Artus. Es ist ein feststehender Hof, eine Pfalz; so zumindest übersetzen Seelbach / Seelbach *ze Karidôl hêt er hûs* (v. 150): „Karidôl war seine Residenz." (Dazu: Kartschoke, Rez. Seelbach / Seelbach, S. 673). Darf man übersetzen: „In Karidol hielt er Hof"? Das mhd. *hêt*, das zu „haben" oder „halten" gezogen werden kann, gibt das her. Später trifft die vereinigte Heeresmacht Artus jedenfalls wie selbstverständlich in Nantasan, und wieder hat der König dort sein *hûs*, seine „Residenz" (v. 11420). Nantasan ist wohl Nantes in Frankreich, was auch Seelbach / Seelbach so sehen. Kann dieses Nantes indes nur zwölf Tagesreisen vom anatolischen Anamur entfernt liegen? Wohin aber der König auch reist: Er scheint in der Nähe zu bleiben, und die Königin und die ganze *mässenîe* (v. 11406) ziehen auch mit. Aus der Welt ist der König Artus jedenfalls nicht.

Allerdings ist der König auch nicht präsent, wo es seiner Präsenz eigentlich bedürfte. Drei Szenen, in denen die arthurische Absenz besonders spürbar wird, seien hervorgehoben.

A. Gleich zu Beginn schleust Wirnt Ginover in ihre Privatgemächer, von wo aus sie mit Joram und seinem verhängnisvollen Gürtelgeschenk konfrontiert wird. Die Königin schickt freilich nicht nach dem Gatten, sondern nach dem Lieblingsritter Gawein, der ihr das Kompromittierende des Angebots bestätigt. In Abwesenheit des jagenden Königs (v. 583 f.) kämpfen die Tafelrunder erfolglos mit dem Herausforderer, schließlich wird auch Gawein bezwungen – und der Erzähler muss zugeben: *der hof enwart nie vor dem tage / geletzet alsô sêre* (v. 512 f.). Ob ein anwesender König die Demontage der Institution hätte verhindern können, ist müßig zu fragen; es reicht, dass Artus das Falsche jagt.

B. Dies gilt, wie man wird einräumen müssen, auch für die von den Riesen entführte Jungfrau. Die Verse: *si hêten si gezücket / dem milten künige Artûs / ze Karidôl vor sînem hûs; / des was michel klage dâ* (v. 2080–2083) enthalten gleich mehrere Hinweise. Vor dem eigenen *hûs* das Gewaltverbrechen nicht abwenden zu können, erscheint als Zeichen ordnungspolitischer Schwäche. Die Apostrophe des Königs als freigebig (*milte*) ist in diesem Kontext durchaus süffisant. Das Klagen der Hofgesellschaft scheint legitim, schließlich ist *ouch der hof gunêret* (v. 2087), aber dass die Ritter die Verfolgung gar nicht erst aufnehmen, weil sie die Fährte nicht finden (vgl. v. 2084 f.), lässt sie recht hilflos dastehen – ganz so wie den König selbst, der bereits anlässlich der Entführung Gaweins vor allem als oberster Trauer-Arbeiter auftrat (vgl. v. 1133–1136).

C. Das arthurische Waffenhandwerk, mit dem Gwigalois seine Ausbildung im Joram-Reich veredelte, ist schließlich aufgerufen, als der Feldzug gegen Lion ansteht. Lions Frevel bedroht den gesellschaftlichen Frieden in seinen Grundfesten, so dass es der etwas konstruierten Verwandtschaft Laries und Liameres (vgl. v. 9869–9882) als Legitimation eigentlich nicht bedarf. Für die arthurischen Hochzeitsgäste Iwein, Erec und Lanzelet steht trotz der Gefahr ein Einsatz für die gerechte Sache außer Frage (vgl. v. 9905–9909). Gawein stellt das legitime Bindeglied zwischen dem König von Korntin und dem von Karidol dar, seine Führerschaft ergibt sich zwanglos aus der Sache. Unter dem Banner des umlaufenden Rades führt Gwigalois' Vater die auf ihn vereidigten Ritter der Tafelrunde in die Schlacht (vgl. v. 10424–10428).

Wirnt problematisiert den mythischen Herrscher nicht aus sich selbst heraus. Defizite seiner Herrschaft werden allenfalls angedeutet. Sie ergeben sich erst dem, der König Artus von König Gwigalois aus kritisch beurteilt. Vor allem hinsichtlich ihrer herrscherlichen Aktivität, ihres Einsatzes für die sie auf den Plan fordernde Gesellschaft, sticht der Kontrast heraus. De facto passiert in der Aventiurewelt eine ganze Menge, das ein beherztes Eingreifen des Königs forderte, der sich aber aus dem operativen Geschäft zurückgezogen zu haben scheint: „König Artus ist weit entfernt und wird gar nicht als Rechtsinstanz in die Betrachtung einbezogen“ (Classen 2007, S. 442). Im ‚Wigalois‘ schimmert zum ersten Mal das Haar des *meienbæren* Königs grau. Zum ersten Mal meint man auch, der König brauche Hilfe. Das heißt freilich nicht, dass Wirnt Artus als moralische Instanz abservierte, wie gelegentlich zu lesen ist (vgl. Kaiser 1975, S. 414; Fuchs 1997, S. 210). Er ist nur mehr *allein* noch moralische Instanz, ohne die an ihn gebundene Wertewelt aktiv repräsentieren zu können, ja (und das ist dann doch bedenklich): ohne erkennbare Ambition, Aktivität in seinem Umfeld zu veranlassen. Artus lebt im Bewusstsein derer fort, die bereit sind, seinen Mythos zu bewahren, indem sie ihn als utopischen Fluchtpunkt aufgeben und in die Unverbindlichkeit entlassen. Der Ritter der Gegenwart *kann* sich an der Wertewelt des König Artus orientieren, aber es führen inzwischen viele Wege zum Heil, und einer von ihnen führt über Gott. In diesem Sinne können Gwigalois und Larie ihren abschließenden, durchaus anerkennenden Besuch in Karidol als einen „Akt der Höflichkeit“ (Wennerhold 2005, S. 120) auf eine vertretbare Zeitspanne verkürzen.

📖 Mitgau 1963, S. 334–337; Kaiser 1975; Gottzmann 1979, S. 131–135; Haug 1992; Fuchs 1997; Wennerhold 2005, S. 119–121.

8.2. Joram

Eingangs des ‚Wigalois' feiert der dem Publikum noch ganz unbekannte König Joram, indem er Königin Ginover, die Tafelrunde und den Musterritter Gawein überlistet, trotz seines Einsatzes magischer Requisiten einen Achtungserfolg. Das Roman-Motiv vom initialen Herausforderer, der die arthurische Gemeinschaft düpiert, lässt indes erwarten, dass Wirnt die von Joram repräsentierte Welt nicht als vollgültige Alternative zum Artushof auszuspielen gedenkt. Diese Absicht aber auch in der Schilderung von Jorams Herrschaft festzumachen, gestaltete sich mit Blick auf deren Ambivalenz als nicht so einfach. Zu souverän agiert Joram, zu ritterlich auch und zu freundlich gegenüber Gawein, zu makellos ist seine Nichte, zu gut seine Absicht, zu sehr trägt sein Reich Züge eines irdischen Paradieses: „einerseits herrscht Vollkommenheit und höchste *tugent*, andererseits, besonders von außen betrachtet, hat dieser Bereich etwas Unnatürliches." (Lohbeck 1988, S. 58). Der „Außen"-Standpunkt solcher Betrachtung ließ sich zunächst nur über ganz allgemeine Erwägungen fundieren: „Die Joramsche Burg steht allein und isoliert im ganzen Reich." (Lohbeck 1988, S. 59). Dem stellte sich auch das oben bereits diskutierte Glücksrad als Insignie joramscher Herrschaft nur scheinbar entgegen: „König Joram besitzt zwar das immerwährende Glück, aber dieses Geschenk der *sælde* genießt er in der totalen gesellschaftlichen Isolation, denn seine *burc* ist umgeben von der *wilde*. Das Königtum Jorams besitzt trotz allen äußeren Glanzes und höchster *tugent* keinen Bezugspunkt mehr." (Lohbeck 1988, S. 75). Dies freilich nicht in Gestalt einer arthurischen „Gegenwelt", zu der Jorams Reich denn auch nicht „in eine für einen ethischen Diskurs relevante Opposition" gesetzt erscheint (Fuchs 1997, S. 206). Es ist „Ergänzung der Artuswelt durch eine andere Welt, keinesfalls aber konkurrierende Instanz mit konkurrierenden Verhältnissen, keine alternative gesellschaftliche Utopie mit anderen Ansprüchen an die Figuren." (Fuchs 1997, S. 213). Wirnt kombiniert anders.

Die „Isolation" der joramschen Herrschaft ist die eines Feenreiches, als das sie sich langsam enthüllt (vgl. Eming 1999, S. 151). Ihre

Verwundbarkeit offenbart sie im Exogamie-Zwang. Für den Fortbestand der Herrschaft muss Jorams Nichte einem Außenstehenden zugeführt werden, doch vermag auch die größte Faszination auf Dauer nicht die lähmende Exklusivität der Verbindung zu egalisieren. Wirnt führt mit der isolierenden Fee Florie und dem geselligen Tafelrunder Gawein zusammen, was seiner Substanz nach nicht zusammenpassen kann.

König Jorams Herrschaft ist, wie die des Königs Artus, nur mehr vordergründig intakt. Ihre Defizienz offenbart sie im letzten Endes gescheiterten Versuch, Kontinuität zu erzwingen. Joram vermag nur zu besiegen, nicht zu gewinnen. Gaweins Integration misslingt. Wirnt behandelt Jorams Welt gerade so wie den Artushof: als in sich zwar stimmiges Gebilde, das sich in der Konfrontation mit veränderten Gegebenheiten aber verschätzt und handelnd nicht durchzusetzen vermag. Eine solche Behandlung, die die Komplexität der Systeme in gewisser Weise reduziert, ist sicher erzählfunktional zu erklären (vgl. Eming 1999, S. 151). Ansonsten muss es freilich Wirnts Absicht gewesen sein, seinem Helden die bestmöglichen „Zutaten“ zu attribuieren. Aber er muss auch plausibel machen, warum Gwigalois in keines der Herrschaftssysteme, von denen er sich herleitet, dauerhaft wird zurückkehren können.

🕮 Gottzmann 1979, S. 131–133; Lohbeck 1988; Fuchs 1997, S. 204–208; Eming 1999.

8.3. Gawein

Gawein ist, als er in den ‚Wigalois‘ eintritt, eine Figur mit Geschichte. Seine Zeichnung ist bei allem, was über Wirnts Verhältnis zu seinen Prätexten bereits ausgemacht wurde, vor allem vor dem Hintergrund dieser Geschichte zu verstehen. Zu dieser Geschichte gehört wesentlich, dass Gawein der arthurische Musterritter par excellence ist: am Artus-Hof erwartet, am Artus-Hof präsent, am Artus-Hof verfügbar; ein loyaler Berater und Stellvertreter, der sein ewiges Amt auf Kosten einer eigenen Hofhaltung versieht. Der Hof trauert in seiner Abwesenheit (v. 581 f., 1135 f.) und begrüßt den Rückkehrer emphatisch (v. 1139 ff.). Dass Gawein eingangs des ‚Wigalois‘ über kein eigenes

Reich verfügt, ist Konsequenz seiner außerordentlichen Literarizität. Dass er es am Ende von Wirnts Roman auch nicht tun wird, ebenfalls.

Eine Herrschaft Gaweins quasi aus dem Nichts zu etablieren, verstieße also gegen die Erzähltradition. Umso befremdlicher muss der Herrschaftserwerb eines Musterritters ohne eigenes Zutun wirken, der sich bestenfalls als Lohn für Vergangenes, kumulativ gleichsam, ergäbe. Gawein, von Joram mit einem magischen Requisit überlistet, verschleppt und verheiratet, wurde auf ein Leben wie dieses in den Prätexten nicht vorbereitet. Am Hof Jorams wird er wiederholt als *gast* apostrophiert (v. 1025, 1054). Ein geplanter Übergang der Herrschaft an Gawein wird nirgends explizit gemacht. Er ergibt sich allein aus der Konstellation, dass nach Jorams Ableben Florie und Gawein bis zur Herrschaftsübernahme eines Sohnes regiert hätten.

Wirnt steuert dem Problem, den flüchtigen Gawein auch als Landesherr versagen zu lassen, durch seine Betonung der Liebesbande, in die der Ritter sich geschlagen sieht, entgegen. Gawein sagt es, nachdem er die außerordentliche Schönheit seiner zukünftigen Frau realisiert hat, selbst: *ich lieze drumb al die werlt vrî / ob si mîn eigen wære* (v. 966 f.). Als er später erfolglos vom Artushof aufbricht, heißt es, *in twanc diu minnende nôt* (v. 1185). Dass er bei Hofe nichts über seine schöne Frau erzählte, befremdete, wäre es nicht eben das ihm bewusste Begehren, das ihn an sie fesselte (v. 1158 f.). Mit einem Wort: Wirnt hindert den flüchtenden wie später den erfolglos suchenden Gawein daran, sich zu *verligen*. Gerade weil er nicht den Landesherren, sondern nur den Minnenden aus der Anderwelt abzieht, rettet er (zunächst) dessen Ritter-Ehre. Wenn Gawein allerdings am Schluss anlässlich der Todesnachricht Flories äußert, er wolle künftig *konlîcher ê / mit stæte gepflegen nimmer mê, / noch rîterschaft, michn twinges nôt* (v. 11384–11386), schwört der Repräsentant des Artushofes „mit diesen Worten seiner genuinen Lebensform ab“ (Kaiser 1975, S. 420), ohne dass ihm Wirnt ein alternatives Konzept zuspielte. Ob dies zugleich eine „Verabschiedung des Artushofes“ (Kaiser 1975, S. 420) bedeutete, scheint mir indes fraglich. Der Artushof forderte notwendig Repräsentanten, seine Repräsentation allerdings keineswegs den Verzicht auf eigene Herrschaft, wovon die im ‚Wigalois‘ präsenten Artusritter und Landesherrscher Erec, Iwein und Lanzelet zeugen. Eher schon gibt Wirnt das Konzept einer herrschaftslosen Ritterschaft auf, indem er den letzten echten Ritter und arthurischen Gefolgsmann in Rente schickt.

Schießl 1968; Kaiser 1975; Fuchs 1997, S. 203–212; Daiber 1999, S. 145–161; Stange 2006.

8.4. Jorel („Lar")

Dem Königreich Korntin begegnen wir in einem außerordentlichen Zustand. Sein König ist tot bzw. weilt als Wiedergänger nicht mehr unter den Lebenden (obwohl er das v. 4741 vergessen zu haben scheint). Die Königin-Witwe Amena hat sich mit der damals dreijährigen Tochter Larie (v. 3761–3763) auf die Feste Roimunt zurückgezogen und das Feld ansonsten dem Fürsten Roaz von Glois überlassen, der Korntin in einem blutigen Staatsstreich an sich riss. Der Putsch führte zum Abfall des am *lebermer* (v. 8595) gelegenen Königreiches Jeraphin, das vordem Teil Korntins war. Korntin erscheint nun der Herrschaft Glois angegliedert. Gemeinsam mit Glois leidet es seit gut zehn Jahren (v. 4692) unter der Schreckensherrschaft des Drachen Pfetan, der *ditze lant gar / verwüest* (v. 4693 f.) und nach und nach beinahe entvölkert hat (vgl. v. 9383 f.). Da König Schaffilun ebenfalls *wol zehen jâr* (v. 3402) seinen Befreiungsschlag vorbereitet, scheint der Putsch von Korntin eine Dekade zurückzuliegen und ebenso lange der Wurm drin zu sein.

Der Ablauf des Staatsstreichs ist allein durch Nerejas Bericht (v. 3666–3759) überliefert. Er lässt an der Falschheit des Usurpators und der Hinterhältigkeit des nächtlichen Massakers, in dessen Verlauf Jorel und sein gesamtes Gefolge (v. 3731) ums Leben kamen, keinen Zweifel. Dass der untote König sich nun selbst vorzuhalten hat, dem Falschen vertraut zu haben, ist nachvollziehbar (vgl. v. 3689–3692). Zu hart erscheint indes das Urteil, das über Jorels erschlagenes Gefolge verhängt wurde. Das Turnier im Purgatorium ist ihm maßlose, jammervolle Konsequenz der Ereignisse (v. 4710–4715), obwohl Jorel gerade beteuert, dass die Ritter im Kampf für ihren König das Leben gelassen hatten (v. 4718).[1] Auch befremdet Jorels abfälliges Urteil

[1] Dass „die Ritter des korntinschen Reiches [...] nicht nach den christlichen Geboten und Werten gelebt haben können" (Gottzmann 1979, S. 106), ergibt sich an keiner Stelle.

über alle, die vor Gwigalois die *âventiure* angegangen waren: Sie haben durch ihre Niederlage gegen Roaz ihre *êre* gänzlich eingebüßt (v. 4726 f.). Sogar an sich selbst findet Jorel nur Kritikwürdiges: *ich hân verdienet sînen [gotes] slac / leider mir und sînen zorn* (v. 4663 f.), wobei wiederum kein anderer Grund für diesen *slac* erkennbar wird als das Faktum der Niederlage. Zum *lône* habe er eben noch jenen Ort der Sabbatruhe zugewiesen bekommen, an dem er seinerzeit die Bedürftigen mit eigener Hand speiste (v. 4679–4684). Der schöne Mann mit den Zöpfen *alsam ein wîp* (v. 4629) nennt diesen Ort sein *paradîse* (v. 4673, 4685).

Der von König Jorel angelegte Maßstab wirkt, zumindest auf den ersten Blick, in seinem Rigorismus übertrieben. Wer bei der Verteidigung oder Befreiung Korntins scheiterte, verdient keine Gnade. Auf den zweiten Blick wird dahinter der hohe Wert dieser Herrschaft als „direkte[r] Wunderschöpfung Gottes“ (Fuchs 1997, S. 143) sichtbar, deren Verlust an Roaz eine Art unentschuldbaren Sündenfall bedeutete. Der König und die Seinen haften noch im Tod für ihre Niederlage. Gwigalois wird mit dem Drachen und Roaz die eigentlichen Faktoren beseitigen. An eine Wiederauferstehung des Königs und seines alten Reiches verschwendet Wirnt indes keinen Gedanken.

📖 Brinker 1995, S. 91–93; Fuchs 1997, S. 141–147; Denruyter 1998.

8.5. Roaz

König Jorel stellt Roaz von Glois als Usurpator vor. Für ihn ist er *der ungetriuwe man* (v. 4719) – und *man* deutet hier auf den Vasallenstatus hin –, der ihm Land und Leben nahm. Vormals residierte Graf Roaz in einer stattlichen, ihm von seinem Vater angeerbten Grafschaft jenseits Korntins (vgl. v. 3670–3672). Durch Schmeichelei brachte sich der *ungetriuwe* bei Jorel nach und nach in eine derart privilegierte Stellung, dass er zu Korntin schließlich freie Hand hatte (v. 3693 f.). Eines Morgens stürmte er mit vierhundert Bewaffneten in einem günstigen Moment die Burg und richtete unter den Schlafenden ein Blutbad an (vgl. v. 3714–3726): *man liez ir einen niht genesen* (v. 3731).

Die Übernahme der Herrschaft ging für das Reich Korntin mit tiefgreifenden, die Macht des neuen Herrschers stabilisierenden

Veränderungen einher. Dazu gehören militärische Sicherungs- und Verteidigungsmaßnahmen, bauliche und mechanische (Schwertrad) ebenso wie der Einsatz bewaffneten Wachpersonals vor Glois (z. B. Karrioz, Graf Adan); Schritte eines Machthabers, die im Kern – und nicht zuletzt mit Seitenblick auf die vorgängige Herrschaft – jedem Hörer sinnvoll erscheinen müssen, wäre da nicht einerseits die diabolische Raffinesse der Wehranlagen, anderseits das ungeheuer-liche eines Wachdienstes aus feuerschleudernden Zentauren und fellbehangenen Kampfzwergen. Daran, dass Roaz' Herrschaft auf irregulärer Macht gründet, besteht zumindest für Nereja kein Zweifel:

er hât durch sînen zouberlist
beidiu sêle unde leben
einem tievel gegeben;
der tuot durch in wunders vil:
er vüeget im allez daz er wil;
alsô gevuocter im daz lant. (v. 3656–3662)

Um sich dessen Zauberkraft zu sichern, verschrieb Roaz sich dem Leibhaftigen, von dem Nereja auch nach erfolgtem Pakt und Kraftübertragung die eigentliche Gefahr ausgehen sieht. Doch muss auch die Botin zugestehen, dass Roaz' *manheit* in aller Welt gerühmt werde (v. 3654 f.). Ja, ginge es allein um die *manheit*, bestünde Roaz womöglich im Kreis der besten Ritter. Er ist stattlich, fair im Zweikampf und weiß eine liebende, ihn verehrende Gattin an seiner Seite. Sogar Graf Adan, dem Roaz übel mitspielte, apostrophiert ihn als *der werde man* (vgl. Hahn 1994, S. 50). Ritterschaft ist sein – wenn auch eng umgrenzter – Bezirk: „only his bravery and strength in knightly combat remain totally free of negative overtones" (Henderson 1986a, S. 107). Über das Körperkonzept des Riesen ist ihm, wie oben zu sehen war, nicht beizukommen (vgl. Henderson 1986a; Schmitt 2007), zumal seine Riesenhaftigkeit (wie so oft in der Erzählliteratur) allenfalls behauptet, keinesfalls aber erzählerisch stringent umgesetzt wird. Wirnts individualisierende Darstellungsweise, das Einerseits-anderseits und das Sowohl-als-auch der Figurenzeichnung, eröffnet damit selbst bei Roaz, der „heilsgeschichtlich die Partei des Teufels vertritt" (Hahn 1994, S. 50), einen breiteren Interpretationsspielraum. Als „genaues Kontrafakt des Protagonisten, als Spiegelbild mit umgekehrten Vorzeichen" (Fuchs 1997, S. 180), wird man ihn nicht ohne Weiteres ansprechen können. „Vielleicht sollte an ihm gezeigt werden, dass das Höfische ohne Sinn ist, wenn es nicht auf Gott gründet.“ (Heinzle 1973, S. 270).

Dass Roaz darüber hinaus einem höchst eigentümlichen Beziehungskonzept huldigt, sei wenigstens angedeutet. Der ihn in unverbrüchlicher Treue verehrenden Japhite (s.o. S. 177 f.) steht ein Schwarm liebreizender – adliger (v. 7941) und hochadliger (v. 8013–8016) – Jungfrauen zur Seite, die Roaz eifersüchtig bewacht, deren den Tod überdauernder Loyalität er indes gewiss sein kann. Als er selbst schon überwunden ist, stürzt sich *diu vil süeze schar* (v. 7928) auf Gwigalois, ihren toten Herrn zu rächen. Graf Adan muss die Damen dezent an ihre Verpflichtung auf ein höfisches Leben erinnern (v. 7932–7956) – zu weit schon scheint sich das Roaz-Reich von seinen Prinzipien entfernt zu haben. Der Eigensucht des Herrn wie seiner Damen stellt Adan den ehrenvollen Ritter gegenüber, der durch seine Taten die Herzen vieler zu erfreuen in der Lage sei (v. 7941–7943).

Die Faktenlage um die Herrschaft Glois herum lässt das Unvollkommene auch dieses Modells hervortreten. Roaz usurpiert gewaltsam, muss fortan misstrauen, verteidigt sein Reich notwendig mit der Hilfe des Bösen (Teufel) und der ihm gefügigen Kreaturen (Karrioz, Marrien), ohne seine Widersacher (Drache Pfetan) gänzlich ausräumen zu können. Obwohl ein bewunderungswürdiger Krieger, setzt er nicht auf willige Gefolgschaft, sondern auf Kontrolle der von ihm Überwundenen (Adan) und Abhängigen (Jungfrauen). Sein Versuch, Landesherrschaft überzeugend zu begründen und zu verstetigen, beruht auf einer Reihe inadäquater Prämissen, die sein Scheitern notwendig nach sich ziehen.

📖 Henderson 1986a, S. 105–112; Hahn 1994; Fuchs 1997, S. 173–182; Wennerhold 2005, S. 105 f.

8.6. Lion

Der *vürste* (v. 9865, 9934) Lion herrscht über ein Herzogtum (v. 11173), dessen Capitale die mit zahlreichen Türmen befestigte Stadt Namur (v. 9819) bildet, so dass gelegentlich auch die Bezeichnung „Burgherr“ (v. 10192, Seelbach / Seelbach) zutreffend erscheint. Offenbar ist eine Region im Mittleren Osten gemeint, da Serben, Türken, Kumanen und Griechen (v. 9894–9898) als Lions Bündnispartner gelten. Alles Wissen über den Herzog, das Wirnt seinem Publikum zubilligt, speist sich einmal aus einer langen Botenrede, sodann aus einem längeren Monolog Lions und seinem sichtbaren Konfliktverhalten. Beinahe erwartungsgemäß ergeben sich daraus Widersprüche.

Der in Korntin anlangende Bote hat wenig Erfreuliches über den *vürsten* zu berichten, steht er doch unter dem Schock einer an seiner Herrschaft verübten Gewalttat. Den Täter vermag er nur als *der vreuden schûr, / Lion, der ungehiure* (v. 9820 f.; vgl. v. 10718) zu apostrophieren. Um in den Besitz der Königin Liamere zu gelangen, ersticht Lion König Amire von Libyen in einer *jostiure* (v. 9822), also einer an sich fairen ritterlichen Auseinandersetzung (vgl. Eming 1996, S. 95). Er ahnt jedoch nicht, dass sein Begehren ihn nicht nur nicht zum Ziel führen wird und seine Avancen bei Liamere ungehört verhallen werden (v. 10028–10030), sondern dass sie die Witwe in den Liebestod treiben und eine regelrechte Katastrophe auslösen werden. „Lions Liebe beruht auf reiner Triebhaftigkeit." (Gottzmann 1979, S. 122). Viel zu spät wird er sich seines unregulierten Triebes bewusst: *owê dir, ungetriuwen bant, / wie mich dîn gir verleitet hât!* (v. 10043 f.). Kaum ist der Fürst zur Einsicht gelangt, sagt ihm auch schon König Gwigalois mit *sîner kraft* (v. 10067) die Fehde an.

Des Herzogs Reaktion auf die Fehdeansage ist nun – gemessen an dem aus der Botenrede vorhandenen Vorwissen – durchaus überraschend. Zum einen offenbart sich in ihr ein ebenso furchtloser wie reflektierter Kämpfer: „Lion betont die Entschlossenheit, mit der er sein Land verteidigen würde, und der spätere Kampf um Namur zeichnet ihn als heldenhaften Gegner. Auch ein fehlendes Unrechtsbewußtsein scheidet als Ursache aus." (Eming 1996, S. 95). Zum andern gewährt Lion dem Publikum Einblick in politische Winkelzüge, wie sie im Fiktionsraum Artusroman zunächst befremden: „In Lions Sicht wird Gwigalois das Vergehen nicht einfach nur rächen, sondern als Vorwand für einen Beutezug großen Ausmaßes nutzen. Dadurch entsteht ein Mißverhältnis zwischen Schuld und Rache, zwischen der Ordnungsfunktion des Herrschers und einer skrupellosen Machtpolitik" (Eming 1996, S. 96). Wirnt gibt seinem Publikum – durch Lions Mund – in der Tat Argumente an die Hand, den „landesherrliche[n] Anspruch der Friedewahrung und Rechtserhaltung", unter dem Gwigalois den Namur-Feldzug antreten muss, „als Alibi für herrschaftliche Expansion“ zu entlarven (Kaiser 1975, S. 435). Dies wäre indes eine erstaunliche Wendung, in deren Verlauf der strahlende Musterritter just im ersten Moment seines herrscherlichen Waltens in den Strudel der Wirnts Figuren offenbar durchweg eignenden Mehrdimensionalität geriete. Es bleibt dies freilich Lions Sicht. Gwigalois wird ihn durch maßvollen Umgang mit den im Kampf Unterlegenen widerlegen.

Herzog Lion ist „nicht Zwerg, nicht Drache, nicht Fürst der Finsternis, sondern im Gegenteil ein höchst menschlicher Unruhestifter, ein Großer, der den Frieden des Reiches stört.“ (Wüstemann 2006, S. 151). Der Erzähler nennt ihn einen *ungetriuwen man* (v. 9927). Im Hinblick auf die hohe Wertschätzung der *triuwe* im ‚Wigalois‘ überrascht es daher nicht, wenn Gwigalois ausgerechnet den Grafen Moral mit dem herrenlosen Herzogtum Namur belehnt (v. 11177–11180): einen Mann, dessen *stæte* und *triuwe* der Erzähler zu betonen nicht müde wird und den insbesondere seine Wertschätzung der Ehe auszeichnet (v. 11182–11184; vgl. oben S. 178). Der Graf ist also in punkto *triuwe* ein getreuer Positivabdruck des libidinösen Herzogs, der für sein Begehren töten und selbst mit dem Leben bezahlen muss. Wiederum charakterisiert eine Herrschaft ihr Makel, aus persönlichen Beweggründen angemaßte Macht allein durch Gewalt gegenüber Schwächeren zu erringen und behaupten zu wollen.

📖 Kaiser 1975; Gottzmann 1979; Eming 1996; Fuchs 1997, S. 192–203; Wennerhold 2005, S. 108–110; Wüstemann 2006, S. 151–157.

8.7. Gwigalois

Gwigalois’ Lösung der Namur-Krise entspricht durchaus dem Zeitüblichen. Dass Wirnt von Grafenberg bereits andere Vorstellungen von der persönlichen Haftung eines fürstlichen Übeltäters hatte, als ihm der Plot zu erzählen ermöglichte, wird man nicht unterstellen dürfen. Es geht ja doch weniger um eine „Minneverfehlung“ (vgl. Gottzmann 1979, S. 121 f.) als um einen Königsmord (vgl. Fuchs 1997, S. 194). Jedenfalls bemüht sich Wirnt, den der Summe nach beträchtlichen Reparationszahlungen die Schärfe zu nehmen; ja man meint, es handele sich bei der Auslieferung der *habe* beinahe um ein freiwilliges Geben der von allem Zwang befreiten Städter (vgl. v. 11188 f.). Mit dem *getriuwen* Moral ist Namur langfristig aufs Beste versorgt, und Gwigalois weiß dort einen verlässlichen Lehensmann.

Über Gwigalois' im Grunde respektvollen Umgang mit den Städtern ist kontrovers gehandelt worden. In der generellen Anerkennung der historisch-politischen Gegebenheit durch einen Protagonisten einer fiktiven Artusgesellschaft, als deren bevorzugtes Thema die Balance von adligem Individuum und höfischer Gesellschaft galt, schienen sehr weitreichende Konsequenzen für das Konzept des Artusromans enthalten (vgl. Kaiser 1975; Fuchs 1997, S. 227–229). Der vermeintlichen Hinwendung zu den Gegebenheiten eines institutionellen Territorialstaates, wie er sich seit dem 12. Jahrhundert herausbildete, schien das Ethos der literarischen Figur Gwigalois zu korrespondieren, die alle Probleme arthurischer Existenz entweder nicht kennt oder konsequent ignoriert. Wirnt erzählt so, als regiere König Gwigalois von einer konkreten Capitale aus ein konkretes Staatengebilde des frühen 13. Jahrhunderts, in dem es Städte, Grafschaften, Herzogtümer, sogar assoziierte Königreiche gebe. Damit tritt Gwigalois' *lant* als „komplexe, weiträumige Herrschaftsstruktur, der Grafen und Dienstmänner ebenso wie Bürger zugehören", in einen markierten Gegensatz zur „Vergesellschaftungsform der herrschaftlichen *familia*, bestehend aus untereinander gleichen Individuen, deren Beziehung auch zum Herrn von einer eigentümlichen Herrschaftsfreiheit und Freiwilligkeit ist" (Kaiser 1975, S. 433). In einem solchen Rahmen ist die vordem normgebende Artusgesellschaft eigentlich obsolet geworden. Sie „muss, um überhaupt eine sinnvolle Funktion zu haben, in die Landesherrschaft integriert werden." (Kaiser 1975, S. 435).

Inwiefern Wirnts soziale De-Stratifizierung und gesamtgesellschaftliche Hinordnung auf den Landesherren als Fluchtpunkt aller sozialer Gruppen sich an kurrenten Vorgängen seiner Zeit orientierte, klärt die Frage nach dem fiktionalen Status des Erzählten und damit den intendierten Modus seiner Rezeption noch nicht. Wirnt hatte aktive Rezipienten gefordert, als er im Prolog sein *den volge wir!* ausrief. Sollte er darauf eine „Verabschiedung jeglicher gesellschaftlich-sozial oder individuell determinierter Darstellung" und die „Konstruktion eines hybriden Helden in einer hybriden Erzählung" (Fuchs 1997, S. 231) forciert haben?

Zumindest wird man, mit Grubmüller, die neue Gewichtung der metaphysischen Rückbindung von Herrschaft konzedieren und in Gwigalois den „Typus des christlichen Herrschers“, eines „Heilsbringers und Friedensfürsten“ (Grubmüller 1985, S. 238), zu erkennen haben.

Mit Gott, doch nicht wegen Gott: Der christliche Herrscher Gwigalois vermag es, den Dekalog ebenso verbindlich in seinem Handeln zu berücksichtigen, wie ihm die Gebote arthurischer Ritterlichkeit und landesherrschaftlicher Realpolitik zur Verfügung stehen. Stephan Fuchs hat in diesem Zusammenhang von einem neuen Heldenbild gesprochen, das sich nicht in der Konfrontation mit paradigmatischen Instanzen erst konstituiere, sondern stets und überall bereits „totale Integriertheit in alle möglichen Lebens- und Gesellschaftsformen, die beliebig und gleichrangig nebeneinander stehen“, aufweise. „Die völlige Integration Gwigalois’ ist [...] zugleich völlige Beherrschung der jeweiligen Gesellschaft, deren Paradigmen er immer schon erfüllt.“ (Fuchs 1997, S. 233). Fuchs sieht darin ein Rezeptionshindernis für alle, denen solche mehr behauptete als sukzessive erworbene Identität die Identifikation mit dem Helden erschwere. „Wie kann hier ein Identifikationsprozess in Gang kommen?“ (Fuchs 1997, S. 233).

Es hat den Anschein, als sei das Muster der identifikatorischen Lektüre im Sinne des Nachvollzugs eines Doppelweges tatsächlich an seine Grenzen gestoßen und fordere Wirnt mit der „Nachfolge Gwigaloisi“ eher die Affirmation einer bestimmten Form herrscherlicher Praxis, deren größte Herausforderung weniger die Individuation als die Integration des scheinbar Disparaten darstellt. Eine solche Absicht könnte jedenfalls erklären, warum das problemlose Profil des Protagonisten auf eine apriorische Integration in soziale Parallelwelten hin entworfen wurde. Nur der integre Integrierte vermag zu integrieren. Ob er den Riesen oder den Ritter Hojir der Artusgesellschaft zuführt, ob er Graf Moral oder die Städter von Namur an sich bindet, ob er das Roaz-Gefolge hinter sich bringt und dabei der rechten Glaubensgemeinschaft integriert oder ob er schließlich, nach einem Krönungsfest von internationaler Spannweite, das seinem Reich nun alte Artusritter und neue Territorien zuführt, die eigene Familienakte zufrieden schließen kann: In Gwigalois’ ritterlich-politischem Handeln manifestiert sich der Anspruch auf das Gestalten einer als vergleichsweise komplex vorgestellten Textwelt. Die Universalität dieser Textwelt, der

Einbruch orientalischer Königreiche auf der großen Schlussfeier wie der Missionsauftrag, sollten uns vor allem Abgleichen solcher Herrschaft mit Gegebenheiten des 12., 13. oder sonst eines Jahrhunderts warnen, und dies wohl nicht nur deshalb, weil die eifrige Rezeption des Romans dessen Virulenz bis wenigstens um 1500, grundsätzlich aber bis in die Moderne hinein bestätigte.

📖 Kaiser 1975; Mertens 1981; Fuchs 1997.

9. Wirnts Wirkungen

Überlieferung und Rezeption des ‚Wigalois' erstreckten sich über Jahrhunderte. Streng genommen ist dieser Vorgang weder abgeschlossen noch überhaupt abschließbar. Nicht nur ein Romancier wie Albert Vigoleis Thelen (1903–1989), der sich nach absolviertem Studium u. a. der Germanistik dezidiert nach dem Helden des wirntschen Roman nannte und im Erstlingsroman ‚Die Insel des zweiten Gesichts' (1953) den Protagonisten Vigoleis sich als einen Pikaro durch List und Anpassung behaupten lässt, setzt die produktive Rezeption des ‚Wigalois' bis in die Gegenwart fort. Auch die noch gar nicht so lang zurückliegende akademische Wiederentdeckung des Romans ist Teil dieses Prozesses. Was das folgende Kapitel leisten kann, ist allein eine Auswahl der mittelalterlichen Rezeptionszeugnisse, wobei vor allem die Bildzeugnisse (Handschriften, Wandmalereien) und die Retextualisierungen von Dietrich von Hopfgarten (vor 1455) bis zum dänischen ‚Her Viegoleis med guld hiulet' (1656) im Blickpunkt stehen werden.

9.1. Die Bildzeugnisse

Wahrscheinlich nimmt Wirnts ‚Wigalois' auch unter dem Aspekt seiner Illustrierung unter den Romanen des Hochmittelalters nicht nur einen außerordentlichen Rang, sondern einen Spitzenplatz ein. Ganz sicher ist das aber nicht zu sagen. Die philologischen Rekonstruktionsversuche Antonia Gräbers legen die Existenz zahlreicher weiterer Zeugnisse über die erhaltenen hinaus nahe. Wesentlich anfälliger noch für überlieferungsgeschichtliche Spekulation ist unsere schmale Basis im Bereich der Wandmalerei. Einstweilen gehen wir daher von zwei illustrierten ‚Wigalois'-Handschriften und einem (schwer beschädigten) Bilderzyklus auf Burg Runkelstein aus. Die Handschriften datieren 1372 und „um 1425/1430". Ziemlich genau dazwischen, auf 1400, wird der Runkelsteiner Zyklus angesetzt.

9.1.1. Die Bilderhandschriften

Auf die Kontroversen zwischen Germanisten und Kunsthistorikern um das angemessene Verfahren, Text und Bild in ein und derselben Handschrift nicht hierarchisierend, sondern als koexistierende Größen nebeneinander zu verstehen, kann an dieser Stelle nicht eingegangen werden. Die Diskussion ist nur dann sinnvoll, wenn die Befunde sie uns aufnötigen. Auch das Problem, das sich etwa beim Tristan-Stoff und seinen Bildzeugnissen aus einer breiten Traditionsgeschichte ergibt, dürfen wir beiseite schieben in dem Wissen, dass der Roman Wirnts von Grafenberg den Wigalois-Stoff im Deutschen konkurrenzlos verbreitete.

A. Die heute in Leiden aufbewahrte Pergamenthandschrift (B) hat uns bereits mehrfach beschäftigt (vgl. oben S. 36). Ihr Schreiber, Jan van Brunswick, hatte sie im Auftrag Albrechts II. von Braunschweig-Grubenhagen 1372 im niedersächsischen Zisterzienserkloster Amelungsborn abgeschlossen. Dass der Schreiber zugleich der Verfertiger der 47 Illustrationen gewesen sei, wie verschiedentlich behauptet wurde (vgl. Henderson 1986b), darf man wohl ausschließen. Allerdings ist damit zu rechnen, dass auch der Bilderzyklus in einem Kloster hergestellt wurde. Vielleicht wurde die Handschrift nicht in Amelungsborn, sondern in einem Nonnenkloster oder Damenstift ausgemalt, erinnern die Bilder doch teils ihrer „unusual colors", teils der Wahl der Formen und der Ausarbeitung der Details wegen an „textile work" (Henderson 1986b, S. 66); an Wandteppiche also, wie sie in den Heideklöstern, insbesondere bei den Zisterzienserinnen in Wienhausen, vielfach angefertigt wurden (vgl. Ricklefs 1963). So entsteht der Eindruck einer „sehr liebenswürdigen, märchenhaften Erzählart, abseits der großen Stilentwicklung." (Kunst und Kultur, S. 543).

Der Illustrator eröffnet mit einem Symbol: dem runden Tisch des König Artus. Er streift die Gawein-Vorgeschichte kurz (2 Bilder), verwendet 12 Bilder auf die erste Aventiurereihe, 2 auf den Roimunt-Aufenthalt und 25 auf die zweite Aventiurereihe bis zum Tod des Roaz (Nr. 42). In 5 abschließenden Bildern wird das Glück des Paares fokussiert; die Namur-Episode bleibt unillustriert. In seiner strikten Orientierung der Bilderfolge am Gang der Handlung ist der Leidener ‚Wigalois' eine zumindest ungewöhnliche Erscheinung. „Hardly an episode or turning point remains undocumented.“ (Henderson 1986b, S. 68). „Im Ganzen folgen die Bilder bis ins Detail, bis in die Farben dem Text des Epos.“ (Kunst und Kultur, S. 543). Eine solche Bebilderung, die auch vor den Monstren des zweiten Aventiureweges nicht Halt macht, verweist vielleicht auf ein abweichendes, sich weder mit den „Highlights“ der Erzählung noch mit der Akzentuierung höfischer Details begnügendes, an anderen Sujets geschultes Rezeptionsverhalten des Illustrators. Gelegentlich drängt der christliche Hintergrund in der Wahl der ikonographischen Schablone deutlicher hervor: „Die Heidenkönigin Japhite mit ihren Mägden (fol. 79) erinnert an Maria als Thron Salomonis, begleitet von Personifikationen der Tugenden.“ (Kunst und Kultur, S. 543). Der Eindruck, Gwigalois werde eher in seiner Rolle als Bezwinger des Bösen denn als arthurischer Musterritter vorgestellt, dürfte in die richtige Richtung weisen. So hätten die Konzepteure des Bilderzyklus als geistliche Interpreten des Romans dessen genuine Ambiguität ausgenutzt und gleichsam ein „arthurisches Andachtsbuch“ (Schiewer 1991) geschaffen. Eine gründlichere Untersuchung der Einzelszenen auf eine Verwendung christlicher Bildformeln hin wäre trotzdem wünschenswert.

B. Die ehemals in der Fürstlich Fürstenbergischen Bibliothek in Donaueschingen befindliche, seit ihrem Verkauf 1990 in Privatbesitz unzugängliche ‚Wigalois‘-Handschrift (k) bietet auf 220 Blättern im – für den ‚Wigalois‘ ungewöhnlichen – Folio-Format (27,6 × 20,5 cm; vgl. oben S. 37 f.) insgesamt 31 Bilder (Verzeichnis bei Saurma-Jeltsch 2001, Bd. 2, S. 27 f.), die in der Regel drei Viertel der Seite ausfüllen. Sie nimmt, was die Produktions- und Rezeptionsvorgänge anbelangt, einen gänzlich anderen Status als B ein, insofern sie von der Forschung zumeist nicht als Einzelstück, sondern als Produkt einer auf serielle Fertigung illustrierter Handschriften ausgerichteten elsässischen Manufaktur verhandelt wurde. Das hatte eine Verengung der Perspektive zur Folge, gleichwohl aber auch Vorzüge. Zwar kennen wir den Schreiber nicht, doch können wir ihn lokalisieren; zwar kennen wir den Zeichner nicht, doch sind uns weitere Produkte seiner Feder bekannt; und kennen wir auch den genauen Entstehungszeitpunkt nicht, so lässt er sich doch anhand zahlreicher Indizien recht genau umreißen. Der Schreiber war ganz gewiss eine Kraft aus der Region, da er in seiner Schlussschrift die lateinische sc-Verbindung in *scribebat* ganz selbstverständlich mit sch (*schribebat*) realisierte. Vom selben

Zeichner scheint noch wenigstens eine weitere Handschrift zu stammen, die Dresdener Historienbibel, mit der sie „in den Formeln und bis in die Details der Strichführung“ übereinstimmt (Saurma-Jeltsch 2001, S. 52). Dem Zeichner wurde die Arbeit wesentlich erleichtert durch einen Titulus-Schreiber, der den Inhalt der Bilder ausführlich zusammenfasste und dabei „besonderes Gewicht auf Situationsangaben“ legte (Saurma-Jeltsch 2001, S. 53). Aufgrund dieser Merkmale lässt sich der Codex dem Umfeld der sog. ‚Werkstatt von 1418‘ zuweisen, einem wohl in Straßburg angesiedelten Unternehmen, das in den zwanziger Jahren teilweise im Hagenauer Unternehmen Diebold Laubers aufging. Lauber bemühte sich um qualitätvolle Textvorlagen für seine Bilderhandschriften (vgl. Fasbender 2002), und textliche Qualität hat man auch der ‚Wigalois‘-Handschrift k attestieren können. Für den Herausgeber Kapteyn stand sie B nahe und zeugte, gemeinsam mit jener, vom Fortleben einer alten „mitteldeutschen bearbeitung“ (Kapteyn, S. 62*; vgl. Fasbender 2009, S. 90 f., 98).

Die Bebilderung hebt an mit der Übergabe des Wundergürtels durch König Joram (p. 10) und gipfelt in der Krönung Gwigalois’ durch Larie (p. 337). Die Namur-Episode bleibt unillustriert, als habe auch der Konzepteur Lions Ruf *hie enist niht âventiure!* vernommen. Denn *âventiure* schien dem unbekannten Auftraggeber zwar ebenso wichtig zu sein wie Minne, wichtiger aber jedenfalls als die Mächte des Bösen, die der Zeichner nicht in dem Ausmaß realisierte, in dem sie die textverstehende Forschung erwartet hätte (vgl. Henderson 1986b, S. 65). Die für die Lauber-Werkstatt kennzeichnenden, das höfische Zeremoniell zur vollen Entfaltung bringenden Bildtypen „Empfang“ (etwa p. 44; p. 61), „Gespräch“ und „Abschied“ (etwa p. 53; p. 74; p. 175a; p. 240) spielen nicht die Rolle, die man aus anderen Erzeugnissen der Werkstatt kennt. Der Donaueschinger ‚Wigalois‘ wäre demnach „strictly as an Arthurian love and adventure story“ aufgefasst worden (Henderson 1986b, S. 65).

C. Durch die Untersuchungen von Antonia Gräber wissen wir von wenigstens zwei weiteren Handschriften, für die eine Bebilderung vorgesehen war, die aber nicht zur Ausführung kam. Sie erweitern den bereits bekannten Zeitraum, innerhalb dessen der ‚Wigalois‘ nachweislich illustriert wurde, auf nahezu einhundertfünfzig Jahre. Das Wetzlarer Fragment (f), das Text aus dem Bereich v. 6707–6851 und 7158–7284 überliefert, datiert noch in die erste Hälfte des 14. Jahrhunderts. Für die Passage zwischen Gwigalois' Kampf mit Karrioz und dem Eintritt in die Festung Glois waren ursprünglich 5 Bilder (Deckfarbenminiaturen?) vorgesehen (2 davon sicher erschließbar). Die Londoner Kurzfassung (Z), die der bairische Schreiber *E. Towler* (Eberhard Tobler?) 1468 fertigstellte, bietet sogar Raum für insgesamt 52 Spaltenillustrationen und eine ganzseitige Darstellung wohl der Schlacht von Namur. Bis zuletzt, so möchte man sagen, verlor der auch seitens der Textwissenschaftler umstrittene Lion-Feldzug nicht seine Sonderstellung. Der von Gräber durchgeführte Vergleich der Rubriken bzw. Bildüberschriften lässt erkennen, dass noch weitere Anleger von ,Wigalois'-Handschriften – etwa der um 1500 anzusetzenden Handschrift S – auf bebilderte Vorlagen zurückgriffen.

🕮 Victor Curt Habicht: Zu den Miniaturen der Leidener Wigalois-Handschrift, in: Der Cicerone XIV (1922), S. 471–475; Jürgen Ricklefs: Der Tristanroman der niedersächsischen und mitteldeutschen Tristanteppiche, in: Niederdeutsches Jahrbuch 86 (1963), S. 33–48; Kunst und Kultur im Weserraum 800–1600, Münster 1966, S. 541–543 (Abb. 225); Henderson 1986b; Henderson 1991, S. 125 f.; Schiewer 1991; Gräber 2001; Lieselotte E. Saurma-Jeltsch: Spätformen mittelalterlicher Buchherstellung. Bilderhandschriften aus der Werkstatt Diebold Laubers in Hagenau, 2 Bde. Wiesbaden 2001, Bd. 1, S. 52 f.; Bd. 2, S. 27 f.; Ch. Fasbender: *húbsch gemolt* – schlecht geschrieben? Kleine Apologie der Lauber-Handschriften, in: ZfdA 131 (2002), S. 66–78; Becker 2007.

9.1.2. Die Wandmalereien auf Schloss Runkelstein

Um 1385 erwarb Nikolaus Vintler, Spross eines einflussreichen Stadt-Adelsgeschlecht aus Bozen in Tirol und Onkel des Dichters Hans Vintler (gest. 1419), die Burg Runkelstein am Eingang des Sarntals. In den folgenden Jahrzehnten ließ er, wohl von dem Bozner Künstler Hans Stockinger, Sommerhaus, Westpalas und Kapelle mit prächtigen Wandmalereien ausstatten. Sie illustrieren neben allgemein weltlichen Sujets (Tanz, Jagd- und Badeszenen) auch höfische Erzählstoffe wie den ,Garel' des Pleier und Gottfrieds ,Tristan'. Im westlichen Teil der Bogenhalle im Erdgeschoss des Sommerhauses wurde um 1400 als „Terraverde-Malerei mit nahezu schwarzer Zeichnung und weißen Lichtern" (Gräber 2000, S. 156) ein ,Wigalois'-Zyklus aufgetragen, von dem sich 13 Bilder erhalten haben (Gräber 2000, S. 157 rechnet mit ursprünglich „an die vierzig" Bildern). Zu Zeiten Kaiser Maximilians wurde manches in der Burg noch ergänzt, manches Vorhandene auch dem Zeitstil angepasst. Der Verfall der Anlage in der Neuzeit gipfelte im Absturz der Nordwand des Sommerhauses 1868. Die vorsichtig ergänzten Zeichnungen, die Ernst Karl von Waldstein 1887 und 1892 publizieren konnte, beruhten nur noch auf schemenhaften, Graffitis nicht unähnlichen Umrisslinien (Abb. bei Gräber 2000).

Der Runkelsteiner Zyklus eröffnet, wie Handschrift k, mit der Übergabe des Gürtels durch König Joram (Nr. 1). Es folgt Gaweins Niederlage (Nr. 2) und Empfang auf der Burg (Nr. 3), der Einfachheit halber wohl – gegen den Text – direkt durch Florie. Eine Lücke von 4 nicht mehr rekonstruierbaren Bildern muss den weiteren Verlauf bis zum Schaffilun-Zweikampf vor dessen mit Lanzen umstelltem Zelt (Nr. 8) komprimiert geboten haben (z. B. Tugendstein [B, k], Nerejas Ankunft [B, k], Riesenkampf [B, k], Hojir [B, k]). Relativ breiten Raum nimmt Roimunt ein (Nr. 10–13), bevor es an den stark beschädigten Drachenkampf geht (Nr. 14/15–17). Für die folgenden Bilder 19–22, die sich unter Nr. 4–7 befanden, existieren nur noch von Waldsteins Beschreibungen: Ruel (Nr. 19), Karrioz (Nr. 20) und Schwertrad (Nr. 21), schließlich Marrien (Nr. 22). „Der Runkelsteiner Wigalois-Zyklus hat den Text also vermutlich recht dicht und regelmäßig illustriert“ (Gräber 2000, S. 169). Die gleichwohl bei den Rezipienten vorauszusetzende Textkenntnis dürfte um 1400 in Tirol als der Region mit der frühesten und dichtesten ‚Wigalois‘-Überlieferung (siehe oben S. 34 f.) unproblematisch anzusetzen sein.

🕮 Waldstein 1892; Dietrich Huschenbett: Beschreibung der Bilder des ‚Wigalois‘-Zyklus, in: Walter Haug u. a. (Hg.), Runkelstein. Die Wandmalereien des Sommerhauses, Wiesbaden 1982, S. 170–177; Gräber 2000.

9.2. Die Retextualisierungen

9.2.1. Der ‚Wigelis‘ Dietrichs von Hopfgarten

Die älteste Retextualisierung des ‚Wigalois‘, die wir kennen, ist der in einer Erfurter Handschrift von 1455 fragmentarisch überlieferte ‚Wigelis‘ Dietrichs von Hopfgarten (erhalten ca. 250 Verse), eines Ritters aus dem thüringischen Geschlecht der Herren von Hopfgarten bei

Weimar. Als Verfasser in Betracht kommen Großvater (Schlotheim) und Enkel Dietrich (Mülverstedt), deren Lebens- und Wirkungszeit sich überschnitten und die sich ausweislich zahlreicher Urkunden beide im Umfeld der Landgrafen von Thüringen aufhielten.

Dietrich, der sich am Schluss selbst nennt, erklärt, er habe das Gedicht eines *wol gelarten* bearbeitet, worin sich vielleicht die von Konrad von Würzburg begründete Tradition einer Stilisierung Wirnts zum Buch-Gelehrten spiegelt (dazu unten 9.3.). Er selbst, Dietrich, habe es *czu den leden bracht*, also strophisch gegliedert (Str. 20, 9). Die Gliederung erfolgte nach dem ‚Bernerton', einer 13-zeiligen Strophenform, die erstmals in den ‚Carmina Burana' (Hs. um 1225/1230) belegt ist und die vor allem für die Dichtungen um Dietrich von Bern (u. a. ‚Eckenlied', ‚Virginal', ‚Wunderer') in Gebrauch war. Damit ist der ‚Wigelis' zugleich die älteste strophische Bearbeitung eines höfischen Romans. Der analoge Fall des ‚Willehalm von Orlens' datiert bereits 1522. Vermutlich wurde das Gedicht, dessen Umfang sich vorsichtig auf zwischen 300 und 450 Strophen berechnen lässt (Fasbender 2009, S. 142), zu entsprechenden Anlässen rezitiert.

Das Erfurter Fragment (20 Strophen), das erst 2006 aufgefunden wurde, bietet Text aus den ‚Wigalois'-Abschnitten v. 6843–7024 und v. 8517–9520. Es endet ohne die Namur-Episode mit den Festakten in Korntin. Ein genauer Textvergleich lässt in den beiden Abschnitten unterschiedliche Bearbeitungsformen erkennen (Fasbender 2009, S. 111 ff.). Sind die Überwindung des Schwertrades und der Kampf mit dem Zentauren in Grundzügen (und zum Teil wörtlich) der Vorlage verhaftet, schaltet Dietrich mit dem Finale wesentlich freizügiger. Große Textmengen entfallen, der Liebesbrief an Larie ist seines rhetorischen Ornats entkleidet (Str. 16, 7–13), und die Zeremonien während des Festes sind so weit reduziert, dass man nicht mehr erkennen kann, ob überhaupt Hochzeit und Inthronisierung stattfinden. Dafür legt Dietrich großen Wert auf den von Wigelis arrangierten Gottesdienst (Str. 18, 7 ff.), der weitgehend der Taufe Adans und der Bekehrung der Jungfrauen von Glois gewidmet ist. Man wird in dieser Tendenz eine Akzentuierung der bereits von Wirnt betriebenen Inszenierung des Helden als christlichen Herrschers über ein Universalreich erkennen dürfen. Der jüngere Dietrich von Hopfgarten, der sich in den Kreuzzügen gegen die Hussiten auszeichnete (1438) und später mit seinem Landesherren ins Heilige Land pilgerte, hätte – ebenso wie sein landgräfliches Umfeld – Interesse an einer solchen Darstellung von Herrschaft haben können.

Gräber 2006; Fasbender 2008, S. 22 f.; Fasbender 2009.

9.2.2. Die Augsburger Prosafassung

Im ausgehenden 15. Jahrhundert wurde Wirnts Versroman auf Bitten von *etlich edel und auch ander personen, mann und frawen*, von einem Unbekannten, der als *jch vngenantt* auch unbekannt bleiben wollte, in Prosa übertragen. Mit der Übertragung, die ihre Vorlage auf etwa ein Drittel kürzt, war vermutlich von Anfang an die Absicht einer Drucklegung verbunden. Ausweislich der Vorrede war die Prosaisierung bereits 1483 abgeschlossen, sie blieb jedoch bis 1493 liegen. In diesem Jahr ließ der Augsburger Drucker Johann Schönsperger der Ältere den ersten für uns fassbaren Druck veranstalten. Bereits vorher scheint Ulrich Füetrer sich Zugang zur Prosafassung verschafft zu haben (vgl. 9.2.3.).

Mit der Drucklegung partizipierte der ‚Wigalois' am ungebrochenen Interesse, das man Stoffen des höfischen Romans wie Eilharts ‚Tristrant und Isalde' (gedr. Augsburg 1484) oder Johanns von Würzburg ‚Wilhelm von Österreich' (gedr. Augsburg 1481) entgegenbrachte. Dass der Bearbeiter die Prosafassung nicht mit den Topoi von der Wahrheit der Prosa bzw. Lügenhaftigkeit des Verses rechtfertigte, mag Zufall sein. Seine Bearbeitungsstrategie lässt erkennen, dass er ein Freund der „Wahrheit" war.

Zu dieser „Wahrheit" gehört eine Straffung der Handlung, eine Streichung von Beschreibung und Reflexion, ein Zurückdrängen des Erzählers und nicht zuletzt ein veränderter Umgang mit der für das Heldenbild Wirnts bedeutsamen Metaphysik. Aus der Genealogie des Helden wird alles Supranaturale getilgt. Feenhafte Abkunft der Mutter und messianisches Sendungsbewusstsein des Sohnes treten in den Hintergrund. Auf der anderen Seite verstärkt sich ein relativ schematischer Gegensatz zwischen Christenglaube und Heidentum, als dessen Hauptwaffe sich die Schwarzkunst entpuppt. Wigoleis, der frommer noch zum Himmel schaut als bei Wirnt, säubert eine vom Zauber überzogene Erzählwelt.

Grundsätzlich dürfte die Forschung die Augsburger Prosafassung allerdings zu rasch vor dem Hintergrund eines fest im Boden höfischer Ideologie verorteten ,Wigalois' abgehandelt haben. Von einer „spezifisch höfischen Gesellschaftsthematik" (Weinmayer 1982, S. 157) kann ja angesichts des weiten religionspolitischen Ausgriffs, der den ,Wigalois' geradezu neben „Staatsromane" (H. Kuhn) wie den ,Alexander' und ,Apollonius von Tyrland' stellt, schon bei Wirnt nur noch bedingt die Rede sein. Auch Wirnts Verständnis der Minne-Thematik ist bereits weniger Hartmanns Problemdenken verpflichtet als dem im 15. Jahrhundert sich endgültig durchsetzenden Modell einer „unwandelbar treue[n] Liebesbindung als Grundlage für eine spätere glückliche Fürstenehe" verwandt (von Ertzdorff 1989, S. 77 f.).

Nicht „eigentümlich isoliert" (Weinmayer 1982, S. 157) steht der ,Wigoleis vom Rade' mit einem antiquierten Stoff in der literarischen Landschaft des ausgehenden 15. Jahrhunderts. Vielmehr scheint der Bearbeiter ein sicheres Gespür für die in den Buchmarkt seiner Gegenwart ausziehbaren Linien des höfischen Romans besessen zu haben. Seine in Vor- und Nachrede platzierten Beteuerungen, er habe zwölf Jahre nach Abschluss der Arbeit vergeblich gehofft, das Interesse seiner Auftraggeber sei inzwischen erloschen, spielen, indem sie sie bestreiten, mit der Aktualität der Übertragung. Sie wurden als Trick vom Straßburger Drucker des ,Ulenspiegel' (1519) dankbar aufgegriffen (vgl. Flood 1976, S. 155 f.).

📖 Brandstetter 1971; Melzer 1972; Weinmayer 1982, S. 157–165; von Ertzdorff 1989, S. 77 f.; Borgnet 1994; Eming 1999, S. 238–279; Hans-Joachim Ziegeler: ,Wigoleis vom Rade', in: [2]VL 10 (1999), Sp. 1067–1070.

9.2.3. Der ,Wigoleis' Ulrich Füetrers

Im Zuge eines ambitionierten Großprojekts, des ,Buches der Abenteuer' (1473–1478 und 1478–1483), das der in München ansässige Landshuter Maler und Dichter Ulrich Füetrer für Herzog Albrecht IV. (1463–1508) als eine Summe des höfischen Romans des 13. Jahrhunderts anlegte, bearbeitete er auch den Wigalois-Stoff. Der ,Wigoleis' eröffnet den zweiten Teil, *das annder puoch*, das in insgesamt 2641 Titurelstrophen sieben voneinander unabhängige Erzählungen bietet. Ein zweites Mal also wurde der ,Wigalois' in Strophen gebracht, hier nun freilich nicht in der Konsequenz eines besonderen Textverstehens, sondern aus Systemzwang – hatte Füetrer zuvor doch auch schon ‚Parzival‘, ‚Crône‘ und ‚Lohengrin‘ strophiziert und ließ er im *annder puoch* den ‚Seifrid von Ardemont‘, Pleiers ‚Meleranz‘, Hartmanns ‚Iwein‘ (‚Iban‘), ‚Persibein‘, ‚Poytislier‘ und ‚Flordimar‘ folgen. Im Hintergrund des vorlagenintensiven Vorhabens dürfte die beispiellose Büchersammlung des herzoglichen Rats und Landrichters Jakob Püterich von Reichertshausen (gest. 1469), der den jungen Füetrer gefördert zu haben scheint, gestanden haben. Püterich rühmte sich in seinem ‚Ehrenbrief‘, den ‚Wigalois‘ zu kennen.

Es ist bis heute nicht entschieden, ob Füetrer Wirnts Roman oder bereits die Prosaübersetzung (1483), die erst wesentlich später im Augsburger Druck (1493) erschien, nutzte. Das ist nicht nur ein Problem der Chronologie, sondern auch eines der Bearbeitungstechnik. Füetrer hat einen jedenfalls umfangreicheren Text auf 317 Strophen (à 7 Verse) zusammengekürzt. Da er sich gleichwohl um eine gewisse Vollständigkeit der Handlung bemühte, schnurrte die Einzelepisode mitunter dramatisch zusammen: Lion-Feldzug und Finale etwa sind in rund 140 Versen abgehandelt (Wirnt: rund 2000 Verse).

Füetrers Leistung liegt, aufs Ganze gesehen, in einer gewaltigen Homogenisierung äußerst disparaten Materials. Er kannte die einzelnen Stoffe sehr genau und bediente sich, um sie zu harmonisieren, verschiedener Vernetzungstechniken auf Motiv- und Episodenebene. Im Buch I eröffnete Füetrer etwa mit Albrechts ‚Jüngerem Titurel‘ einen Rahmen, in den er ‚Parzival‘, ‚Crône‘ und ‚Lohengrin‘ als fortlaufende Erzählungen spannte.

📖 Kurt Nyholm: Fuetrer, Ulrich, in: ^{2}VL 2 (1980), Sp. 999–1007; Bastert 1993; Borgnet 1994c.

9.2.4. Der jiddische ‚Ritter Widuwilt‘

In drei Handschriften des 16. Jahrhunderts und einer sich von 1671 bis 1781 ungebrochen fortsetzenden Druck-Tradition ist eine altjiddische, wahrscheinlich noch im 15. Jahrhundert entstandene und später mehrfach umgearbeitete Reimpaar-Bearbeitung des ‚Wigalois‘ auf uns gekommen. Der Titel des traditionsreichen Werk-Komplexes schwankt in der Forschung zwischen ‚Artushof‘ und ‚(Ritter) Widuwilt'. In Analogie zu den anderen Bearbeitungen des Stoffes, die sich an der jeweiligen Lautung bzw. Schreibung des Protagonistennamens orientieren, hat sich ,Widuwilt' durchgesetzt. Dieser Name, insbesondere seine im Text umgesetzte Verleihung, vermittelt im Übrigen ein prägnantes Bild der Erzählhaltung. Denn als Gawein sich von seiner schwangeren Frau verabschiedet, fragt diese ihn, wie er denn seinen künftigen Sohn zu nennen gedenke. Der Vater zuckt nur mit den Schultern:

er sprach wol zu dem edlen bild:
du magst ihn heissen Wieduwilt (Str. 49)

Der Name des Helden ist mehr als ein aus einem Missverständnis resultierender Kalauer. Im „Wie-es-dir-gefällt" ist zugleich die providentielle Glückhaftigkeit des Protagonisten programmatisch gefasst. Der nur scheinbar aus mütterlicher Einfalt verliehene Name formuliert damit letzten Endes ein Programm, das schon Wirnt für seinen Gottesstreiter ins Auge gefasst hatte.

Der anonyme Bearbeiter folgt Wirnts Roman in den Grundzügen. Sehr schön zeigt sich seine Kombinations-Technik vor dem Schwertrad vor Glois. Die hier zusätzlich mit vergifteten Messern gespickte Häckselmaschine ist für Widuwilt auch ohne Gebet passierbar, da er sie bereits als von der fliehenden Riesin niedergetrampelt vorfindet (vgl. Jaeger 2000, S. 293–297). Mit dem Lion-Feldzug wusste auch er nichts mehr anzufangen.

Das große Interesse, das ein jüdisches Publikum den ritterlichen Erzählstoffen insgemein und dem ,Widuwilt' insbesondere zuteil werden ließ, wird für uns in Äußerungen zum Rezeptionsverhalten innerhalb der Überlieferung fassbar. Der Schreiber Josel von Witzenhausen empfahl in seiner Vorrede, *ihr möcht es leyen* [lesen] *oder singen wie ir wölt*; insbesondere Jugendliche behielten, *was sie so singendig leyen* [...] *gewiß*. In den Hamburger Handschriften des ,Widuwilt' wurden zahlreiche „spielmännische" Formeln mit der Bitte um Ruhe eingefügt, aus denen u.a. hervorgeht, dass der Rezitator aus einem vor ihm liegenden Buch (*in diesem Buch*) und im Sitzen (*von disem stul, von dem Stul*) vortrug. Ausgangs des 15. Jahrhunderts besaß der zum Christentum konvertierte Thomas Jud von Bruckberg (bei Landshut) die mit Pergamentvorsätzen aus der Mischna versehene ,Wigalois'-Handschrift W.

📖 Dreessen 1975; Cormeau 1978; Dreessen 1994; Wulf-Otto Dreessen: ‚Widuwilt', in: ²VL 10 (1999), Sp. 1006–1008; Jaeger 2000.

9.2.5. Der dänische ‚Her Viegoleis med guld hiulet' (1656)

Die Prosafassung erwies sich bis tief ins 16. Jahrhundert hinein als Erfolgstext. Auf der Frankfurter Buchmesse 1569 verkaufte Michael Harder immerhin 69 Exemplare (Prosa-‚Tristrant': 56; ‚Hürnen Seifried': 34; ‚Herzog Ernst': 17). Ein Jahr zuvor lässt sich in Kopenhagen das erste Exemplar eines ‚Wigoleis'-Druckes nachweisen, wohl der eben erst erschienenen Frankfurter Ausgabe des Weigand Han (1564). Auf der Grundlage des 1587 bei Johann und Sigmund Feyerabendt erschienenen Druckes fertigte allerdings erst 1656 ein dänischer Anonymus eine Prosaübersetzung, die zwischen 1700 und 1855 dreizehn Nachdrucke erlebte.

Die Vorlage ist insgesamt relativ deutlich greifbar. Dennoch treten Besonderheiten hervor, die über den bloßen Sprachtransfer hinausweisen. Wie im ‚Widuwilt' ist die Arthurisierung des Helden stark reduziert, ist er weder Tafelrunder noch Brite, so dass er „leichter als ein dänischer Held denkbar" wird (Dietl 2007, S. 290). Viegoleis' Gegner Roaz ist der Teufel, Lyon assistiert nur noch der globale Feind des Saeculums, die Türken. Wirnts Hochschätzung der Frauen ist, zumindest in Details, einer „tendenziell misogyne[n]" Darstellung gewichen – Hinweis auf einen geistlichen Redaktor (Dietl 2007, S. 292)? Dass Hoyer von Mansfeld nicht eliminiert wurde, könnte mit der Bekanntheit des Geschlechts in Dänemark zu tun haben, kämpfte doch Peter Ernst II. von Mansfeld (1580–1526) im Niedersächsisch-dänischen Krieg an der Seite des Dänenkönigs (vgl. Dietl 2007, S. 293).

Den Erfolg der Übertragung versuchte man nicht zuletzt damit zu erklären, dass der Roman deutliche „Parallelen" erkennen lasse zwischen Viegoleis und dem dänischen König Frederik III., der 1643 auf Schloss Glücksburg Sophie-Amalie von Braunschweig-Lüneburg geheiratet hatte. Stilisierte sich Frederik, auf dessen Initiative die Übersetzung zurückgehen könnte, in der Auseinandersetzung mit dem mächtigen Nachbarn Schweden (1655/57) als Glücksritter?

📖 Cora Dietl: *Her Viegoleis med guld hiulet*: Eine miserable dänische Übersetzung des deutschen *Wigoleis*? in: JBOWG 16 (2006/2007), S. 279–296.

9.3. Der Autor im Gespräch

Im dritten Viertel des 13. Jahrhunderts, womöglich in den späten 1260er Jahren und also bestimmt 30, eher 40 Jahre nach dem Verstummen Wirnts, verfasste der hauptsächlich in Basel ansässige Berufsdichter Konrad von Würzburg (gest. 1287) eine Art literaturgeschichtlichen Epitaphs. Er machte den *ritter* (v. 3) *her Wirent dâ von Grâvenberc* (v. 47) zum Protagonisten eines kurzen Versgedichtes (274 Verse), das gattungsmäßig einzuordnen Schwierigkeiten bereitete. „Anekdote" trifft es nicht, weil der reale historische Hintergrund fehlt. „Vision" trifft es nicht, weil keine Schau, sondern ein realer Vorgang vorgestellt wird. Den Begriff „Verserzählung" schließlich wird man nur hinnehmen, wenn man den weitgehenden Verzicht alles Epischen akzeptiert. Denn faktisch führt Konrad seine Leser, die er im Prolog als der *werlte minnære* (v. 4) apostrophiert, in das Studierzimmer Wirnts. Der ist ein trefflicher Ritter, *in allen tiutschen landen* (v. 15) bekannt und darauf bedacht, sein Ansehen in dieser Welt stetig zu mehren: höfisch, gebildet, tugendhaft, mit Jagdhund und Falke gleichermaßen erfolgreich, ein guter Schachspieler, Lautenschläger und Turnierritter und stets den Damen zugewandt. Eben ist er dabei, sich lesend an Minneromanen zu delektieren (v. 52–61), als eine Dame an seiner Tür klopft, die hinsichtlich ihres Äußeren ganz seinen Vorstellungen zu entsprechen scheint. Als sie sich für seinen treuen Dienst bedankt, ist Wirnt zunächst irritiert, da er sich nicht zu erinnern vermag, versichert die Dame aber seiner auch in Zukunft beständigen Treue. Nun wendet ihm die Dame ihren mit Geschwüren übersäten Rücken zu, in dem sich Kröten und Nattern, Fliegen, Ameisen und Maden tummeln. Als sie die Stube verlassen hat, wird Herrn Wirnt sofort klar, dass derjenige, der sich dem Dienst dieser Dame zuwendet, *gar verwâzen* (v. 245), also gänzlich verflucht sein müsse. Wirnt verlässt Frau und Kinder, heftet sich das Kreuz ans Gewand, zieht übers Meer und kämpft im Heiligen Land gegen die Heiden. Damit rettete er seine Seele – so wie es jeder Diener dieser Welt vermöchte, der sein Trachten auf den rechten Dienst umzustellen bereit ist.

Der hier zugrunde liegende Stoff von der Dame Welt, die ihre *minnære* besucht, ist alt, älter wohl auch als die Bearbeitung Konrads, und überaus beliebt. Der Guotære etwa, ein Spruchdichter des

13. Jahrhunderts, hat ihn bearbeitet. Ein dominikanischer Redaktor aus dem Umfeld des Klosters St. Katharinental bei Diessenhofen hat dann im 14. Jahrhundert Konrads Text „in ein volkssprachliches Exemplum“ transformiert (Schiewer 2005, S. 80) und einer Predigt angehängt (vgl. Palmer / Schiewer 2003, S. 7–15). Trotz der Metamorphosen des Stoffes überrascht es, dass die Forschung sich lange uneinig war, inwiefern Konrad Wirnts Roman überhaupt kannte. Reinhard Bleck etwa räumte zwar ein, dass er an einige Stellen des ‚Wigalois‘ „großzügig assoziativ“ anknüpfe, an eine Benutzung des Romans aber nicht zu denken sei: „Als Quelle für Konrads Erzählung scheidet der ‚Wigalois‘ aus; er kann nur die Anregung zur Benennung des Helden und wenige Formulierungen gegeben haben.“ (Bleck 1991, S. 98). Es ist natürlich nicht auszuschließen, dass der Würzburger mit der Nennung Wirnts an dessen „Popularität teilzuhaben“ suchte (Gerhardt 1972, S. 388 Anm.). Wirnt hätte es umgekehrt wohl getan. Freilich hätte man von vornherein bedenken müssen, dass bei einem ehrgeizigen, selbständigen Wortkünstler wie Konrad, der sich stilistisch Gottfried von Straßburg verpflichtet sah, das Abgleichen von Similien mit dem Wolfram-Nachfolger Wirnt nur wenig Greifbares zutage bringen würde. Die ‚Wigalois‘-Kenntnis Konrads ist auf einer anderen Ebene zu fassen – hier freilich umso deutlicher.

Der Einsatz des Namens „Wirnt von Grafenberg“ ist in der Verbindung mit dem Thema „Weltabkehr und Kreuznahme“ zu suchen. Wie Wirnt im ‚Wigalois‘-Prolog erklärt, *der werlte ze minnen / enblient erz sînen sinnen: / ir gruoz wil er gewinnen* (v. 142–144), wendet sich Konrad mit dem ersten Vers (*Ir werlte minnære / vernement disiu mære*) an diejenigen, die *nâch der werlte lône* (v. 4) streben. Wie im ‚Wigalois‘ beginnt der Protagonist als höfischer Adliger, wie im ‚Wigalois‘ erlebt er die Unabdingbarkeit einer religiösen Ausrichtung seines Rittertums. „Der zur Exempelfigur gewordene Autor Wirnt von Grafenberg wandelt sich vom *minnære der werlte* zum Kreuzritter.“ (Schiewer 2005, S. 79). Konrad erwirkte sozusagen erzählerisch, dass es Wirnt seinem Protagonisten gleichtat.

Ob dies Einfordern der Worte-Werke-Kongruenz als latente Kritik an der historischen Autor-Persönlichkeit gemeint war, lässt sich natürlich nicht mehr ermitteln. Freilich scheint Konrad, indem er der Vereinbarkeit von Landesherrschaft (weltlichem Heil) und Gottesrittertum (Heil der Seele) eine Absage erteilt, hinter Wirnts integrative

Lösung zurückzufallen. Man hat denn auch auf die Virulenz des Themas Heidenkampf zur Zeit Konrads von Würzburg verwiesen, auf den 6. und 7. Kreuzzug, die 1254 bzw. 1270 endeten (vgl. Brandt 1987, S. 116). Vielleicht knüpft ‚Der Welt Lohn' aber über seinen Grundgedanken doch an den ‚Wigalois' an. Wie Wirnt an Gwigalois demonstriert Konrad an Wirnt seinem weltlichen Publikum „ein religiöses Verhalten, das ein Laie an den Tag legt, der ohne kirchliche Belehrung zu einer Einsicht gelangt und ohne kirchlichen Beistand sein Seelenheil zu retten versucht." (Brandt 1987, S. 116).

🕮 Christoph Gerhardt: Überlegungen zur Überlieferung von Konrads ‚Der Welt Lohn', in: PBB 94 (1972), S. 379–397; Rüdiger Brandt: Konrad von Würzburg, Darmstadt 1987 (Erträge der Forschung 249), S. 110–116; Bleck 1991; Christine Stöllinger-Löser: ‚Von der welt valscheit', in: [2]VL 10 (1999), Sp. 832 f.; Rüdiger Brandt: Konrad von Würzburg. Kleinere epische Werke, Berlin 2000 (Klassiker Lektüren 2), S. 115–130; Schiewer 2005.

Literaturverzeichnis

Ausgaben und Übersetzungen

1. ‚Wigalois'

Georg Friedrich Benecke (Hg.): Wigalois, der Ritter mit dem Rade, getihtet von Wirnt von Gravenberch, Berlin 1819. – Rez. (u.a.): Heidelbergische Jahrbücher der Litteratur 13/1 (1820), S. 474–478 (F. J. Mone); Jahrbuch der Berlinischen Gesellschaft für deutsche Sprache 1 (1820), S. 268–292 (A. Zeune); Wilhelm Grimm: Kleinere Schriften, hg. v. Gustav Hinrichs. Bd. 2, Berlin 1882, S. 235–249.

Franz Pfeiffer (Hg.): Wigalois, eine Erzählung von Wirnt von Gravenberg, Leipzig 1847 (Dichtungen des deutschen Mittelalters 6).

Johannes Marie Neele Kapteyn (Hg.): Wigalois, der Ritter mit dem Rade von Wirnt von Gravenberc. Erster Band: Text [mehr nicht erschienen], Bonn 1926 (Rheinische Beiträge und Hülfsbücher zur germanischen Philologie und Volkskunde 9). – Rez. (u.a.): Theutonista 3 (1926/27), S. 81 f. (F. Maurer); DLZ 48 (1927), Sp. 1659–1661 (E. Gierach); Literaturblatt für germanische und romanische Philologie 49 (1928), S. 408 f. (O. Behaghel); GRM 16 (1928), S. 486 (F. R. Schröder); Museum. Maansblad vor philologie en geschiedenis 35 (1928), Sp. 122–124 (J. F. D. Blöte); ZfdPh 54 (1929), S. 254–256 (A. Leitzmann).

Sabine Seelbach und Ulrich Seelbach (Hg.): Wirnt von Grafenberg, Wigalois. Text der Ausgabe von J. M. N. Kapteyn, übersetzt, erläutert und mit einem Nachwort versehen, Berlin und New York 2005. – Rez. (u.a.): Arbitrium (2007) (W. Achnitz); ZfdA 136 (2007), S. 245–247 (F. Kragl); Zeitschrift für Germanistik 17 (2007), S. 672 f. (D. Kartschoke).

Guy von Waleis, der Ritter mit dem Rade, von Wirnt von Gravenberg, übersetzt von Wolf Graf von Baudissin, Leipzig 1848.

Wigalois: the Knight of Fortune's Wheel, übersetzt und eingeleitet von John Wesley Thomas, Lincoln 1977.

Wirnt von Grafenberg, Wigalois. Texte établi et présenté par Danielle Buschinger, Greifswald 1996 (Reinekes Taschenbuch-Reihe 13).

Wigalois, le chevalier à la roue. Wirnt de Grafenberg. Texte présenté, traduit et annoté par Claude Lecouteux et Véronique Lévy, Grenoble 2001.

Wirt (!) von Gravenberg, Wigalois. Le chevalier à la roue, traduit en français par Danielle Buschinger, Paris 2004 (Traductions des classiques du moyen âge 67).

2. ,Wigalois'-Rezeption

Brandstetter, Alois: Prosaauflösung. Studien zur Rezeption der höfischen Epik im frühneuhochdeutschen Prosaroman, Frankfurt/M. 1971 [Text: S. 190–235].

Fasbender, Christoph: Der ,Wigelis' Dietrichs von Hopfgarten und die erzählende Literatur des Spätmittelalters im mitteldeutschen Raum, (Habilitationsschrift masch. Jena 2006) Stuttgart 2009 (Beiheft zur ZfdA 10).

Hilgers, Heribert A. (Hg.): Ulrich Füetrer, Wigoleis, Tübingen 1975 (ATB 79).

Landau, Leo (Hg.): Arthurian Legends or the Hebrew-German Rhymed Version of the Legend of King Arthur, Leipzig 1912 (Teutoni. Arbeiten zur germanischen Philologie 21).

Melzer, Helmut (Hg.): Wigalois, Hildesheim 1973 (Deutsche Volksbücher in Faksimiledrucken 10).

Olrik, Jorgen (Hg.): Vigoleis. Konig Edvard af England, Kopenhagen 1921 (Danske folkeboger fra 16./18. aarh. 5)

Wolf, Siegmund A. (Hg.): Ritter Widuwilt. Die westjiddische Fassung des Wigalois des Wirnt von Gravenberc nach dem jiddischen Druck von 1699, Bochum 1974.

3. Weitere Texte

Brandan. Die mitteldeutsche ,Reise'-Fassung, hg. von Reinhard Hahn und Ch. Fasbender, Heidelberg 2002 (Jenaer Germanistische Forschungen NF 14).

Das Eckenlied. Mittelhochdeutsch/neuhochdeutsch. Text, Übersetzung und Kommentar von Francis B. Brévart, Stuttgart 1986 (Reclams UB 8339).

Erec von Hartmann von Aue. Mit einem Abdruck der neuen Wolfenbütteler und Zwettler Erec-Fragmente hg. von Albert Leitzmann. 7. Auflage besorgt von Kurt Gärtner, Tübingen 2006 (ATB 39).

Hartmann von Aue, Gregorius, Der arme Heinrich, Iwein, hg. und übersetzt von Volker Mertens, Frankfurt/M. 2004 (Deutscher Klassiker Verlag. Bibliothek des Mittelalters).

Diu Crône von Heinrich von dem Türlin. Zum 1. Male hg. von G. H. F. Scholl, Stuttgart 1852 (Bibliothek des Litterarischen Vereins Stuttgart 27).

Heinrich von Veldeke, Eneasroman. Mittelhochdeutsch/neuhochdeutsch. Nach dem Text von Ludwig Ettmüller ins Neuhochdeutsche übersetzt, mit einem

Stellenkommentar und einem Nachwort von Dieter Kartschoke, Stuttgart 1986 (Reclams UB 8303).

Konrad von Würzburg, Heinrich von Kempten. Der Welt Lohn. Das Herzmære. Mittelhochdeutscher Text nach der Ausgabe von Werner Schröder, übersetzt, mit Anmerkungen und einem Nachwort versehen von Heinz Rölleke, Stuttgart 1987 (Reclams UB 2855).

Ulrich von Zatzikhoven, Lanzelet. 2 Bde., hg. von Florian Kragl, Berlin und New York 2006.

Wolfram von Eschenbach, Parzival. Nach der Ausgabe Karl Lachmanns revidiert und kommentiert von Eberhard Nellmann. Übertragen von Dieter Kühn, Frankfurt/M. 1994 (Deutsche Klassiker Verlag. Bibliothek des Mittelalters).

Wolfram von Eschenbach, Willehalm. Nach der Handschrift 857 der Stiftsbibliothek St. Gallen. Mittelhochdeutscher Text, Übersetzung, Kommentar hg. von Joachim Heinzle. Mit den Miniaturen aus der Wolfenbütteler Handschrift und einem Aufsatz von Peter und Dorothea Diemer, Frankfurt/M. 1991 (Deutsche Klassiker Verlag. Bibliothek des Mittelalters 9).

Untersuchungen

Achnitz, Wolfgang: *Ein rîm an drîn worten stêt.* Überlegungen zu Verbreitung und Funktion von Mehrreimen in mittelhochdeutscher Reimpaardichtung, in: ZfdA 129 (2000), S. 249–274.

Bastert, Bernd: Der Münchner Hof und Fuetrers ‚Buch der Abenteuer'. Literarische Kontinuität im Spätmittelalter, Frankfurt u. a. 1993 (Mikrokosmos 33).

Bauschke, Ricarda: Auflösung des Artusromans und Defiktionalisierung im ‚Bel Inconnu'. Renauts de Beaujeu Auseinandersetzung mit Chrétien de Troyes, in: Mertens / Wolfzettel, Fiktionalität im Artusroman, S. 84–116.

Becker, Anja: Dialogszenen in Text und Bild. Beobachtungen zur Leidener *Wigalois*-Handschrift, in: Formen und Funktionen von Redeszenen in der mittelhochdeutschen Großepik, hg. von Nine Miedema und Franz Hundsnurscher, Tübingen 2007 (Beiträge zur Dialektforschung 36), S. 19–41.

Bertelsmeier-Kierst, Christa: Zur ältesten Überlieferung des ‚Wigalois' I. Die Handschrift E, in: ZfdA 121 (1992), S. 275–290.

Bleck, Reinhard: Konrad von Würzburg, Der Welt Lohn. In Abbildung der gesamten Überlieferung, synoptische Edition, Untersuchungen, Göppingen 1991 (Litterae 112).

Bleumer, Hartmut: Das *wilde wîp.* Überlegungen zum Krisenmotiv im Artusroman und ‚Wolfdietrich' B, in: Natur und Kultur in der deutschen Literatur des Mittelalters. Colloquium Exeter 1997, hg. von Alan Robertshaw u. a., Tübingen 1999, S. 77–89.

Böhme, Oscar: Die Übereinstimmungen zwischen dem Wigalois-Text und den Lesarten der Handschriften-Gruppe Bb in Hartmanns Iwein, in: Germania 35 (1890), S. 257–286.

Bok, Vacláv: Zur Rezeption von Eigennamen der mittelhochdeutschen Hofepik in Böhmen und Mähren, in: Literatur – Geschichte – Literaturgeschichte. Fs. Volker Honemann, hg. von Nine Miedema und Rudolf Suntrup, Frankfurt/M. u. a. 2003, S. 113–123.

Borgnet, Guy: Le pouvoir politique dans le roman arthurien allemand: l'exemple de Wigalois, le „Chevalier à la roue", in: Europäische Literaturen im Mittelalter, hg. von Danielle Buschinger, Greifswald 1994 (WODAN 30), S. 33–44 [= Borgnet 1994a].

–: Merveille et magie dans le „Wigalois" de Wirnt von Grafenberg, in: Zauberer und Hexen in der Kultur des Mittelalters, hg. von Danielle Buschinger und Wolfgang Spiewok, Greifswald 1994 (WODAN 33), S. 11–17 [= Borgnet 1994b].

–: Le Wigoleis d'Ulrich Füetrer. Etude comparative des trois versions du chevalier à la roue: Wirnt von Grafenberg, Volksbuch, Ulrich Füetrer, in: König Artus und der heilige Gral, hg. von Danielle Buschinger und Wolfgang Spiewok, Greifswald 1994 (WODAN 32), S. 51–64 [= Borgnet 1994c].

Brackert, Helmut: *Da stuont daz minne wol gezam.* Minnebriefe im höfischen Roman, in: ZfdPh 93 (1974) (Sonderheft), S. 1–18.

Brinker, Claudia: „Hie ist diu aventiure geholt". Die Jenseitsreise im Wigalois des Wirnt von Grafenberg. Kreuzzugspropaganda und unterhaltende Glaubenslehre? in: Contemplata aliis tradere. Fs. Alois M. Haas, hg. von Claudia Brinker u. a., Bern u. a. 1995, S. 87–110.

Brogsitter, Karl Otto: Der Held im Zwiespalt und der Held als strahlender Musterritter. Anmerkungen zum Verlust der Konfliktträgerfunktion des Helden im deutschen Artusroman, in: Wolfzettel, Artusrittertum im späten Mittelalter, S. 16–27.

Brunner, Horst: *Hie ist diu aventiure geholt – / wa ist nu der minne solt?* Die Rolle der Frau des Helden in einigen nachklassischen Artusromanen, in: Literarische Leben. Fs. für Volker Mertens, hg. von Matthias Meyer und Hans-Jochen Schiewer, Tübingen 2002, S. 55–65.

Bumke, Joachim: Epenhandschriften. Vorüberlegungen und Informationen zur Überlieferungsgeschichte der höfischen Epik im 12. und 13. Jahrhundert, in: Philologie als Kulturwissenschaft. Fs. Karl Stackmann, hg. Ludger Grenzmann u. a., Göttingen 1987, S. 45–59.

–: Höfische Kultur. Literatur und Gesellschaft im hohen Mittelalter. 2 Bde., München ^{6}1992 (dtv 4442).

–: Retextualisierungen in der mittelalterlichen Literatur, besonders in der höfischen Epik. Ein Überblick, in: Bumke / Peters, Retextualisierung in der mittelalterlichen Literatur, S. 6–46.

–: Der ‚Erec' Hartmanns von Aue. Eine Einführung, Berlin und New York 2006.

– und Ursula Peters (Hg.), Retextualisierung in der mittelalterlichen Literatur. Sonderheft der ZfdPh 124 (2005).

Buschinger, Danielle: Magie et merveilleux chrétien dans le *Wigalois* de Wirnt von Gravenberg, in: Magie et illusion au Moyen Age, Aix en Provence 1999, S. 79–99.

Classen, Albrecht: Gewaltverbrechen als Thema des spätarthurischen Romans. Sozialkritisches in Wirnts von Grafenberg *Wigalois*, in: Études Germaniques 62 (2007), S. 429–455.

Cormeau, Christoph: ‚Wigalois' und ‚Diu Crône'. Zwei Kapitel zur Gattungsgeschichte des nachklassischen Aventiureromans, München 1977 (MTU 57).

–: Artusroman und Märchen. Zur Beschreibung und Genese der Struktur des höfischen Romans, in: Wolfram-Studien 5 (1979), S. 63–78.

–: Fortuna und andere Mächte im Artusroman, in: Fortuna, hg. von Walter Haug und Burghart Wachinger, Tübingen 1995 (Fortuna vitrea 15), S. 23–33.

Curschmann, Michael: Hören – Lesen – Sehen. Buch und Schriftlichkeit im Selbstverständnis der volkssprachlichen literarischen Kultur Deutschlands um 1200, in: PBB 106 (1984), S. 218–257.

Czerwinski, Peter: Gegenwärtigkeit. Simultane Räume und Zyklische Zeiten, Formen von Regeneration und Genealogie im Mittelalter. Exempel einer Geschichte der Wahrnehmung, München 1993.

Daiber, Andreas: Bekannte Helden in neuen Gewändern? Intertextuelles Erzählen im ‚Biterolf und Dietleib' sowie am Beispiel Keies und Gaweins im ‚Lanzelet', ‚Wigalois' und der ‚Crone', Frankfurt/M. u.a. 1999 (Mikrokosmos 53).

Dandaraw, Cordula U. D.: Wirnts von Gravenberc Wigalois. Eine thematische und strukturelle Interpretation im Vergleich zu Hartmanns von Aue Erec, Diss. Albany 1997, New York 1998.

Denruyter, Hans: Tierisches Leben im ‚Wigalois' Wirnts von Gravenberg. Das ‚schöne Tier': Identifizierung und Deutungsansätze, in: Leuvense Bijdragen 87 (1998), S. 119–138.

Dietl, Cora: Fiktive Artuswelt und Herrscherideal als Produkte von Struktur und Strukturbrechung im Wigalois des Wirnt von Grafenberg, in: Text und Welt, hg. von Christoph Parry, Vaasa und Germersheim 2002 (Saxa Sonderband 8), S. 73–81 [= Dietl 2002a].

–: Wigalois der Schachkönig, in: Text und Kontext 24 (2002), S. 98–112 [= Dietl 2002b].

–: Wunder und *zouber* als Merkmal der *âventiure* in Wirnts *Wigalois*? in: Das Wunderbare im Artusroman, hg. von Friedrich Wolfzettel, Tübingen 2003, S. 297–311.

Dreessen, Wulf-Otto: Zur Rezeption deutscher epischer Literatur im Altjiddischen. Das Beispiel ‚Wigalois'-‚Artushof', in: Deutsche Literatur des späten Mittelalters, hg. von Wolfgang Harms und L. Peter Johnson, Berlin 1975, S. 116–128.

–: Wigalois-Widuwilt. Wandlungen des Artusromans im Jiddischen, in: Westjiddisch. Mündlichkeit und Schriftlichkeit, hg. von Astrid Starck, Aarau u. a. 1994, S. 84–98.

Edrich-Porzberg, Brigitte: Studien zur Überlieferung und Rezeption von Hartmanns ‚Erec', Göppingen 1994 (GAG 557).

Eis, Gerhard: Wirnt von Grafenberg, in: VL 4 (1953), Sp. 1027–1032.

Eming, Jutta: Überschreitung und Vermittlung. Die Figur des Zauberers im ‚Bel Inconnu', in: Zauberer und Hexen in der Kultur des Mittelalters, hg. von Danielle Buschinger und Wolfgang Spiewok, Greifswald 1994, S. 59–76.

–: Funktionswandel des Wunderbaren. Studien zum ‚Bel Inconnu', zum ‚Wigalois' und zum ‚Wigoleis vom Rade', Trier 1999 (Literatur – Imagination – Realität 19).

–: Aktion und Reflexion. Zum Problem der Konfliktbewältigung im ‚Wigalois' am Beispiel der Namurs-Episode, in: Spannungen und Konflikte menschlichen Zusammenlebens in der deutschen Literatur des Mittelalters, hg. von Kurt Gärtner u. a., Tübingen 1996, S. 91–101.

Fasbender, Christoph: *reht alsam er lebte.* Nachbildung als Überbietung der Natur in der Epik des Mittelalters. Anmerkungen zu Texten und interpretatorischen Konsequenzen, in: Natur und Kultur in der deutschen Literatur des Mittelalters. Colloquium Exeter 1997, hg. von Alan Robertshaw u. a., Tübingen 1999, S. 53–64.

–: Dietrich von Hopfgarten, in: Literatur Lexikon. Begründet von Walther Killy, hg. von Wilhelm Kühlmann u. a. Bd. 3, Berlin und New York 2008, S. 22 f.

Flood, John L.: Der Prosaroman ‚Wigoleis vom Rade' und die Entstehung des ‚Ulenspiegel', in: ZfdA 105 (1976), S. 151–165.

Fromm, Hans: Doppelweg, in ders.: Arbeiten zur deutschen Literatur des Mittelalters, Tübingen 1989, S. 122–136.

Fuchs, Stephan: Hybride Helden – Gwigalois und Willehalm. Beiträge zum Heldenbild und zur Poetik des Romans im frühen 13. Jahrhundert, Heidelberg 1997 (Frankfurter Beiträge zur Germanistik 31).

Gärtner, Kurt: Zu den mittelhochdeutschen Bezeichnungen für den Verfasser literarischer Werke, in: Autor und Autorschaft im Mittelalter, hg. von Elizabeth Andersen u. a., Tübingen 1998, S. 38–45.

Giloy-Hirtz, Petra: Begegnung mit dem Ungeheuer, in: Kaiser, Grenzen, S. 167–209.

Gottzmann, Carola L.: Wirnts von Gravenberg ‚Wigalois'. Zur Klassifikation sogenannter epigonaler Artusdichtung, in: ABäG 14 (1979), S. 87–136.

–: Deutsche Artusdichtung. Bd. 1: Rittertum, Minne, Ehe und Herrschertum. Die Artusepik der hochhöfischen Zeit, Frankfurt/M. u. a. ^{2}1988 (Information und Interpretation 2).

–: Artusdichtung, Stuttgart 1989 (SM 249).

Gotzkowsky, Bodo: „Volksbücher". Prosaromane, Renaissancenovellen, Versdichtungen und Schwankbücher. Bibliographie der deutschen Drucke. 2 Bde., Baden-Baden 1991 und 1994 (Bibliotheca Bibliographica Aureliana 125 und 142).

Gräber, Antonia: Der Wigalois-Zyklus auf Schloss Runkelstein, in: Schloss Runkelstein – Die Bilderburg, Bozen 2000, S. 155–171.

–: Text und Bild bei [!] Wirnts von Grafenberg ‚Wigalois', Magisterarbeit Freiburg 2001.

–: [Katalogisat] Dietrich von Hopfgarten, ‚Wigelis', in: ‚bescheidenheit'. Deutsche Literatur des Mittelalters in Eisenach und Erfurt, hg. von Ch. Fasbender, Gotha 2006, S. 90–92.

Grenzmann, Ludger und Karl Stackmann (Hg.): Literatur und Laienbildung im Spätmittelalter und in der Reformationszeit. Symposion Wolfenbüttel 1981, Stuttgart 1984 (Germanistische Symposien. Berichtsbände 5).

Greulich, Laura: Reimstudien zu Wirnt von Gravenberg, Diss. Heidelberg 1914.

Grubmüller, Klaus: Artusroman und Heilsbringerethos. Zum ‚Wigalois' des Wirnt von Gravenberg, in: PBB 107 (1985), S. 218–239.

–: Wirnt von Grafenberg, in: Literatur Lexikon. Autoren und Werke deutscher Sprache, hg. von Walther Killy. 15 Bde. Bd. 12, Gütersloh 1992, S. 359 f.

–: Verändern und Bewahren. Zum Bewusstsein vom Text im deutschen Mittelalter, in: Peters, Text und Kultur, S. 8–33.

Gürttler, Karin R.: ‚Künec Artûs der Guote'. Das Artusbild der höfischen Epik des 12. und 13. Jahrhunderts, Bonn 1976.

Hahn, Ingrid: Gott und Minne, Tod und *triuwe.* Zur Konzeption des ‚Wigalois' des Wirnt von Grafenberg, in: Personenbeziehungen in der mittelalterlichen Literatur, hg. von Helmut Brall u. a., Düsseldorf 1994 (Studia humaniora 25), S. 37–60.

Harris, Nigel: *gar süezen smac daz pantir hât.* Der Panther und sein Atem in der deutschsprachigen Literatur des Mittelalters, in: Natur und Kultur in der deutschen Literatur des Mittelalters. Colloquium Exeter 1997, hg. von Alan Robertshaw u. a., Tübingen 1999, S. 65–75.

Hartmann, Heiko: Heraldische Motive und ihre narrative Funktion in den Werken Wolframs von Eschenbach, in: Wolfram-Studien XVII (2002), S. 157–181.

Haug, Walter: Paradigmatische Poesie. Der spätere deutsche Artusroman auf dem Weg zu einer ‚nachklassischen' Ästhetik, in: DVjs 54 (1980), S. 204–231.

–: Das Fantastische in der späteren deutschen Artusliteratur, in: Spätmittelalterliche Artusliteratur, hg. von Karl Heinz Göller, Paderborn u. a. 1984, S. 133–149.

–: Der Teufel und das Böse im mittelalterlichen Roman, in ders.: Strukturen als Schlüssel zur Welt, Tübingen 1990, S. 67–85.

–: Über die Schwierigkeiten des Erzählens in nachklassischer Zeit, in: Positionen des Romans im späten Mittelalter, hg. v. W. H. und Burghart Wachinger, Tübingen 1991 (Fortuna vitrea 1), S. 338–365.

–: Literaturtheorie im deutschen Mittelalter. Von den Anfängen bis zum Ende des 13. Jahrhunderts, Darmstadt [2]1992.

Hausen, Friedrich: Die Kampfschilderungen bei Hartmann von Aue und Wirnt von Gravenberg, Halle 1885.

Haustein, Jens und Helmut Tervooren (Hg.): Regionale Literaturgeschichtsschreibung, ZfdPh 122 (2003) (Sonderheft)

Heinzle, Joachim: Über den Aufbau des ‚Wigalois', in: Euphorion 67 (1973), S. 261–271.

Henderson, Ingeborg: Selbstentfremdung im *Wigalois* Wirnts von Gravenberg, in: Colloquia Germanica 13 (1980), S. 35–46.

–: Dark Figures and Eschatological Imagery in Wirnt von Gravenberg's Wigalois, in: The Dark Figure in Medieval German and Germanic Literature, hg. von Edward R. Haymes und Stephanie Cain van d'Elden, Göppingen 1986 (GAG 448), S. 99–113 [= Henderson 1986a].

–: Manuscript Illustrations as Generic Determinants in Wirnt von Gravenberg's Wigalois, in: Genres in Medieval German Literature, hg. von Hubert Heinen und I. Henderson, Göppingen 1986 (GAG 439), S. 59–73 [= Henderson 1986b].

Hilgers, Heribert A.: Materialien zur Überlieferung von Wirnts ‚Wigalois', in: PBB/T 93 (1971), S. 228–288 [= Hilgers 1971a].

–: Zur Geschichte der ‚Wigalois'-Philologie. Überlegungen zu einigen Problemen der Textkritik am Beispiel von Wirnts ‚Wigalois', in: Euphorion 65 (1971), S. 245–273 [= Hilgers 1971b].

Honemann, Volker: Wigalois' Kampf mit dem roten Ritter. Zum Verständnis der Hojir-Aventiure in Wirnts Wigalois, in: German Narrative Literature of the Twelfth and Thirteenth Century. Fs. für Roy Wisbey, hg. von V. Honemann u. a., Tübingen 1994, S. 347–362.

–: The Wigalois Narratives, in: The Arthur of the Germans. The Arthurian Legend in Medieval German and Dutch Literature, hg. von William H. Jackson und Silvia A. Ranawake, Cardiff 2000 (Arthurian Literature in the Middle Ages 3), S. 142–154.

– und Nigel F. Palmer (Hg.): Deutsche Handschriften 1100–1400. Oxforder Colloquium 1985, Tübingen 1988.

Jaeger, Achim: Ein jüdischer Artusritter. Studien zum jüdisch-deutschen ‚Widu-

wilt' (,Artushof') und zum ,Wigalois' des Wirnt von Gravenberc, Tübingen 2000 (Conditio Judaica 32).
Janko, Anton: Zwei Wigalois-Fragmente aus Ljubljana, in: Acta Neophilologica 15 (1982), S. 3–15.
Kaiser, Gert: Der ,Wigalois' des Wirnt von Grâvenberc. Zur Bedeutung des Territorialisierungsprozesses für die „höfisch-ritterliche" Literatur des 13. Jahrhunderts, in: Euphorion 69 (1975), S. 410–443.
– (Hg.): An den Grenzen höfischer Kultur. Anfechtungen der Lebensordnung in der deutschen Erzähldichtung des hohen Mittelalters, München 1991 (Forschungen zur Geschichte der älteren deutschen Literatur 12).
Kern, Peter: Die Auseinandersetzung mit der Gattungstradition im ,Wigalois' Wirnts von Grafenberg, in: Wolfzettel, Artusroman und Intertextualität, S. 73–83.
Klare, Andreas: Überlegungen zur Literarisierung von historischen Figuren am Beispiel des Hoyer von Mansfeld in Wirnts *Wigalois*, in: Leuvense bijdragen 83 (1994), S. 485–521.
Klein, Klaus: Ein neues ,Wigalois'-Fragment in Basel, in: ZfdA 122 (1993), S. 453–459.
Knoll, Hiltrud Katharina: Studien zur realen und außerrealen Welt im deutschen Artusroman (Erec, Iwein, Lanzelet, Wigalois), Diss. (masch.) Bonn 1966.
Krass, Andreas: Geschriebene Kleider. Höfische Identität als literarisches Spiel, Tübingen und Basel 2006 (Bibliotheca Germanica 50).
Kuhn, Hugo: Erec, in ders.: Dichtung und Welt im Mittelalter, Stuttgart [2]1969, S. 133–150.
– Parzival. Ein Versuch über Mythos, Glaube und Dichtung im Mittelalter, in ders.: Dichtung und Welt im Mittelalter, Stuttgart [2]1969, S. 151–180.
Küsters, Urban: Klagefiguren. Vom höfischen Umgang mit der Trauer, in: Kaiser, Grenzen, S. 9–75.
Latzke, Rainer: Über die subjektiven Einschaltungen in Wirnts Wigalois, in: Zeitschrift für die österreichischen Gymnasien 57 (1906), S. 961–985.
Lecouteux, Claude: Le ,merwunder'. Contribution à l'étude d'un concept ambigu, in: Etudes Germaniques 32 (1977), S. 1–11.
–: Der Drache, in: ZfdA 108 (1979), S. 13–31.
Lienert, Elisabeth: Wirnt von Grafenberg, in: Fränkische Lebensbilder, hg. von Alfred Wendehorst. Bd. 14, Neustadt/Aisch 1991, S. 1–13.
–: Zur Pragmatik höfischen Erzählens. Erzähler und Erzählerkommentare in Wirnts von Grafenberg ,Wigalois', in: Archiv 234 (1997), S. 263–275.
Lohbeck, Gisela: Wigalois – Struktur der „bezeichenunge", Frankfurt und Bern 1991 (Information und Interpretation 6).
Loyola, Annette: The Role of the Woman in Wirnt von Grafenberg's ,Wigalois', Diss. Albany 1997.

Lutz-Hensel, Magdalene: Prinzipien der ersten textkritischen Editionen mittelhochdeutscher Dichtung. Brüder Grimm – Benecke – Lachmann. Eine methodenkritische Analyse, Berlin 1975 (PhStQ 77).

Matejovski, Dirk: Das Motiv des Wahnsinns in der mittelalterlichen Dichtung, Frankfurt/M. 1996 (stw 1213).

Medem, Richard: Über das Abhängigkeitsverhältnis Wirnts von Gravenberg von Hartmann von Aue und Wolfram von Eschenbach, Diss. Danzig 1881.

Meisner, Heinrich: Wirnts von Gravenberg Verhältnis zu seinen Vorbildern, in: Germania 20 (1875), S. 421–432.

Melzer, Helmut: Trivialisierungstendenzen im Volksbuch. Ein Vergleich der Volksbücher ‚Tristrant und Isalde', ‚Wigoleis' und ‚Wilhelm von Österreich' mit den mittelhochdeutschen Epen, Hildesheim und New York 1972 (Deutsche Volksbücher in Faksimiledrucken B/3).

Mennung, Albert: Der *Bel Inconnu* des Renaut de Beaujeu in seinem Verhältnis zum *Lybeaus Disconus*, *Carduino* und *Wigalois*. Eine literarhistorische Studie, Halle 1890.

Mertens, Volker: Iwein und Gwigalois – der Weg zur Landesherrschaft, in: GRM 62 (1981), S. 14–31.

–: Gewisse *lêre*. Zum Verhältnis von Fiktion und Didaxe im späten deutschen Artusroman, in: Wolfzettel, Artusroman und Intertextualität, S. 86–106.

–: Der deutsche Artusroman, Stuttgart 1998 (Reclams UB 17609).

– und Friedrich Wolfzettel (Hg.): Fiktionalität im Artusroman, Tübingen 1993.

Meyer, Ernst: Die gereimten Liebesbriefe des deutschen Mittelalters. Mit einem Anhang: ungedruckte Liebesbriefe aus der Dresdener Handschrift M. 68, Marburg 1899.

Miklautsch, Lydia: Studien zur Mutterrolle in den mittelhochdeutschen Großepen des zwölften und dreizehnten Jahrhunderts, Erlangen und Jena 1991 (Erlanger Studien 88).

Mitgau, Wolfgang: Bauformen des Erzählens im Wigalois des Wirnt von Gravenberc, Diss. (masch.) Göttingen 1959.

–: Nachahmung und Selbständigkeit Wirnts von Gravenberc in seinem ‚Wigalois', in: ZfdPh 82 (1963), S. 321–337.

Müller, Jan-Dirk: Höfische Kompromisse. Acht Kapitel zur höfischen Epik, Tübingen 2007.

Müller, Michael: Namenkataloge. Funktionen und Strukturen einer literarischen Grundform in der deutschen Epik vom hohen Mittelalter bis zum Beginn der Neuzeit, Hildesheim 2003 (Dolma B.3).

Naumann, Bernd: Wirnt von Gravenberc, in: Fränkische Klassiker, hg. von Wolfgang Buhl, Nürnberg 1971, S. 66–73.

Neumann, Friedrich: Wann verfaßte Wirnt den ‚Wigalois'? in: ZfdA 93 (1964), S. 31–61.

Öhmann, Emil: Anklänge an Ulrichs von Zatzikhoven „Lanzelet" in Nibelungenlied, Nibelungenklage und Wigalois, in: Neuphilologische Mitteilungen 47 (1946), S. 61–82.

Palmer, Nigel F.: Von der Paläographie zur Literaturwissenschaft, in: PBB 113 (1991), S. 212–250.

–: Manuscripts for Reading. The Material Evidence for the Use of Manuscripts Containing Middle High German Narrative Verse, in: Orality und Literacy in the Middle Ages. Fs. D. H. Green, hg. von Mark Chinca und Christopher Young, Tournhout 2005 (Utrecht Studies in Medieval Literacy 12), S. 67–102.

– und Hans-Jochen Schiewer: Literarische Topographie des deutschen Südwestens im 14. Jahrhundert, in: Haustein / Tervooren, Regionale Literaturgeschichtsschreibung, S. 178–202.

Pausch, Oskar: Eine Zwettler Überlieferung des ‚Wigalois', in: ZfdA 108 (1979), S. 340–345.

Peters, Ursula (Hg.): Text und Kultur. Mittelalterliche Literatur 1150–1450, Stuttgart und Weimar 2001 (Germanistische Symposien. Berichtsbände XXIII).

Pfeiffer, Franz: Wirnt von Gravenberg und Heinrich von dem Türlin, in: Anzeiger für Kunde der deutschen Vorzeit N.F. 2 (1854), S. 30–33.

Pörksen, Uwe: Der Erzähler im mittelhochdeutschen Epos. Formen seines Hervortretens bei Lamprecht, Konrad, Hartmann, in Wolframs ‚Willehalm' und in den „Spielmannsepen", Berlin 1971 (PhStQ 58).

Pudmenzky, B.: Über Wirnts Ausdrucksweise mit besonderer Rücksicht auf Hartmann und Wolfram, Diss. Halle 1875.

Putzo, Christine: [Katalogisat] 23: Sammelhandschrift: Meisterlieder; Wolfram von Eschenbach, ‚Parzival'; Wirnt von Grafenberg, ‚Wigalois'; Chronikauszüge; Kleinepik, in: Von Rittern, Bürgern und von Gottes Wort. Volkssprachige Literatur in Handschriften und Drucken aus dem Besitz der Staats- und Universitätsbibliothek Hamburg, hg. von Eva Horváth und Hans-Walter Stork, Kiel 2002, S. 64–67 und 136–141.

Reuvekamp-Felber, Timo: Volkssprache zwischen Stift und Hof. Hofgeistliche in Literatur und Gesellschaft des 12. und 13. Jahrhunderts, Köln u. a. 2003 (Kölner Germanistische Studien NF 4).

Ringeler, Frank: Zur Konzeption der Protagonistenidentität im deutschen Artusroman um 1200. Aspekte einer Gattungspoetik, Frankfurt/M. u. a. 2000 (Europäische Hochschulschriften I, 1752).

Rochels, Karl: Über die religiösen und sittlichen Bemerkungen in dem Ritterroman Wigalois des Wirnt von Gravenberg und anderen gleichzeitigen Dichtungen, Eupen 1901 (Wissenschaftliche Beilage zum Jahresbericht des Progymnasiums zu Eupen).

Rossnagel, Frank: Die deutsche Artusepik im Wandel. Die Entwicklung von Hartmann von Aue bis zum Pleier, Stuttgart 1996 (Helfant-Studien 11).

Ruff, Thomas: Untersuchungen zur „ritterlichen Standesethik“ in mhd. Epik der klassischen und nachklassischen Zeit, Diss. Bochum 1990 [bes. S. 143–155, 164 f.].

Saran, Franz: Über Wirnt von Grafenberg und den Wigalois, in: PBB 21 (1896), S. 253–420.

–: Zum Wigalois, in: PBB 22 (1897), S. 151–157.

Schiewer, Hans-Jochen: *Ein ris ich dar umbe abe brach / Von sinem wunder boume.* Beobachtungen zur Überlieferung des nachklassischen Artusromans im 13. und 14. Jahrhundert, in: Honemann / Palmer, Deutsche Handschriften, S. 222–278.

–: Die Leidener *Wigalois*-Handschrift. Ein arthurisches Andachtsbuch? in: Bibliographical Bulletin of the International Arthurian Society 43 (1991), S. 406 f.

–: Prädestination und Fiktionalität in Wirnts ‚Wigalois‘, in: Mertens / Wolfzettel, Fiktionalität, S. 146–159.

–: Innovation und Konventionalisierung. Wirnts ‚Wigalois‘ und der Umgang mit Autor und Werk, in: Literatur und Wandmalerei II. Konventionalität und Konversation, hg. von Eckhart C. Lutz u. a., Tübingen 2005, S. 65–83.

Schirok, Bernd: Parzivalrezeption im Mittelalter, Darmstadt 1982 (Erträge der Forschung 174).

–: *Als dem hern Êrecke geschach.* Literarische Anspielungen im klassischen und nachklassischen deutschen Artusroman, in: LiLi 70 (1988), S. 11–25.

Schmitt, Stefanie: Inszenierungen von Glaubwürdigkeit. Studien zur Beglaubigung im späthöfischen und frühneuzeitlichen Roman, Tübingen 2005 (MTU 129).

–: Riesen und Zwerge. Zur Konzeptualisierung des gegnerischen Körpers im ‚Wigalois‘ Wirnts von Grâvenberg und seinen frühneuzeitlichen Bearbeitungen, in: Wolfzettel, Körperkonzepte, S. 369–381.

Schneider, Karin: Gotische Schriften in deutscher Sprache. Bd. 1: Vom späten 12. Jahrhundert bis um 1300. 2 Bde., Wiesbaden 1987.

–: Paläographie und Handschriftenkunde für Germanisten. Eine Einführung, Tübingen 1999 (Sammlung kurzer Grammatiken germanischer Dialekte. Erg.-Reihe B, 8).

Schnyder, Mireille: Ich-Geschichten. Die (Er-)findung des Selbst, in: Inszenierungen von Subjektivität in der Literatur des Mittelalters, hg. von Martin Baisch u. a., Königstein 2005, S. 75–90.

Scholz, Manfred Günter: Hören und Lesen. Studien zur primären Rezeption der Literatur im 12. und 13. Jahrhundert, Wiesbaden 1980.

Schönbach, Anton E.: Vorauer Bruchstücke des Wigalois, Graz 1877 (Gratulationsschrift, der Eberhard-Karls-Universität Tübingen zur vierhundertjährigen Stiftungsfeier 1877 gewidmet von der Karl-Franzens-Universität Graz).

–: Zum Wigalois I, in: ZfdA 22 (1878), S. 337–365.
–: Zum Wigalois II, in: ZfdA 24 (1880), S. 168–179.
–: Zum Wigalois III, in: ZfdA 25 (1881), S. 207–214.
Schreiber, Albert: Über Wirnt von Graefenberg und den Wigalois, in: ZfdPh 58 (1933), S. 209–231.
Schröder, Edward: Aus der Nachgeschichte des Wigalois, in: ZfdA 38 (1894), S. 111 f.
–: Wetzlarer Wigalois-Fragment, in: ZfdA 42 (1898), S. 105–107.
–: Lückenbüßer: Eine illustrierte Wigalois-Handschrift, in: ZfdA 42 (1898), S. 196.
–: Lückenbüßer: Die Leidener Wigaloishandschrift, in: ZfdA 45 (1901), S. 228.
–: Waldeckische Findlinge I, in: ZfdA 54 (1913), S. 412–419.
–: Die Dresdener Wigalois-Handschrift, in: AfdA 48 (1929), S. 213.
Schröder, Werner: Der synkretistische Roman des Wirnt von Gravenberg. Unerledigte Fragen an den ‚Wigalois', in: Euphorion 80 (1986), S. 235–277.
Schröter, Michael: „Wo zwei zusammenkommen in rechter Ehe ..." Sozio- und psychogenetische Studien über Eheschließungsvorgänge vom 12. bis 15. Jahrhundert, Frankfurt ^{2}1990 (stw 860).
Seelbach, Sabine: Kontingenz. Zur produktiven Aufnahme literarischer Erfahrung im ‚Wigalois' Wirnts von Grafenberg, in: ZfdA 136 (2007), 162–177.
– und Ulrich Seelbach: Wirnt von Grafenberg: Wigalois – Eine Bibliographie. 2003 (online: http://www.perspicuitas.uni-essen.de).
Sprenger, Richard: Die Benutzung des Parzival durch Wirnt von Gravenberc, in: Germania 20 (1875), S. 432–437.
Stange, Carmen: *Sît si eines lîbes waren.* Vatersuche, Rollenkonflikte und Identitätsgenese im „Wigalois" Wirnts von Grafenberg, in: Das Abenteuer der Genealogie. Vater-Sohn-Beziehungen im Mittelalter, hg. von Johannes Keller u. a., Göttingen 2006 (Aventiuren 2), S. 123–147.
Störmer-Caysa, Uta: Grundstrukturen mittelalterlicher Erzählungen. Raum und Zeit im höfischen Roman, Berlin und New York 2007.
Thomas, Neil: Literary Transformation and Narrative Organization in Wirnt von Gravenberg's ‚Wigalois', in: MLR 80 (1985), S. 362–371.
–: A German View of Camelot. Wirnt von Grafenberg's Wigalois and Arthurian Tradition, Bern u. a. 1987.
–: The Medieval German Arthuriad. Some Contemporary Revaluations of the Canon, Frankfurt u. A. 1989.
–: *Diu Crône* and the Medieval Arthurian Cycle, Cambridge 2002 (Arthurian Studies 50).
–: Wirnts von Gravenberg *Wigalois* und die Auseinandersetzung mit der *Parzival*-Problematik, in: ABäG 60 (2005), S. 129–160.

–: Wirnt von Gravenberg's Wigalois. Intertextuality and interpretation, Cambridge 2005 (Arthurian Studies 62).

Unzeitig, Monika: Von der Schwierigkeit, zwischen Autor und Erzähler zu unterscheiden. Eine historisch vergleichende Analyse zu Chrétien und Hartmann, in: Wolframstudien XVIII (2004), S. 59–81.

van der Lee, Anthony: Zum literarischen Motiv der Vatersuche, Amsterdam 1957.

van Eerden, Albert: Eine Beschreibung der Parzivalhandschrift G^{sigma} und anderer Stücke des Codex Germanicus 6 der Hamburger Staats- und Universitätsbibliothek, New York 1938 (Ottendorfer Memorial Series of German Monographs 24).

von Ertzdorff, Xenja: Romane und Novellen des 15. und 16. Jahrhunderts in Deutschland, Darmstadt 1989.

von Kraus, Carl: Aus Wirnts Wigalois, in: ZfdA 55 (1917), S. 298–301.

Wandhoff, Haiko: Ekphrasis. Kunstbeschreibungen und virtuelle Räume in der Literatur des Mittelalters, Berlin und New York 2003 (Trends in Medieval Philology 3).

Wehrli, Max: Wigalois, in ders.: Formen mittelalterlicher Erzählung. Aufsätze, Zürich 1969, S. 223–241.

–: Roman und Legende im deutschen Hochmittelalter, in ders.: Formen mittelalterlicher Erzählung, S. 155–176.

Weinmayer, Barbara: Studien zur Gebrauchssituation früher deutscher Druckprosa. Literarische Öffentlichkeit in Vorreden zu Augsburger Frühdrucken, München 1982 (MTU 77).

Wennerhold, Markus: Späte mittelhochdeutsche Artusromane. ‚Lanzelet', ‚Wigalois', ‚Daniel vom Blühenden Tal', ‚Diu Crône'. Bilanz der Forschung 1960–2000, Würzburg 2005 (Würzburger Beiträge zur deutschen Philologie 27).

Wenzel, Horst: Hören und Sehen, Schrift und Bild. Kultur und Gedächtnis im Mittelalter, München 1995.

Wildt, Heidi: Das Menschen- und Gottesbild des Wirnt von Gravenberg nach seinem Wigalois-Roman, Diss. (masch.) Freiburg 1953.

Wolf, Jürgen: Buch und Text. Literatur- und kulturhistorische Untersuchungen zur volkssprachigen Schriftlichkeit im 12. und 13. Jahrhundert, Tübingen 2008 (Hermaea 115).

Wolfzettel, Friedrich (Hg.): Artusrittertum im späten Mittelalter. Ethos und Ideologie, Gießen 1984.

– (Hg.): Artusroman und Intertextualität, Gießen 1990.

– (Hg.): Erzählstrukturen der Artusliteratur. Forschungsgeschichte und neue Ansätze, Tübingen 1999.

–: Doppelweg und Biographie, in: Wolfzettel, Erzählstrukturen der Artusliteratur, S. 119–141.

– (Hg.): Körperkonzepte im arthurischen Roman, Tübingen 2007.

Worstbrock, Franz Josef: Wiedererzählen und Übersetzen, in: Mittelalter und frühe Neuzeit. Übergänge, Umbrüche und Neuansätze, hg. von Walter Haug, Tübingen 1999 (Fortuna vitrea 16), S. 128–142.

Wüstemann, Sybille: Der Ritter mit dem Rad. Die *stæte* des Wigalois zwischen Literatur und Zeitgeschichte, Trier 2006 (Literatur – Imagination – Realität 36).

Yokoyama, Yoshihiro: Beneckes ,Wörterbuch zum Wigalois' und die Lexikographie des Mittelhochdeutschen, in: ZfdPh 117 (1998), S. 55–74.

–: Lemmatisierte Konkordanz zu Wirnts von Grafenberg ,Wigalois', Tübingen 2006 (Indices zur deutschen Literatur 39).

Ziegeler, Hans-Joachim: Wirnt von Grafenberg, in: ^{2}VL 10 (1999), Sp. 1252–1267.

Nachwort

Das vorliegende Büchlein ist die erste deutschsprachige Einführung in den ‚Wigalois' Wirnts von Grafenberg. Unmittelbarer Anlass für seine Abfassung waren die ‚Wigalois'-Ereignisse der Jahre 2005/06: die von Sabine und Ulrich Seelbach besorgte Neuausgabe von Wirnts Text und die Auffindung der strophischen Bearbeitung Dietrichs von Hopfgarten. Beides machte eine Sichtung und Neuordnung des Bekannten erforderlich. Ich habe mich darüber hinaus bemüht, auch Forschungsergebnisse zum ‚Wigalois' zu berücksichtigen, die im Zusammenhang anderer Fragestellungen erzielt wurden und die daher von Markus Wennerholds nützlichem Forschungsbericht (2005) leicht übersehen werden konnten.

Die Einführung richtet sich vorrangig an Studierende. Von den Teilnehmern meines Jenaer Hauptseminars stammt mancher hilfreiche Wink. Für die kritische Lektüre des Manuskripts darf ich Cordula Kropik und Stefanie Weiß meinen besten Dank aussprechen. Dem de Gruyter-Verlag, insbesondere Herrn Prof. Dr. Heiko Hartmann und Frau Dr. Christine Henschel, danke ich für die ausgezeichnete verlegerische Betreuung.

Während der Arbeit an diesem Buch verstarben mit Walter Haug und Antonia Gräber zwei Kollegen, deren Untersuchungen zum ‚Wigalois' ich oft in den Händen hielt. Ich vermag für beider Andenken nicht mehr zu tun, als mir die Bedeutung ihrer Studien für mein eigenes Forschen dankbar in Erinnerung zu rufen.

Erfurt, im September 2009 *Christoph Fasbender*

Register

Nicht aufgenommen wurden die Ansätze „Wirnt von Grafenberg" und „‚Wigalois'"